ボランティアとファシズム

自発性と社会貢献の近現代史

Hiroshi Ikeda
池田浩士

人文書院

ボランティアとファシズム　目次

ボランティアとファシズム——自発性と社会貢献の近現代史

凡例

（　）は原文のまま、〔　〕内は引用者による補足。
引用文中の／は、原文の改行箇所を示す。

序章　いまなぜ「ボランティア」なのか？

1　この私を待つ人たちがいる！

ボランティアなんて、クソくらえだ！——この本を手に取ってくださっている皆さんのなかには、ひょっとすると、こういう思いをいだいておられるかたもあるかもしれません。

ひとりひとりがそれぞれの思想や感情にもとづいて生きることは、人間にとって大切な基本的権利ですから、ボランティアについてこういう思いをいだいている人があるのは、むしろ当然のことでしょう。ただ、私個人は、ボランティア活動やボランティア精神は人間にとってとても大切なものだと思っています。そして、この思いが、これからこの本をつうじて「ボランティア」のことを一緒に考えていくにあたっての、私の基本的な立脚点です。

人間は社会的な動物だ、と言われます。人間はひとりでは生きていくことができないだけでなく、自分が持っている可能性や力を発揮することも、それをさらに深め豊かにすることも、社会的な関係のなかでしか、できません。絶海の孤島にただひとり漂着したロビンソン・クルーソーは、創意と工夫を傾け、精神の強靱さを発揮して、二四年ものあいだ孤独な生活に耐え抜きました。それでも作者は、島に来てから一八年になった彼の前に、ときどきこの島の反対側の海岸に上陸するらしい、別の島の住人たちを登場させなければなりませんでした。それからの六年間は、これら別の島の未知の現地人たちからいかにして身を守るか、という深刻な問題が、ロビンソンの日々のテーマになります。彼の能力や創意工夫は、この問題のために発揮され、彼の観察眼や思慮も、この体験によってさらに深められていきます。

絶海の孤島での単独生活でさえも、ロビンソン・クルーソーがひとりで生きていくことを許さず、彼が人間社会の一員であることを思い知らせたのです。じつは、「人間」という日本語自体が、人間のこのようなありかたをよく物語っています。この言葉はもちろん中国語からもらったものですが、もともと、七世紀ごろの遣隋使《けんずいし》や遣唐使《けんとうし》の時代の中国語「人間《ニエンカン》」は、「人が住む世、世間」という意味でした。この意味は、現在の中国語でも変わっていません。ところが、この言葉が「人間《にんげん》」という日本語になったとき、それは世間そのものではなく、その世間に生きる「人《ひと》」を意味するようになりました。一二世紀の『今昔物語』では、「人間」はすでにその意味で使われています。「人間」が「人」を意味するのは、日本語特有の用法であるわけです。これは卓抜な名訳だと私は思います。「人」は「人間」のなかでしか、生きられないからです。

人間界で生きるには、もちろんさまざまな生きかたがあり、どんな生きかたをするかは人によって千差万別でしょう。その生きかたが他者の生きる権利を否定し他者の人権と自由を否認するのでない限り、生きかたの多様性は尊重されなければならないでしょう。人間が社会的な動物であるからこそ、他者の生きかたも尊重されなければならないのです。それゆえ、これまた私個人の感懐を述べることしかできませんが、私個人は、少なくとも、つぎのような思いをいだいている人たちには共感することができるように思います。——自分にだれか未知の隣人がいるとする。たまたまその隣人が、いま切実に必要としているものがあるのに、その隣人はそれを持っておらず、自力ではそれを手に入れることができない。その一方で、自分は、その隣人が必要としているものを持っており、あるいはそれを手に入れる力を持っている。そんなとき、自分が持っているその力を、それを必要としながら持っていない隣人のために役立てることは、自分にとって喜びであり、自分が生きている意味を実感できる充実した体験である……。

この充実した体験を「ボランティア活動」と呼び、そのような活動にみずから身を投じようとする気持ちを「ボランティア精神」と名付けることができるでしょう。そして、この日本社会だけに目を向けても、こんにち、こうした気持ちをいだき、このような活動を実践している人びとは、ご承知のとおり、取るに足りない少数者ではありません。

そのような人びとが取るに足りない少数者ではないことは、折りに触れてさまざまなメディアがボランティアについて報じるニュースやコメントからも、充分に想像できます。しかし、これからボランティアについて考えていくにあたって、もう少し具体的に確かめておきましょう。

日本政府の総務省統計局が、一九七六年以来、五年ごとに行なっている統計調査に、「社会生活基本調査」というものがあります。その調査項目として、「学習・自己啓発・訓練」、「スポーツ」、「趣味・娯楽」、「旅行・行楽」と並んで、「ボランティア活動」という一項目が設けられています。満一〇歳以上の全国民を対象とするこの調査では、ボランティア活動を一〇の分野と「その他」の計一一種に分類したうえで、各分野について、「過去一年間におけるボランティア活動参加者の人数」、「推定総人口に対する参加率」、各人の「平均活動日数」と「一日当たりの平均時間（分）」の数値が示されています。別掲の資料①は、いまからもっとも近い過去の調査である二〇一六年一〇月時点での調査結果の数値と、この調査結果にもとづいて私が独自に算出した二つの項目の数値——それぞれの活動分野における各人の「年間平均活動時間（時間）」、および各分野の全参加者による「年間活動時間の合計」——を、示したものです(1)。

この資料からわかるように、一〇歳以上の「国民」の約二六％の人たちが、過去一年間に何らかのボランティア活動に参加した経験を持っています。たとえば「障害者を対象とした活動」には、一〇歳以上の年齢層の人びとのうちの一・五％が参加しており、その人たちは一人当たり年間で合計六八時間四四分程度の時間を、そのボランティア活動に費やしているのです。「災害に関係した活動」では、参加率は同じく一・五％、参加者一人当たりの活動時間は年間一五時間五二分ほどになります。もっとも参加者の多い「まちづくりのための活動」では、参加率は一一・三％、つまり一〇人に一人以上の人びとが参加経験を持っており、各人の年間活動時間は平均して二〇時間です。そして、すべてのボランティア活動参加者によってすべての分野のボランティア活動に費やされた時間の総計は、平均活動日数と一日当たりの平均時間が明らかにされている一〇の活動分野だけで、一年間に、なんと、一八億九二四四万一六〇〇時間にも達するのです。日数と時間が不明な「その他」の分野を案分比例で加算すれば、年間活

資料① 年間のボランティア活動時間・10歳以上（2016年）
推定人口＝1億1330万人

うち、過去1年間にボランティア活動を行なったもの	総数＝2943万8000人	参加率25.98％	平均活動日数	1日当たり平均時間	年間平均活動時間		年間活動時間合計（平均活動時間×人数）
活動分野	人	％	日	分	分	時間	時間
1．健康や医療サービスに関係した活動	3,260,000	2.9	13.2	71	937.2	15.62	50,921,200
2．高齢者を対象とした活動	4,344,000	3.8	31.4	129	4,050.6	67.51	293,263,400
3．障害者を対象とした活動	1,673,000	1.5	26.1	158	4,123.8	68.73	114,985,300
4．子供を対象とした活動	9,490,000	8.4	18.8	142	2,669.6	44.49	422,210,100
5．スポーツ・文化・芸術・学術に関係した活動	4,170,000	3.7	36.3	177	6,425.1	107.09	446,565,300
6．まちづくりのための活動	12,803,000	11.3	12.0	100	1200.0	20.00	256,060,000
7．安全な生活のための活動	5,609,000	5.0	14.3	85	1,215.5	20.26	113,638,300
8．自然や環境を守るための活動	4,567,000	4.0	17.8	87	1,548.6	25.81	117,874,300
9．災害に関係した活動	1,706,000	1.5	6.8	140	952.0	15.87	27,074,200
10．国際協力に関係した活動	995,000	0.9	23.3	129	3,005.7	50.10	49,849,500
11．その他	2,992,000	2.6					
年間活動時間　総計							1,892,441,600

2016年　活動時間　総計＝18億9244万1600時間
＊活動時間のデータがない「その他」（2.6％）を加えると20億8168万5700時間

動時間の総計は二〇億八一六八万五七〇〇時間にもなります。

　この数値から逆に想像を働かせるなら、もしもボランティア活動がなければ、これだけの労働力を別の方法で調達しない限り、私たちの社会は動いていかない、ということになるでしょう。そしてそれ以前に、この厖大《ぼうだい》な数値は、ボランティアを待っている人びとがこれだけ大勢《おおぜい》いるのだ、ということをも物語っているのです。もしもボランティアが来てくれなければ、その人びとは、これだけの時間をむなしく待ちつづけなければならないのです。

「この私を待つ人たちがいる！」――この思いは、人間にとって、ほとんど何ものにも代えがたいほど貴重な思いであるかもしれません。この思いを、ボランティア活動に参加する人たちは、実感し噛みしめる権利を持っているのです。

2　自発性と社会貢献の歴史を見つめなおすために

　いま図書館や書店に並んでいる日本語の辞典や、あるいは各種の電子メディア辞書で、「ボランティア」という項目が載っていないものはないでしょう。それくらい、ボランティアという外来語はごく当たり前の日常語になっています。しかし、ある程度の年輩のかたはご存知のとおり、この単語が日常生活のなかに耳慣れた語彙として登場するようになったのは、それほど古いことではありません。それがいつごろだったのか、二つの資料を手がかりにして振り返ってみましょう。

私が手がかりにした資料のひとつは、よく知られている日本語辞典の『広辞苑』（岩波書店刊）です。この辞典の最初の版（第一版）は、一九五五年五月に刊行されました。日本の敗戦からほぼ一〇年後のことです。よく「枕にでもなりそうな」という言いかたでその厚みが形容されるこの大部《たいぶ》の辞書には、「ボランティア」という見出し語はありませんでした。敗戦後一〇年になる日本社会で、日常の言葉としてこの語彙は常用されていなかった、と考えてよいでしょう。その『広辞苑』の第一版はたびたび増刷されましたが、「ボランティア」という見出し語が加えられることはありませんでした。新しい版、第二版が出たのは、初版から一四年後の一九六九年五月のことでした。それには初めて「ボランティア」という新たな見出し語が加えられ、その意味として「①義勇兵。②自ら進んで事業に参加する人。」という説明が記されています。

この『広辞苑』の第二版は、それが出版されたのち、次回の新しい版である第三版が一九八三年一二月に出るまでの一四年半のあいだに、たびたび増刷され、増刷のたびに語彙の説明に改訂がほどこされました。それのみか、七六年一二月には「第二版補訂版」という事実上の新版が刊行されたのです。「ボランティア」という語彙の説明にも、変化が見られます。私が確認できた限りでは、第二版が出てから五年後の一九七四年九月に出版された第二版第八刷（つまり、増刷を重ねた第二版の八度目の刷り）では、この語の説明に重要な変更が加えられました。「①義勇兵。②自ら進んで社会事業などに参加する人。」となったのです。それまで「②自ら進んで事業に参加する人」だったのが、単なる「事業」ではなく「社会事業など」という限定がなされたのでした。これは、私たちがいま理解しているボランティア活動を、適切に説明する一句だと言えるでしょう。ボランティア活動の対象となるのは、私企業や営利事業をも含む事業一般ではなく、「社会事業」と呼ばれる公共福祉のための事業だからです。逆に言えば、この改訂以前に「自ら進んで事業に参加する人」という定義で説明されていた段階では、事業のそのような社会性については意識が希薄だった、ということになります。

第二版第八刷のこの新しい定義は、そののち七六年一二月の「第二版補訂版」とその増刷分でも継承されました。そして、一九八三年一二月刊行の第三版になると、「①義勇兵」という語義が消えて、「①志願者。篤志家。奉仕者。②自ら進んで社会事業などに参加する人。」という説明になります。ほぼ、私たちがいま思い描くボランティアの姿になったわけです。この説明は、九一年一一月刊行の第四版でも、まったくそのまま継承されました。

「ボランティア」という言葉がいつごろ日常生活に根付いたのかを振り返るためのもうひとつの資料は、『現代用語の基礎知識』（自由国民社）です。これもまたよく知られた出版物ですが、その書名が示しているとおり、日常生活で使われる用語について時代の動きと連動するような解説がなされています。敗戦から三年後の一九四八年一〇月に創刊されて以来、現在に至るまで、毎年一月に新しい版が刊行されてきました（発売は前年末）。私が確認できた限りでは、一九六〇年代の初期から一九六七年版に至るまで、「ボランティア」という用語は、本文（現代用語の語彙とその解説）には載っておらず、巻末に付された「外来語」一覧のなかに、「ボランティア（volunteer）義勇兵・志願兵」という原語と訳語が示されているだけでした。

ところが、一九六九年版（六九年一月刊）で初めて、その「外来語」欄の volunteer の訳語として、「義勇兵・志願兵」のほかに「無料奉仕」という新たな意味が加えられました。そして同時にこの年から、本文の「社会福祉」の章に「ボランティア」という固有の項目が設けられ、以下のような用語解説が記されたのです。その時点でのボランティア観をきわめて的確に伝えていますので、その全文を引用しておきましょう(2)。

> **ボランティア**　保健衛生や社会福祉をはじめとする公共の福祉の分野で、それらの事業の重要性を理解し、その事業を援助するため、自分の技能と時間を自主的に、無報酬で提供する人たちをいい、多くは他に本業をもっている。青年層特に高校・大学の学生が最も多く、勤労青年、婦人などがこれに次いでいる。わが国では欧米に比較して、その数においても活動分野においても、まだまだ開拓の余地がある。またボランティア活動の〔ママ〕推進する機関としては、善意銀行（地域住民がその余力の範囲で労力・物資等をこの機関に提供し、そこから最もそれらの資源を必要とする分野に配給する調整機関、民間経営）やボランティア・ビューロー（ボランティアの訓練と提供をはかる民間の事業）がある。

二つの資料から期せずして見えてきたのは、「ボランティア」が日本社会の日常に歴然と姿を現わし、この名称が新しい言葉として意識されるようになったのは、激動の時代として記憶される一九六八年前後のことだった、という歴史的事実です。その時代とボランティアの可視化とのあいだにどのような具体的関連があったのか、いまの段階で私には確かなことを語る資格がありませんが、「全共闘」や「反戦青年委員会」の登場、さまざまな「地域闘争」や「住民運動」の昂揚を生んだあの時代が、また、自発性と社会貢献の行為であるボランティア活動を顕在化させた時代でもあった、という歴史的な事実は記憶にとどめておきたいと思います。

その時代から現在に至るまで、ボランティアたちとそのボランティア活動は、身近な地域社会でも、さまざまな災害に見舞われた遠い地域でも、社会的弱者とされる人びとの生活空間でも、絶えることなくつづき、そのつど社会的な注目を浴びてきました。いまや、ボランティアのいない社会、ボランティア活動のない社会生活は、もはや考えられないほどです。そして、想像できる近い未来の社会もまた、ボランティアを抜きにしてはあり得ないでしょう。

けれども、では、私たちの生きる社会にボランティアとボランティア活動が登場し、重要な社会的役割を果たすようになったのは、先ほど確認した一九六〇年代の後期、いまからちょうど五〇年ほど前の時代がその最初だったのか？——こう問い直して、さらにそれ以前の社会を振り返ってみると、答えは「否《いな》」であることが、たちまち明らかになります。近現代の日本社会でボランティアとボランティア活動が歴然と姿を現わしたのは、一九六〇年代後半が初めてではありませんでした。それどころか、じつは、二〇世紀の歴史、とりわけ一九一八年一一月に終わった第一次世界大戦以後の日本の歴史のなかで、ボランティアとボランティア活動は、きわめて重要な、むしろ決定的に重要な、大きな役割を果たしつづけてきたのです。しかも、いまの私たちの言葉でボランティアと呼ばれるその人びとの活動が、社会にとってとりわけ重要な意味を持ったのは、平穏な時代ではなく、危機の時代、「非常時」とも呼ばれた激動の時代においてでした。

それ自体なんの関係もない「ボランティア」と「ファシズム」とを並べた表題を本書が持っているのも、そのためです。この表題は、ボランティアはファシストだ、とか、ボランティア活動はファシズムの一環だ、とか、主張しているのではありません。ファシズムとは、きわめて簡潔に言うなら、〝危機の時代からの脱却や、危機的状況の解消を実現するための、全社会的・全国民的な運動の一形態〟を言い表わす概念です。このファシズムと、私たちに身近なボランティア活動という、それ自体なんの関係もない二つの名詞が、私たちの歴史のなかで、いわば切っても切れない関係を与えられてきたという事実を、私たちは持っているのです。この歴史的な現実を、いまあらためて見つめ直したい――というのが、本書のモティーフ（動機・主題）にほかなりません。

ボランティア活動やボランティア精神についての私の基本的な思いは、先ほど述べたとおりです。他方、ファシズムに対する私の基本的な姿勢は、それを容認したり支持したりする立場を取ることではありません。私の考えは、ファシズムのようなイデオロギーと政治的・社会的な実践とが生まれる根拠と必然性を解明し理解する試みを重ねながらも、こうしたイデオロギーと実践を容認せず、自分なりにそれと闘う努力をしなければならない――という一点に尽きます。つまり、ボランティアとファシズムという本書の二つの主題についての私の基本姿勢は、真っ向から対立するものです。その二つを、不可分の関係のなかに位置づけながら歴史の現実を見直そうとするとき、私は、私の個人的な思いによってどちらか一方に加担することを許されません。私が見つめ直し明らかにしなければならないのは、具体的な歴史上の事実であり、それらの事実こそが、判断と理解と評価の素材となるのです。事実そのものを発見することが、これから一緒にたどろうとする本書の道程のテーマです。

ボランティア活動に出かける前に、そしてボランティア活動をつづける合間に、ボランティアとボランティア活動がたどってきた歴史と向き合って、具体的な事実を見つめ、それらについて共に考えることができるなら、すでに過ぎた歴史を是正することはできないとしても、これから始まる歴史をほんの少しでも変えることができるのではないでしょうか。

I

日本の「ボランティア元年」——デモクラシーの底辺で

略年表　I

1868. 1 . 3	〔旧暦 慶応 4 .12. 9〕王政復古派の諸公卿、「王政復古の大号令」を発す　→「明治維新」始まる
9 . 3	〔旧暦 7 .17〕天皇、江戸を「東京」とする詔書を発する
1871.10.12	〔旧暦 8 .28〕政府、被差別部落民の身分・職業差別を廃止
1872. 2 .	福澤諭吉『学問のすゝめ』初編刊行　→76.11. 全17編完結
12.28	「徴兵ノ詔書」→73. 1 .10「徴兵令」制定
1873. 3 . 7	「神武天皇即位日を紀元節と称する」と定める（太政官布告）
1879. 4 .	植木枝盛『民権自由論』刊行
1884. 9 . ～	加波山事件、秩父事件など、自由民権運動の民衆蜂起続発
1889. 2 .11	「大日本帝国憲法」発布／「皇室典範」制定
1890.10.30	「教育ニ関スル勅語」（教育勅語）発布
11.25	第 1 通常議会（帝国議会）召集／「大日本帝国憲法」施行
1894. 8 . 1	日本、清国に宣戦（日清戦争）→95. 4 .17 講和条約調印
1904. 2 .10	日本、ロシアに宣戦（日露戦争）→05. 9 . 5 講和条約調印
1905.11.17	日本、韓国に「統監」を置く　→植民地支配への一歩
1908.10.13	「戊申詔書」発布　→10.23 文部省、教育による同詔書の国民道徳作興の「聖旨」奉戴を所轄学校長・地方長官に訓令
1910. 8 .22	「韓国併合」の日韓条約調印　→ 8 .29 天皇、詔書で併合宣言
1914. 7 .28	オーストリア、セルビアに宣戦布告　→「欧洲大戦」開始
8 .23	日本、ドイツに宣戦布告
10.14	日本海軍、赤道以北のドイツ領南洋群島を占領
11. 7	日本軍、ドイツの租借地・中国膠州の青島（チンタオ）を占領
1917. 3 .12	〔露暦 2 .27〕ロシア「 2 月革命」、臨時政権樹立　→皇帝退位
11. 7	〔露暦10.25〕ロシア「10月革命」、ソヴィエト政権樹立
1918. 7 .23	富山県魚津町で「米よこせ！」の女房一揆、「米騒動」始まる
11. 9	ドイツ「11月革命」、ドイツ帝国崩壊　→ヴァイマル体制へ
1918.12.上旬	東京帝国大学法学部学生を中心に思想団体「新人会」結成
1919. 3 . 1	朝鮮各地で独立を求める「万歳事件」→軍隊で鎮圧
5 . 7	講和会議（国際連盟）、赤道以北の旧ドイツ領南洋群島の委任統治国を日本に決定　→ 6 .28「ヴェルサイユ条約」調印
1922. 3 . 3	「全国水平社」、京都で創立大会（参加者2000人）
4 . 9	「日本農民組合」、神戸で創立大会　→機関誌『土地と自由』
7 .15	「日本共産党」、東京渋谷で非合法に結成
1923. 9 . 1	午前11時58分44秒、関東地方に大地震（関東大震災）発生
9 . 2	東京帝大学生「南洋群島見学団」、大震災禍の東京に帰着

1　発展する国家を巨大自然災害が襲った

二つの大震災が残したもの

一九九五年一月一七日午前五時四六分五二秒、「一九九五年兵庫県南部地震」と命名されるマグニチュード七・三、最大震度七の巨大地震が発生した。

淡路島を震源地とするこの地震では、避難生活による死者も含めて六四三四人が生命を失い、三人が行方不明となったほか、一万〇六八三人が重傷を負った。住宅被害も、公共の建物や非住家を除いて、全壊が一〇万四九〇六棟（一八万六一七五世帯）、半壊が一四万四二七四棟（二七万四一八二世帯）に及んだ。高い煙を上げて延々と燃える神戸の街の映像を記憶している人もあるだろう。水道の断水はピーク時で約一三〇万戸、同じくいずれもピーク時で停電は約二六〇万戸、ガス供給停止は約八六万戸、電話不通は三〇万回線に上り、たとえば水道が復旧するまでに、約五〇万戸の人びとは九〇日間も待たなければならなかった。避難生活を余儀なくされた住民は、最大時で三一万六〇〇〇人に達し、仮設住宅からようやくすべての避難者が退去したのは、震災発生から五年後の二〇〇〇年一月一四日のことだった(3)。

震災発生から四週間後の二月一四日、政府はこの災害を「阪神・淡路大震災」と呼称することを閣議で申し合わせた。その被害の大きさと、今後の復興施策を推進するうえで、気象庁の命名による「一九九五年兵庫県南部地震」とは別の名称が必要だと考えられたからだという。

だが、この震災が、その被害を直接に受けた罹災者《りさいしゃ》だけでなく、多くの人びとに鮮やかな記憶を残しているのは、地震による被害の大きさについてばかりではない。阪神一帯の深甚な被災状況が伝えられると、文字どおり全国から、救援のボランティアたちが駆けつけたのだ。「日本青年奉仕協会」（JYVA）という社団法人が刊行していた『ボランティア白書'96－'97』は、大震災から二年後の時点で、つぎのように記している。

1995年1月の阪神・淡路大震災はたいへん不幸な出来事であったが、その一方で、多くの人が瞠目したのは、ボランティアの活動であっただろう。一説によれば、被災地のボランティアの延べ数は、1年間で130万人に達したともいわれ、別の報告では200万人にも達しているといわれている。

一体、阪神・淡路大震災で活動したボランティアの姿はどのようなものだったのだろうか。

その全容を解明することは難しいが、直後に行われた調査を参考にしてみよう。朝日新聞社は、95年の3月中旬から下旬にかけて、神戸市などの被災地で働くボランティアを対象に、個別面接方式で意識調査を行った（注1）。それによると、ボランティアの内訳は、男性が約6割、年齢は21～24歳までが全体の3割を越えている。平均すると26・3歳で、学生が6割近くを占めている。驚いたことに、阪神・淡路大震災以前に、ボランティアの経験がまったくなかった人が、3分の2にもなる。マスコミが「ボランティア革命」「ボランティア元年」という言葉を頻繁に使ったが、初めてボランティアを行ったという人が多かったという点で、「ボランティア元年」「ボランティア革命」という表現は、決して誇張された表現ではなかっただろう。

また、毎日新聞の調査によれば、全国の有権者の実に86％が義援金を贈るなり、ボランティアに参加するなりの活動を行った、という結果が出ている（注2）。96年12月末で義援金総額は1、774億円を越え、震災後2年を経ても、月平均1億円くらいの寄付が届いている。こうした寄付やボランティアといったフィランソロピー活動〔隣人愛の活動〕は、世界的なレベルでみても、空前の規模だったといえるだろう。〔以下略〕

注1　朝日新聞95年4月17日

注2　毎日新聞95年3月28日

出口正之「震災以後のボランティア状況④」

これを掲載した『ボランティア白書'96－'97』は、この号のメイン・テーマとして、「自分を変える、社会が変わる」という理念を掲げている。「人びとは自己実現の手段としてボランティア活動を考えはじめ、さらに社会一般も変革のための有力なパワーとして、ボランティアの力に期待を寄せはじめている。〝自己実現のための学び〟、言いかえれば、活動を通じて〝自分を変える〟という個人の意志と、そうした活動により〝社会が変わる〟ことを求める社会のボランティアに対するニーズが、合致しつつある」というのが、この白書の企画編集者たちの認識だったのだ。

この認識の当否については、さまざまな見解があり得るだろう。だが、私自身の狭い体験でも、ボランティア活動に参加した若者たちが、何よりもまず、「自分のためになった」、「世の中や人間に対する自分の見方が変わった」という感想を語るのは、きわめて一般的な事実なのである。他方、「社会」については、それがボランティア活動によってどのようにしてどう変わるかはまだ明らかではないにせよ、阪神・淡路大震災以後の日本社会の歴史が、ボランティアの活動を抜きにしては社会が動かないという方向に向かって進んできたことは、すでに見たとおりである。

「社会のボランティアに対するニーズ」とボランティアの内発的な意志との出会いをさらに促進し、決定的に定着させたのは、阪神・淡路大震災から一六年後に起こった「二〇一一年東北地方太平洋沖地震」(気象庁命名)、つまり「東日本大震災」だった。二〇一一年三月一一日一四時四六分一八秒に始まったマグニチュード九・〇のこの巨大地震では、東北地方の太平洋沿岸を襲った津波や、その後の余震での被害を合わせて、二〇一八年三月一日現在までに、死者一万九六三〇人、行方不明者二五六九人が確認されている。住家被害は、同じ時点までの数値で、全壊一二万一七八一棟、半壊二八万〇九六二棟、床上浸水一六二八棟、床下浸水一万〇〇七五棟に上っている。(5) そして何よりも、地震と津波によって壊滅しメルトダウンした原子力発電所の破局的事故は、政府と電力会社によって実情がひたすら隠蔽されつづけるなかで、終息の見通しも立っていない。

編集主体が「「広がれボランティアの輪」連絡会議」に変わった『ボランティア白書2014』(二〇一四年七月発行)は、全二六三ページの誌面のうち一五一ページを「災害ボランティアの諸相」という特集記事に充《あ》てている。さらにそれに加えて、「統計データから見た日本のボランティア活動の動向」という記事のなかでも、「東日本大震災が与えたボランティア活動への影響分析」という一章を設けて、この大震災を契機とするボランティア活動についての考察がなされている。それによれば、「災害に関するボランティア活動」の行動者率（一〇歳以上の人口に対する比率）は、震災前の二〇〇六年の一・二％から二〇一一年には三・八％に増加し、二〇一二年七月までに被災地で活動したボランティアの数は推計二二〇万人以上に達した。しかも、そのうちの四〇％、約九〇万人は、東日本大震災で初めてボランティア活動に参加した人びとだった。被災地で活動した人の九割が「今後ボランティア活動に参加する意思」を持ち、そのうち「災害支援や被災者支援」の活動に参加したいという人が八割に上る、という調査結果も紹介されている(6)。

阪神・淡路大震災にさいしての被災地救援で一躍社会の注目を浴びたボランティア活動は、不幸にも再来した巨大地震、東日本大震災によって、それが社会にとって不可欠のものであることを再確認される結果となった。そして、この不可欠の自発的行為を多くの人びとが待望していることが、社会生活のいわば前提となったのである。

関東大震災の衝撃と「国民精神作興ニ関スル詔書」

阪神・淡路大震災より七二年前の一九二三年九月一日午前一一時五八分ごろ、相模湾から山梨県河口湖付近に至るいくつかの地点を震源とする大地震が起こった。江戸時代末期以降の日本社会の歴史のなかで最大の地震被害をもたらした「関東大震災」である。

首都とその周辺の諸都市を直撃したこの地震による死者と行方不明者は、一〇万五三八五人、東日本大震災の四・七五倍に及んだ。そのうちの九割近く、九万一七八一人は火災による犠牲者だった。住家の被害は、全壊（非焼失）が七万九七三三棟、半壊（非焼失）が七万九二七二棟、焼失が二一万二三五三棟、流失・埋没が一三〇一棟に上った。死者のうち、一〇一三人は流失・埋没によるもので、これは崖崩れや山津波などの土砂災害と、沿岸部での津波（高いところでは七メートルに達した）のためだった。物的な損害は、地震による直接的な損失だけで五五億円、あるいは一〇〇億円以上とも言われた。それは、当時の日本の国家予算の四年分ないし七年分に相当する額だった(7)。

この関東大震災が、日本の近現代史におけるもっとも無惨な恥ずべき暴虐行為のひとつを触発したことは、よく知られている。たとえば、明治維新以降の日本の政治・社会に関するもっとも包括的な歴史年表である『近代日本総合年表』（岩波書店、第三版＝一九九一年二月）には、一九二三年九月二日の項目に、「朝鮮人暴動の流言ひろがり、朝鮮人数千人と中国人も殺される」という記載がある。「朝鮮人が暴動を起こす」、「朝鮮人が井戸に毒を投入して回っている」などの虚偽の噂が流され、諸所の町内に組織された民間の「自警団」が、在郷軍人《ざいごう》（徴兵制の現役兵を終えたのち、帰省してそれぞれ市民生活を送っている予備役・後備役や退役した将兵たち）および戒厳令で出動した軍隊とともに、植民地朝鮮から内地（日本本土）に来ている朝鮮の人びとを、数千人も殺害したのである。植民地支配者が被支配者に対していだく意識的・無意識的な恐怖心が、その動因となったことは、想像に難《かた》くない。関東大震災の混乱と恐慌状態のなかで、「国賊」「非国民」とされた社会主義者や無政府主義者たちも、軍隊や官憲によって不法に殺戮された。

この未曾有の大災害とそれによる深刻な社会不安に直面して、憲法上「大日本帝国」の唯一の主権者である天皇は、九月七日、「治安維持ノ為ニスル罰則ニ関スル件」という勅令《ちょくれい》を発した。勅令とは、議会での審議を経ずに天皇の命令として施行される法規である。「出版、通信其の他何等《なんら》の方法を以《もっ》てするを問はず暴行、騒擾《そうじょう》其の他生命、身体若《もしく》は財産に危害を及ぼすべき犯罪を煽動し、安寧秩序を紊乱《ぶんらん》するの目的を以て治安を害する事項を流布し又は人心を惑乱するの目的を以て流言浮説を為《な》したる者は十年以下の懲役若は禁錮又は三千円以下の罰金に処す」というのが、この勅令の本文だった。(8) だが、わかりづらい文体を丹念に読めば理解できるように、この勅令が禁じているのは、生命・身体や財産に危害を及ぼすような犯罪そのものではない。また、安寧秩序を乱すことや治安を害し人心を惑わす行為そのものでさえ、ないのである。そのような実行行為ではなく、それを引き起こすような出版、通信、言論を、勅令は禁じたのだ。このことが持つ重要な意味は、二ヵ月あまりのちに明らかとなる。

震災勃発からちょうど一〇週間を経た一一月一〇日、天皇は臣民に向けたお言葉を発した。「国民精神作興ニ関スル詔書」がそれである。「詔書《しょうしょ》」とは、主権者としての天皇が政治上の意思表示を行なうさいの公文書だが、関東大震災を契機として発せられたこの詔書は、近現代日本の歴史上とりわけ重要なものなので、煩をいとわずその全文を再掲し、併《あわ》せて私なりの訳文を示しておこう。(引用にあたって、詔書原文のカタカナをひらがなに改め、原文にはない句読点と濁点およびふりがなを補った。また便宜上、各文節に番号を付し、訳文には数ヵ所で説明のための文言を加えている。)(9)

国民精神作興に関する詔書

〔1〕朕惟《ちんおも》ふに、国家興隆の本《もと》は国民精神の剛健に在《あ》り。之《これ》を涵養《かんよう》し之を振作《しんさ》して、以《もっ》て国本《こくほん》を固くせざるべからず。〔2〕是《ここ》を以《もっ》て、先帝、意《い》を教育に留《と》めさせられ、国体《こくたい》に基《もとづ》き、淵源《えんげん》に遡《さかのぼ》り、皇祖皇宗《こうそこうそう》の遺訓《いくん》を掲《かか》げて、其《そ》の大綱《たいこう》を昭示《しょうじ》したまひ、〔3〕後又《のちまた》、臣民に詔《みことのり》して、忠実勤倹《きんけん》を勧《すす》め、信義の訓《おしえ》を申《かさ》ねて、荒怠《こうたい》の誡《いましめ》を垂《た》れたまへり。〔4〕是《こ》れ皆《みな》、道徳を尊重して国民精神を涵養振作《かんようしんさ》する所以《ゆえん》の洪謨《こうぼ》に非《あら》ざるなし。〔5〕爾来《じらい》、趨向《すうこう》一定して、効果大《おおい》に著《あらわ》れ、以《もっ》て国家の興隆を致《いた》せり。〔6〕朕、即位以来、夙夜兢兢《しゅくやきょうきょう》として常に紹述《しょうじゅつ》を思ひしに、俄《にわか》に災変《さいへん》に遭《あ》ひて、憂悚交々至《ゆうしょうこもごもいた》れり。〔7〕輓近《ばんきん》、学術益々《ますます》開け、人智日《ひ》に進む。然《しか》れども、浮華放縦《ふかほうしょう》の習《ならい》、漸《ようや》く萌《きざ》し、軽佻詭激《けいちょうきげき》の風《ふう》も亦生《またしょう》ず。〔8〕今《いま》に及《およ》びて時弊《じへい》を革《あらた》めずむば、或《あるい》は前緒《ぜんしょ》を失墜《しっつい》せむことを恐《おそ》る。〔9〕況《いわん》や、今次《こんじ》の災禍甚《さいかはなは》だ大《だい》にして、文化の紹復《しょうふく》、国力の振興は皆《みな》国民の精神に待《ま》つをや。〔10〕是《こ》れ実《じつ》に、上下協戮《しょうかきょうりく》、振作更張《しんさこうちょう》の時《とき》なり。〔11〕振作更張の道は他《た》なし。先帝の聖訓《せいくん》に恪遵《かくじゅん》して、其《そ》の実効《じっこう》を挙《あ》ぐるに在《あ》るのみ。〔12〕宜《よろし》く教育の淵源《えんげん》を崇《とうと》びて、智徳の竝進《へいしん》を努《つと》め、〔13〕綱紀《こうき》を粛正《しゅくせい》し、風俗を匡励《きょうれい》し、浮華放縦を斥《しりぞ》けて、質実剛健《しつじつごうけん》に趨《おもむ》き、〔14〕軽佻詭激を矯《いまし》めて、醇厚中正《じゅんこうちゅうせい》に帰《き》し、人倫《じんりん》を明《あきらか》にして親和を致《いた》し、公徳を守りて秩序を保《たも》ち、〔15〕責任を重《おもん》じ、節制を尚《たっと》び、忠孝義勇の美《び》を揚《あ》げ、博愛共存の誼《ぎ》を篤《あつ》くし、〔16〕入《い》りては恭倹勤敏業《きょうけんきんびんぎょう》に服《ふく》し、産《さん》を治《おさ》め、〔17〕出《い》でては一己《いっこ》の利害に偏《へん》せずして、力《ちから》を公益世務《せいむ》に竭《つく》し、〔18〕以《もっ》て国家の興隆と、民族の安栄《あんえい》、社会の福祉とを図《はか》るべし。〔19〕朕は臣民の協翼《きょうよく》に頼《よ》りて、彌々国本《いよいよこくほん》を固《かた》くし、以《もっ》て大業《たいぎょう》を恢弘《かいこう》せむことを冀《こいねが》ふ。〔20〕爾《なんじ》臣民、其《そ》れ之《これ》を勉《つと》めよ。

大正十二年十一月十日

国民精神を奮い起こすためのお言葉

〔1〕朕《ちん》の考えるところは以下のとおりである。国家が興隆するための根底は国民精神が強く健全であることだ。こういう精神を養い育て、それを盛んにし、これによって国の根底を強固にしなければならない。〔2〕それゆえに、先帝の明治天皇は、教育の重要性に着目され、我が国独自の国家体制を基本にして、それが成り立つ根源にまで立ち帰りながら、皇祖《こうそ》、つまり天照大神《アマテラスオオミカミ》から神武天皇以前までの天皇家の祖先の神々と、皇宗《こうそう》、つまり神武からあとの歴代人間天皇とが遺《のこ》された教訓を取り上げて、それらの根本的な点を明確に示した教え、つまり「教育勅語」を発せられ、〔3〕その後さらに、お前たち臣民に「戊申詔書《ぼしん》」というお言葉を与えて、忠実で勤勉かつ倹約であることを促《うなが》し、信義の大切さをあらためて教え、良からぬことに耽《ふけ》って怠《なま》けることの無いよう、戒《いまし》めを垂れ給《たも》うたのである。〔4〕これはすべて、道徳を尊重して国民精神を養い育て、それを盛んにするための、広い御心《みこころ》から発したものにほかならない。〔5〕それ以来、世の中の進む方向は定まり、その効果は顕著で、それによって国家の興隆が成し遂げられた。〔6〕朕は、即位して以来、朝早くから夜遅くまで、恐《おそ》れ謹《つつし》んで、いついかなるときも、先帝が遺《のこ》してくださったこの教えのことを考えてきた。ところが、突然このような天変地異に遭遇して、憂慮と恐れとが入れ代わり立ち代わり襲ってくる思いだ。〔7〕近ごろは、学術がますます発達向上して、人間の知恵も日進月歩である。しかしその一方で、浮足立った勝手放題の習俗が次第に芽生え、

軽はずみで節度を失った過激な風潮もまた生まれた。〔8〕そういう状態に立ち至ったいま、このような現代の弊害を改めなければ、これまで天皇家祖先の神々や歴代の天皇が連綿と紡いできてくださった伝統の糸が台無しになる恐れがある。〔9〕ましてや、今回の災害はきわめて大きいので、文化の復興や国力の振興はすべて国民の精神にかかっているのだから、なおのことではないか。〔10〕いまこそ、上は天皇から下は最下層の臣民までが協力しあって、力を奮《ふる》い起こし、その力をさらに拡張していかなければならない時である。〔11〕力を奮い起こし拡張する道は、ただひとつ、先帝が遺してくださった神聖な教え、「教育勅語」と「戊申詔書」に謹んで従い、じっさいに効果を達成すること以外にはない。〔12〕教育の根源である「教育勅語」をしっかりと尊重して、知的教育と道徳教育とを並列して進める努力をし、〔13〕「戊申詔書」にあるように、紀律の乱れを正し、悪い風俗を是正して良い風俗を奨励し、浮足立った勝手放題を排斥して質実剛健を目指し、〔14〕軽はずみで節度を失った過激なことをしないようにして、人情に厚く、偏《かたよ》らない立場を取り、人として守るべき道をわきまえて他者と仲良くし、社会道徳を守って秩序を保ち、〔15〕責任を重んじ、節制を大切にし、国に対する忠と、親に対する孝と、義勇心との美しさを発揮し、博愛共存の関係を深め、〔16〕個人生活においては、他者に対しては恭《うやうや》しく、自分の行ないは慎《つつし》み深く、きびきびと精を出して仕事に取組み、生業《なりわい》に励み、〔17〕社会生活においては、自分一個の利害にとらわれずに、自分の力を公益や社会事業のために役立て、〔18〕それによって、国家の興隆と、民族の安寧および繁栄、社会の福祉に貢献しなければならない。〔19〕朕は、臣民の協力翼賛にもとづいて、これからますます国の根底を強固にし、それによって「八《はっ》紘一宇《こういちう》」（天皇という屋根で全世界を覆ってひとつの家とする）という大事業をますます大きく発展させることを、切《せつ》に望むものである。〔20〕おまえたち臣民よ、だからそのための努力をせよ。

一九二三年一一月一〇日

この詔書を渙発《かんぱつ》したのは、当時の天皇、のちに大正天皇と呼ばれる嘉仁《よしひと》である。しかし、天皇嘉仁はそのころすでに健康上の理由で神奈川県葉山の別荘に幽閉されており、震災よりほぼ二年前の一九二一年一一月二五日から、皇太子裕仁《ひろひと》が「摂政宮《せっしょうのみや》」として天皇の職務を行なっていた。それゆえ、この詔書は事実上、摂政宮裕仁の責任において発せられたものだった。もちろん、この詔書に裕仁個人の見解がそのまま表現されていたわけではないにせよ、そこには、当時の天皇制国家権力の中枢にいたものたちの現状認識が、ありありと表現されている。

一八六八年一月の「明治維新」と呼ばれる政変によって発足した天皇制の日本国家は、旧士族の叛乱や自由民権運動を鎮圧して全国を平定したのち、一八八九年二月一一日、「大日本帝国憲法」を発布《はっぷ》して立憲君主国となった。憲法第一条の「大日本帝国ハ万世一系ノ天皇之《コレ》ヲ統治ス」という規定にもとづいて、この国を統治する唯一の主権者は天皇であり、国の人民はすべてこの天皇の臣下としての「臣民」でしかなかった。主権者である天皇は、直接の政治権力を行使したばかりでなく、臣民の思想・倫理・風俗習慣・生活様式・人間関係のありかたにまで介入して、それらの正しいありかたを教示し義務づけたのである。一八九〇年一〇月三〇日発布《はっぷ》の「教育ニ関スル勅語」（いわゆる「教育勅語」）と、一九〇八年一〇月一三日発布の「戊申《ぼしん》詔書」は、その代表的なものだった。
「教育勅語」が、親子や家族の関係のありかたから、臣民としての生きかたまでを、指示し命令していることは、よく知られている。それと比べて「戊申詔書」は、言及されることがそれほど多くないが、日清・日露の両戦役で勝利して「世界の一等国」となった日本の為政者たちが抱いていた危惧と憂慮を、如実に映し出すものだった。(10)「宜《よろし》く上下《しょうか》心を一《いつ》にし、忠実業《ぎょう》に服し、勤倹《きんけん》産を治《おさ》め、惟《こ》れ信、惟れ義、醇厚《じゅんこう》俗を成《な》し、華《か》を去りて実《じつ》に就《つ》き、荒怠《こうたい》相誡《あいいまし》め、自《じ》彊《きょう》息《や》まざるべし」（上に立つものと下にあるものとがしっかりと心を合わせて、忠実に業務に従事し、勤勉に倹約しながら生業《なりわい》に励み、信義を守って、人情の厚さや土地柄《がら》の素朴さが一般の習わしとなるようにし、華美を避けて実質を重んじ、荒《すさ》んだ生活で怠けることをお互いに誡《いまし》めあって、自助努力をやめてはならない）――「国民精神作興ニ関スル詔書」でも一部が援用されているこの文言は、急速に外来の文化や思想・風俗が流入してくる時代を迎えた権力者たちの、痛切な思いを物語っている。彼らは、近代化に伴う人民の物質的要求の高まりや、とりわけそれらの思想・風俗の根底にある民主主義的な理念を、切実に恐れたのである。

この恐れが現実となったまさにその時代に、関東大震災はやってきたのだった。この詔書に先立つ「治安維持ノ為ニスル罰則ニ関スル件」という勅令が恐れたのも、民衆の生命や安全を脅かす犯罪行為そのものではなかった。「浮足立った勝手放題の習俗」と、「軽はずみで節度を失った過激な風潮」が、なんらかの具体的な言論・表現となって、民衆のなかに動揺や共感を呼び起こし、国家の安寧秩序と支配体制を危うくすることになるのを、それは恐れたのだ。

は、「大正デモクラシー」の時代と呼ばれる歴史上の一時代を象徴する二つの社会的な事象である。

大正デモクラシーとその終焉

「国民精神作興《サッコウ》ニ関スル詔書」が重ねて言及している「浮華放縦《ふかほうしょう》の習《ならい》」と「軽佻詭激《けいちょうきげき》の風《ふう》」

一九一四年七月二八日に勃発した「欧洲大戦」は、当初、その名称のとおり、ヨーロッパ諸国による戦争だった。しかし、「日英同盟」という軍事同盟をイギリスとのあいだに結んでいた大日本帝国は、この条約に従って、同年八月二三日、イギリスの敵国であるドイツに宣戦布告する。そして、南太平洋のドイツ領南洋群島と、中国大陸の山東半島におけるドイツの租借地「膠州《キアウチョウ》」へ軍隊を派遣して、ドイツの守備軍との戦闘ののち、そこを占領した。のちに「第一次世界大戦」と呼ばれることになるこの戦争で、日本は戦勝国側の一員となる。そして、一九一八年一一月の終戦と、そのあとに誕生した「国際連盟」の決定によって、ドイツ領南洋群島のうち赤道以北のミクロネシアと呼ばれる領域——マーシャル、カロリン、マリアナ、パラウの諸島——を、国際連盟の委任統治領、事実上の植民地として獲得したのである。その戦後の一時期に、洪水のように流入した欧米文明の影響によって、いわば最初の戦後民主主義時代としてやってきたのが、「大正デモクラシー」の時代だった。[11]

欧米では「黄金の二〇年代《ゴールデン・トゥエンティーズ》」と呼ばれた一九二〇年代は、日本でもまた、一口で言うなら大衆文化の黄金時代として始まった。工業化の進展と資本主義経済の発展によって促進された生活圏の都市化や交通網の発達は、その同じ産業発展のなかから生まれた厖大な工場労働者や給与生活者（サラリーマン）の日常生活を、それまでの伝統的・土着的な生活様式から引き離した。

欧米で始まったこの新しい生活様式と、そこから生まれる新しい文化や風俗は、世界大戦の終結とともに同時代的に日本にも伝播《でんぱ》する。そして、まず東京を始めとする大都市の生活を、そして徐々に地方小都市の生活をも、それまでの農業や家内製造業や個人商店の日常とは大きく異なる消費者生活に変えたのである。新聞・雑誌・映画や、のちにはラジオ放送など情報メディアの急速な進化が、都市型の生活をさらに助長した。

そうした新しい文化生活を象徴したのが、デパート（百貨店）とそこで働く「職業婦人」としての「デパートガール」や、「カフェー」と呼ばれた大衆酒場と「女給」たちであり、銀座や浅草の盛り場を闊歩する「モガ」（モダンガール）と「モボ」（モダンボーイ）たちの風俗だった。映画館や演芸場、ほとんどリアルタイムで世相を映す週刊誌という新しいメディアが、消費者に娯楽と斬新な情報を与え、先端の知識と購買意欲を促進した。大震災の前年、一九二二年二月二五日に創刊された『旬刊朝日』が、週刊誌に衣替えして『週刊朝日』となったのは、同年四月二日だった。その同じ日に、もうひとつの週刊誌『サンデー毎日』が創刊された。このような新しい風俗と生活様式が、国家の為政者たちの目には、この国家の基本的な公序良俗を揺るがし脅かす「浮華放縦《ふかほうしょう》の習《ならい》」（浮足立った勝手放題の習俗）として映ったのである。

もう一方の「軽佻詭激《けいちょうきげき》の風《ふう》」（軽はずみで節度を失った過激な風潮）は、為政者たちにとって、さらにいっそう深刻な様相を呈していた。

世界大戦は、権力政治家や軍部と結びついた大企業とその資本家たちに莫大な利潤をもたらしたが、庶民の生活は潤《うるお》うどころか、生活物資の欠乏をもたらし、暮らしは困窮の度を加えるばかりだった。とりわけ、主食の米の暴騰はとどまるところを知らぬ状態となった。大戦末期の一九一八年七月一七日に日本政府が「シベリア出兵」を決定すると、社会不安は一層深刻となった。前年一一月七日に始まるロシアの「一〇月革命」で生まれた共産主義政府を打倒するためのこの軍事行動が、戦争をさらに長引かせ、民衆の生活をさらに困窮させることは明らかだったからだ。米の価格はさらに高騰した。

こうしてついに、一八年七月二三日、富山県の漁師町、魚津で、「米よこせ!」の女房一揆が始まり、またたくまに周辺の漁村に波及した。そして八月三日、それは大規模な「米騒動」となって爆発したのである。女性たちを先頭とするこの暴動は、たちまち魚津から全国に飛び火し、岡山、香川、和歌山などの各県を経て、八月一〇日前後には京都、名古屋、大阪、神戸などの大都市をも揺るがした。大阪市では、民衆を鎮圧するために、軍刀などで武装した在郷軍人が登場する。米騒動はさらに、山口県宇部や九州各地の炭鉱にも波及し、炭鉱労働者とその家族たちとの蜂起に対して、軍隊・警察・在郷軍人会・青年団などの組織暴力が襲いかかった。

米騒動は、軍閥と官僚を後ろ楯とする寺内正毅内閣を退陣に追い込んだが、それによって問題が解決したわけではなかった。国家社会にはさまざまな矛盾と不合理が蓄積していたのである。翌一九一九年の三月一日には、植民地朝鮮で「三・一万歳《ばんざい》事件」と呼ばれる独立運動が顕在化した。日本政府は、これを軍隊によって鎮圧し、朝鮮民衆に対する抑圧をさらに強めることで、事態を鎮静化しようとした。しかし、朝鮮の独立運動は、日本本土における一連の解放運動の先駆けでもあったのだ。それらが一気に姿を現わしたのは、まさに大震災の前年、一九二二年のことだった。

一九二二年三月三日、京都市で「全国水平社」創立大会が開催された。明治維新後の一八七一年一〇月に「太政官布告《だじょうかんふこく》」（法令に相当）によって被差別身分から解放されていたはずの旧被差別部落民衆は、現実には、さまざまな社会的差別に苦しみつづけてきた。その人びとが、差別に抗して自己解放の決意を公にしたのである。「吾々は、かならず卑屈なる言葉と怯懦《きょうだ》なる行為によつて、祖先を辱《はずか》しめ、人間を冒瀆《ぼうとく》してはならぬ。そうして人の世の冷たさが、何《ど》んなに冷たいか、人間を勦《いたわ》る事が何んであるかをよく知つてゐる吾々は、心から人生の熱と光を願《がん》求礼讃《ぐらいさん》するものである。／水平社は、かくして生れた。／人の世に熱あれ、人間に光あれ。」——創立大会で採択された「水平社宣言」はこのように述べ、「決議」では「吾々に対して穢多及び特殊部落民等の言行によつて侮辱の意志を表示したる時は徹底的糾弾を為《な》す」と言明したのだった。

その翌月の四月九日、神戸で「日本農民組合」が創立された。中心的な役割を果たしたのは、キリスト教の伝道をつうじて農民運動家となった杉山元治郎と、同じくキリスト者の社会運動家、賀川豊彦らの知識人だったが、各地の農村で頻発しつづける小作農《こさくのう》と地主《じぬし》との抗争、いわゆる小作争議は、これによって新しい局面を迎えることになる。自分の農地を持たず、地主の土地を耕作することで高い小作料を搾取される無力な貧農たちが、圧倒的に強力な地主階級と、その後ろ楯である国家とに、団結して立ち向かうための組織を、ようやく持つことになったのである。

同じ一九二二年の七月一五日、東京府豊多摩《とよたま》郡渋谷町、現在の東京都渋谷区恵比寿にあった一個人宅で、「日本共産党」が創立された。大日本帝国憲法に真っ向から反して君主制の廃絶を掲げるこの政党は、もちろん政府当局によって認可されるはずもなく、この創立の日から大東亜戦争での日本の敗戦に至るまで、ただの一度も合法政党として民衆の前に姿を現わすことはできなかった。ロシア革命ののちに世界各国の共産党の国際組織として結成されていた「共産主義インターナショナル」（略称＝コミンテルン）に加盟した日本共産党は、日本で「国際共産党」と呼ばれたコミンテルンの日本支部として、その非合法活動を開始することになる。国家社会の現体制に対してみずからの社会的・政治的権利を掲げる被差別民、貧農階級の運動体の出現に次いで、天皇制国家日本は、ついに、その「国本《こくほん》」と「国体《こくたい》」、国の根底と天皇制という国家体制そのものを揺るがす内部の敵に、直面したのだった。「軽佻詭激の風」とは、このような社会的・政治的な運動を念頭に置いた呼称にほかならない。

つまり、関東大震災は、「国民精神作興ニ関スル詔書」が強調するとおり、このような「浮華放縦の習」と「軽佻詭激の風」とが、国家の支配者たちにとって目に余るものとなりつつあったまさにそのとき、起こったのである。モガ・モボの大衆文化や反体制的な社会運動が、巨大自然災害の発生と何の関係もないことは、言うまでもない。だが、その災害によって生じる被害の大小は、そのときの社会状況とまったく無関係でないとは言い切れないだろう。少なくとも、「国民精神作興ニ関スル詔書」の文脈は、震災の惨禍と当今の世情とを並べて論じており、とりわけ、これらの許しがたい風俗や風潮を黙過するなら今後の復興事業と国家の再生発展に決定的な支障を来たすであろう、という危惧の念が明らかに示されている。大震災による甚大な被害を契機として、「大正デモクラシー」と呼ばれる一時代に終止符を打つ決意を、この詔書は宣言したのである。のちに、「大正デモクラシー」から「昭和ファシズム」への転回として位置づけられる歴史の曲がり角は、この詔書によって記されたのだ。

そしてまた、この詔書は、日本の近現代における「ボランティア」の歴史を振り返るとき、見過ごすことのできない大きな意味を――それも、二つの意味を――持っていたのである。「浮華放縦の習」と「軽佻詭激の風」とを戒めた詔書は、それらの対極としての為《な》すべき行ないを説いて、「出《い》でては一己《いっこ》の利害に偏《へん》せずして、力《ちから》を公益世務《せいむ》に竭《つく》し、以《もっ》て国家の興隆と、民族の安栄《あんえい》、社会の福祉とを図《はか》るべし」（社会生活においては、自分一個の利害にとらわれずに、自分の力を公益や社会事業のために役立て、それによって、国家の興隆と、民族の安寧および繁栄、社会の福祉に貢献しなければならない）と教唆していた。流行の風俗にかまけた浮《うわ》ついた生活や、自己の権利のみを主張する過激な運動の対極にあるものとして、詔書は、このような活動を臣民に求めたのである。これは、まさに、それから三分の二世紀ののち、阪神・淡路大震災のなかで登場したボランティアたちの活動が自発的に実行したことを、そして再度の東日本大震災や各地での震災を始めとする災害にさいして実行しつつあることを、一九二三年の時点での天皇の言葉として、臣民に要求したものにほかならなかった。それが、この詔書の、ひとつの意味である。

　そして、もうひとつの意味は、この詔書が渙発されたまさにそのとき、自分一個の利害にとらわれず、自分の力を公益や社会事業のために役立てようとする活動が、大震災の惨禍のただなかで、自発的に生まれていた――ということである。詔書と時を同じくして生まれたこの活動は、しかし、詔書とは無関係の自発的な行為だった。この自発的な行為は、その自発性のゆえに、その後の歴史の展開のなかで、詔書の精神との緊張関係を避けて生きることはできなかったのだ。

2　震災救護活動のなかで――ある大学生たちの歩み

南洋見学から帝都の惨禍へ

人間にとって、自然災害はまったく偶然の出来事である。だが、私たちにとって偶然の出来事は、自然災害だけではない。むしろ、私たちはつねに、偶然によって取り囲まれ、偶然によって左右されながら生きている。これはしかし、人間は偶然によって弄《もてあそ》ばれる存在であるということを意味するのではない。偶然によって、人間の主体性が発揮されるのである。偶然の出来事に直面したとき、私たち自身がそれにどう対処するかによって、その偶然との出会いは、そのまま忘却の彼方へ消え去ってしまうこともあれば、歴史における決定的に大きな転換点として生きることもあるだろう。「国民精神作興ニ関スル詔書」は、大日本帝国の為政者たちが、関東大震災という偶然の自然災害を、国家にとって目に余る弊害となっていた民本主義的な社会潮流を堰《せ》き止め根絶する好機として、生かした一例だった。

関東大震災という偶然の自然災害は、しかし、民衆自身のなかにも、この偶然を歴史の転機とするような実践を生んだのである。

――大震災発生のちょうど二ヵ月前、一九二三年七月一日に、東京帝国大学の学生三八人が、帝国海軍の一万トン級の軍艦（給油艦）「神威《かもい》」に乗り組んで、横須賀の軍港を出航した。目的地は、ミクロネシアの南洋群島だった。世界大戦後に設立された「国際連盟」が、二〇年一二月に決定した旧ドイツ領南洋群島の委任統治条項によって、その赤道以北の領域は日本が統治することになっていた。委任統治の方式にはA、B、Cの三種があったが、南洋群島の場合はC式が適用され、施政権、司法権、警察権などすべての権限が統治国の日本に委ねられた。現地住民の国籍が日本に帰属しないことを除けば、事実上、日本領となったのだった。その新しい植民地の実情を知るための現地見学旅行が、大学の夏休みを利用して企画されたのである。すべてが新奇で驚嘆の連続ののち、軍艦神威は八月二五日に南洋の島々をあとにして、日本本土に向かった。そのあと学生たちを襲った事態について、南洋見学の参加者のひとり、内村治《うちむらはる》志《し》は、のちに当時を回想して、つぎのように記している(12)。

約二ヶ月半にわたり各島々を見学して帰途につき、九月一日八丈島の沖に差しかかったとき、「本日正午東京、横浜に大地震あり、全市大火災、近海航行の艦船は全速力で軍港に帰れ」との無電がありました。翌二日軍港に着きましたが、港内は油の流出で火の海、已《や》むなく素手のまま駆逐艦に移乗して、午後四時ごろ芝浦岸壁に到着、焼野の街を急ぎに急いで東大に着きました。一見して大学は無事とわかりホッとしましたが、文学部横の銀杏一本が片側が焼けただれて樹皮がぶら下り、法学部の入口辺《あた》りには、学外の人らしい多くの人々がうろついているのに驚き、早速守衛の詰所に行きました。聞けば約二千人の人が、法学部その他の講堂に避難しているとのこと。そこで私ら数名はその日から詰所に寝泊りして、避難民の世話をすることになりました。仕事は食物の配給、病気その他に気を配っての昼夜の見回りでした。このことを聞いて多くの学生が続々参加、忽ち四十名以上になりました。〔以下略〕

もしも、南洋見学の学生たちがもう一日早く帰港しているか、あるいは地震の発生がもう一日遅かったとしたら、夏休み中の彼らは、上陸後に解散してそれぞれの郷里や住居に帰ってしまっていただろう。そうすれば、たがいに力を寄せ合って救護活動を始める機会はなかったのである。九月六日になると、法学部教授の末弘厳太郎《すえひろいずたろう》が、避暑先の軽井沢から引き返してきて、学生たちの活動に加わり、対外的にその統率者の役割を果たすことになる。次いで、同じく法学部教授の穂積重遠《ほづみしげとお》もそれに合流した。

学生たちは、まず、重点的に二つの仕事に立ち向かった。ひとつは、大学のトラックで食糧を探し求めてそれを大学まで運び込むこと。もうひとつは、大学構内の避難者をいくつかの集団に分けて、それぞれに自治を委ね、調達した食料品や配分される慰問品などの自主的な管理をそれに任せることだった。これによって、被災地の至る所で見られたような無秩序な炊出《たきだ》しをすることなく、分配は公平に行なわれた(13)。

「その中《うち》に大学構内の救護は段々と行き届いて諸避難所中の極楽だと云ふやうな評判が一般にきこゆるやうになつてから、学生の耳には他の方面殊《こと》に上野公園一万人の避難者の窮境が漸次《ぜんじ》聞えて来始めた。当時上野に於ける食料の配給は区役所の炊出しによつて行はれて居た。其結果、多数の避難者は昼食を得る為めに午前八時頃から炊出し所の前に行列を作らねばならぬやうな始末であつた。野菜其他副食物の如きは全く配給されなかつた。糞便は公園内至る所に仕散らされて衛生状態は極めて憂慮すべきものであつた。」——末弘教授は、雑誌『改造』の一〇月号に寄せた「帝大学生救護団の活動に就いて」と題する一文で、学生たちの救護活動が大学構内から学外へと拡張されることになった経緯について、このように記している(14)。

上野公園に集つた避難者

二日には約五十萬人

宮武外骨『震災画報』第一冊（1923年9月、半狂堂）より。

この一文によれば、もっとも多くの人びとが避難生活を送っていた上野公園で活動する救護団体には、売名的なものも多く、救援物資の分配も著しく公平性や実効性を欠いていた。多数の医療団も、人目に付きやすいところにテントを張り、大旗を立てるのみで、ほとんどは医師さえ常駐しておらず、一万人の避難者のために衛生・防疫の世話をするものはなかった。「真面目《まじめ》な若き血に沸き立つた学生は遂に黙止出来なくなつた。九月十日遂に私に向つて上野支部開設の事を計つた。事の困難を察した私は容易に賛成しなかつたけれども、終《つい》に彼等の熱心に動かされて同意を与へた。所が翌朝三十名の学生は鍬鋤シャベル其他を集め来り貨物自働車《ママ》を馳《は》せて勇しく上野公園へと馳せ去つた。」

学生たちは上野に到着すると直ちに公園の一ヵ所に小屋を建て、避難している人びとに「食料配給のことにつきご相談したいことがあるから、お集まり願いたい」と触れ歩いた。そして集まった人びとに趣旨を説明し、彼らを一四の地区に区分して、それぞれに委員長その他の役員を設けさせた。その一方で、区役所や警察署に協力を要請するとともに、みずから鍬《くわ》や鋤《すき》をふるって便所を新設し、汚物を掃除した。最初は学生たちの協力要請に冷淡な態度を取っていた官公署も、そのじっさいの活動を見て、次第に協力的となり、従来の炊出しを廃止し、食料の配給はすべて学生たちによって行なわれることになった。彼らは自分たちで自動車を駆って副食物の買い出しに回り、その結果、欠乏していた野菜類も配給できるようになった。さらに、売名目的の医療団が手を触れようともしない防疫作業も、警察から防疫材料を提供されて彼らが実施した。弱肉強食の様相を呈していた慰問品の分配も、すべて彼ら学生に委ねられ、それ以外は禁止されることになった。

彼らが行なった第二の仕事は、「尋ね人」だった。行方の知れない親類・知人を探す多くの人びとの切実な願いに応じるため、まず大学内の二〇〇〇人の避難者の名簿を作り、さらに市内各地の避難所を回って、そこに暮らす避難民の名簿を作成した。この名簿は、「市政調査会」の名で『東京日日新聞』(のちの『毎日新聞』東京版)に掲載された。それとともに大学構内に「尋ね人係」を開設して、相談に応じた。これらによって肉親と再会できた人びとも少なくなかったのである。

さらに第三の仕事として、「東京罹災者情報局」が設置された。これは、いわゆる地方に暮らす人びとに、東京在住の親類縁者や友人・知人の安否を知るための情報を提供する連絡センターで、震災対策のための公的な機関である「臨時震災事務局」を末弘教授が説得して、実現したものだった。安否を気遣って東京に大量の人びとが押し寄せ、混乱を増幅させて救援事業に支障を来たすことが、これによって避けられたのだった。

いつからか「学生救護団」と呼ばれていた学生たちの一団は、こうして、人びとが震災の惨禍を乗り切り復興の途に就くうえで、無くてはならない仕事を、自発的に、無報酬で、続けたのである。大震災に遭遇した彼らのこの活動こそは、日本の近現代史における「ボランティア元年」を告げるものだった——と言うにふさわしいだろう。

「学生救護団」の自己変革

学生たちの活動を陰に陽に支えた法学部教授の末弘厳太郎は、前出の「帝大学生救護団の活動に就いて」という一文のなかで、救護活動に携わる学生たちの前に立ちはだかったあるひとつの障壁に言及して、以下のように記している。

十日頃まで主として大学構内の避難民約二千名の救護に努力して居た学生は、上野方面の給養衛生の状態が遥かに悪いと云ふ情報に接して、熟慮の結果遂に十二日を以《もっ》て上野支部を設立した上、その方面に仕事を開始しました。無論警察とも区役所とも打合はせてその協力援助を得つゝ初めたのです。所が、其の第一日学生は先づ衛生状態を改善する為めに所々に便所を設くるべく自ら鍬シヤベルの類《たぐい》を振《ふる》つて穴を掘り初めたのです。所が、或る一小吏員の云ふには「便所を設けるのはいゝが跡をどうしてくれるのか？」、学生「此際のことですから消毒した上又土《またつち》でもかけて置くより外《ほか》仕方がないでせう」。吏員「それは困る、他ならばともかく此所《ここ》は帝室御料地だから矢鱈にクソなどを残されては困る」。学生「それならば今のやうに、到る所クソ小便のたれ流しならば差支へないと云ふ御意見ですか？」。吏員「イヤソンナことはない、理屈はあなたの云ふ通りだが、とにかく帝室の御料地だから困るのだ」。

このエピソードを記した末弘は、「下級吏員が多く此の調子であることは今度に初まつたことではありません。日常きまりきつたルーチン・ワークを紋切型にやるばかりで、其他は消極的〔〕権限争議と責任回避とにのみ没頭しても《ママ》の、それが一般下級官吏の日常の仕事振りです。それが愈々《いよいよ》今度のやうな非常の際に馬脚、いや「アタマのない足」たる所以《ゆえん》を暴露したゞけのことです」と、慨嘆している。しかし、「アタマのない足」という形容で末弘が軽蔑するこの下級官吏は、例えば浅草公園の一隅に学生たちが仮設の便所を造ろうとしたら、このような反応を示しただろうか。彼は彼なりに「アタマ」を使ったのだ。

上野公園と呼ばれる一帯は、一八九〇年に「帝室御料地」、すなわち天皇一家の私有地となって、宮内省の管轄下に置かれていた。大震災の翌年、一九二四年に宮内省から東京市に払い下げられ（形式的には天皇一家から「下賜」され）、「上野恩賜公園」と命名されることになる。その敷地内にある動物園の門に現在でも「恩賜上野動物園」という看板が掛かっているのは、そのために他ならない。学生たちが直面したのは、小官吏の石頭ではなく、この国家社会のもっとも大きなタブーであり、タブーの源泉である現人神《あらひとがみ》という存在だったのだ。この存在は、それからわずか一ヵ月後には「国民精神作興ニ関スル詔書」として姿を現わすのだが、いまのこの大災害の惨禍のなかでだけでなく、自分たちがこれから歩む道の至る所でこの存在と直面しなければならないとは、そのとき学生たちはもちろん予想もしていなかっただろう。

学生救護団の第三の仕事として「東京罹災者情報局」が設置されると、学生たちは手分けして全市に散っていった。もちろんそれは、ひとつには、市内と隣接町村に散在するすべての傷病者収容施設を訪問して、すべての収容者の氏名住所を把握するためであり、もうひとつには、全市の区役所、町村役場、警察署などで、氏名の判明した死亡者の名簿を作るとともに、各郵便局の協力を得て、罹災者の立ち退き先を調査するためだった。災害の規模の大きさを考えるなら、こうした作業に要した時間と労力は、想像を絶するものだっただろう。第一高等学校や専門学校の生徒たちの協力も得て作成された調査原簿は三〇冊に及び、九月一九日までの時点ですでに一万五〇〇〇件の問い合わせに対応することができた。だが、彼らは、それ以外にも、さらにもうひとつの仕事に着手したのである。それは、火災による消失区域を実地に踏査して、正確な消失区域図を作成することだった。

関東大震災は、ちょうど昼食のために家庭や職場で火を使う時間帯に起こったことと、能登半島付近にあった台風によって関東地方でかなり強い風が吹いていたこととで、火災による甚大な被害をもたらした。東京市内の約四三%が消失し、焼死者のうちには、火事の熱風が巻き起こした「火災旋風」と呼ばれる熱気流に巻き上げられて、一〇数キロも彼方まで飛ばされた人もあったと言われている。学生たちは、行方不明の人びとを探すためにも、この大火災が具体的にどこから出火し、どのように延焼したのかを知る必要があると考え、出火地点と燃え広がった経路とを、詳細に調査したのである。

　プロジェクトは、医学部学生の林《はやし》　暲《すすむ》と、工学部の林《はやし》良材《よしき》をリーダーとして進められた。学生たちは、一万分の一の地図を手にしながら、焼跡を虱《しらみ》つぶしに歩き回った。避難先から徐々に自宅の跡地に戻ってバラック生活を始めていた被災者たちを、一軒ずつ訪ねては、何時ごろ焼けたかを語ってもらい、その時間差から火元を推測する。そして、気象台に問い合わせて九月一日から三日までの風向きと風速の変化を確認し、聞き取りで得た情報と合わせて、火の進んだ方向を小さな矢印で丹念に書き込んでいく。死体の集積場所とその数も、記入された。この調査とそれにもとづいて作成された焼失地域の詳細な地図は、ようやく一一月中旬になって完成した。その地図は、調査の重要性に着目した『東京日日新聞』と『大阪毎日新聞』（のちの『毎日新聞』大阪版）によって、一二月二七日、東京帝国大学罹災者情報局調査『大正十二年九月帝都大震火災系統地図　MAP OF THE FIRE OF TOKYO』という表題で出版されることになる。

　出版された地図は縦七九センチ、横一〇九センチの紙に印刷され、その作成の経緯を紹介した末弘嚴太郎の「帝都大震火災系統地図序言」が別紙で添えられていた。序言には、こういう数節がある、「罹災者情報局は単なる学生の集団である。而《しか》して本地図は其仕事の結果偶然に出来上つた副産物である。従つて恐らく学術的専門的にやかましく云へば色々の欠点があるであらう。けれども少くとも消失区域に付いては現在までに存在する如何なる地図よりも精確なりとの自信をもつて居る。又火災の系統に付いては元来事《こと》夫《そ》れ自身が困難である関係上、素《もと》より甚しく精確なることを期して居ない。けれども尚ほ大体の真相を伝へ得て大過なきことを信じて居る。／而《し》かも一方、自ら焼け出された東京市民さへも、東京全体があの短時間の間に如何にして焼けたかに付いて何等精確な智識をもたぬ。〔……〕之《これ》を知ることは単に人々の好奇心を満足せしむるのみならず、今回の如き大震火災に処すべき道を将来の為めに教へる参考となるのであつて、今後に於て此の苦《にが》き経験を再びせざらんが為めには、どうしても日本国民のすべてが此《この》智識をもたねばならぬ。此意味に於て多少の不完全を知りつゝも兎もかく出来上つた此地図を取急いで一般人士の前に提供する次第である」。

「学生救護団」の活動は、未曾有の混乱状態のなかで彼らが沈着に成し遂げたその自発的な行為によって、歴史のひとこまに消えることのない足跡を残した。それればかりでなく、彼らが行なった活動は、その後の歴史に痕跡をとどめ、その後の歴史のいくばくかを変えたのである。だが、その後の歴史を変える契機となったのは、大震災のなかで彼らが身を投じた活動の具体的な成果それ自体だけではなかった。その活動のなかで彼らが得た体験、そこから生まれた思考と感情、そしてさらには思想と感性が、彼らがその後に歩む道のここかしこで、社会の現実と向き合い、それに肉薄し、それに働きかけ、あるいは社会の現実との葛藤によって変転を促されながら、歴史を形成する一要因として生きつづけることになったのだ。

大正デモクラシーの空気のなかで自己を形成してきたその学生たちは、大震災に遭遇したとき、多かれ少なかれ、社会批判的な思想、なかでもマルクス主義的な理念に触れる機会を、すでに持っていた。「新人会」という思想団体が、東大法学部の学生を中心として結成されたのは、世界大戦が終わった直後の一九一八年一二月上旬のことだった。「新人会」は、急速に会員を増やして、翌一九年の三月には『デモクラシイ』という機関誌を発刊する。この雑誌は、二〇年二月に『先駆』と改題し、さらに同年一〇月に『同胞』、二一年七月に『ナロオド』と改題しながら刊行をつづけたのち、二二年四月まで継続した。当初の「新人会」には、レフ・トルストイの人道主義《ヒューマニズム》や、スウェーデンのフェミニズム思想家エレン・ケイなどの、かなり広範囲の民主主義的な思潮と、クロポトキン、エマ・ゴールドマンらの無政府主義《アナーキズム》思想、そしてマルクス主義の理念とが混在していた。しかし、欧米における思想潮流の影響も受けながら、アナーキズムとマルクス主義とが対峙する時期を経て、やがてマルクス主義が主流の位置を占めるようになる。大震災の救護活動に携わった学生たちのなかにも、「新人会」のメンバーと親しい友人関係にあるものは少なくなかった。それどころか、救護活動で中心的な役割を担った内村治志その人が、新人会の会員だった。

「学生救護団」に加わった学生たちの大半が東京帝大の在学生だったのも、第一次世界大戦後の時期にこの大学で芽生え生育していたこのような思想的素地と関連している、と考えられる。同時期のほとんどの私立大学には、まだその素地が醸成されておらず、思想的な活動のための拠点となる「新人会」のような団体も成熟していなかった。学生救護団の活動は、それまでの思想的な活動のひとつの結果、あるいは到達点として、いわば学生たちを待っていたのである。

だが、それは到達点だったばかりではなく、新たな出発点でもあった。彼らが救護団の活動に参加したとき、マルクス主義にせよ、アナーキズムにせよ、あるいはヒューマニズムにせよ、それらの洗礼を多かれ少なかれ受けていた彼らは、それらの思想を通じて学んだ社会の姿を、いまこそ初めて、現実に、自分の体験として、知ることになったのだった。首都を襲った大震災の大きさに、地域によって変わりがあったわけではない。だが、それによる被害の大きさには、地域によって大きな違いがあった。「帝都大震火災系統地図」が歴然と示したように、灰燼《かいじん》と化して多くの犠牲者を出したのは、市内東南部、なかでも隅田川以東のいわゆる「墨東《ぼくとう》」あるいは「江東」と呼ばれる地域だった。それは、あの朝鮮人虐殺の主要な舞台となった地域でもあった。たった一ヵ所で震災による全焼死者のじつに四割に当たる三万五〇〇〇人の犠牲者を出した本所《ほんじょ》区（現在は墨田区）横網《よこあみ》町の陸軍被服廠《ひふくしょう》跡地の広場も、まさにその地域に位置していた。その一方で、「山の手」と呼ばれる市内西北部の富裕層が多い住宅街は、東南部の低地に比較すれば被害は軽少だった。

彼らが体験によって実見したのは、この社会が階級社会にほかならないこと、社会的な階級の違いが、自然災害の大きさの違いとしても現われるということだった。救護活動のなかで彼らが何を知り、何を考えたのかは、彼らがそのあと何をどこで始めようとしたかということのなかに、如実に示されている。

一〇月一〇日、「学生救護団」は、遅れていた新学期の始まりを目前にして、活動に終止符を打つことになった。その時点までに、「東京罹災者情報局」は、東洋大学、外国語専門学校（現在の東京外国語大学）などの学生の来援も得て、問い合わせに対する返信三万五〇〇〇通を発信し、その七割以上が正確な情報を伝えていた。九月二二日には一日だけで二八六二通の返信を発送したという記録が残されている。一〇月一一日には、大学の学生控室で晩餐会を兼ねた「分散式」が、学生たちのほか、共に活動した末弘、穂積両教授、佐々木重雄助教授など、七〇名が出席して行なわれた。

けれども、この集まりは、彼らの自発的な社会活動に終止符を打つものとはならなかった。

大震災の罹災者を支援するという一時的な活動から、その大震災によってもっとも大きな被害をこうむった人びと、大震災の以前も以後も、この国家社会でもっとも大きな苦しみを味わいつづけなければならない人びとと共に生きる活動へと、彼らは歩を踏み出したのである。墨東地区に「セツルメント」を開設して、恒常的な活動の拠点にするという計画に、彼らは着手したのだった。

廃墟からの出立

南洋見学旅行から東京に戻ってそのまま震災救護活動に身を投じた内村治志は、学生たちがその後さらに新しい活動を始めることになった経緯について、以下のように回想している(15)。

　上野の活動が一段落した十月上旬、詰所の前のグラウンド横の路上で末弘先生が「賀川豊彦さんから、上野の救済は一応落着いたようだが、この冬の寒さを罹災者たちがどう過ごすか、それが心配だ。この冬も何んとか続けてくれないか」との話があったが、どう思うかと言われました。そこで私が「学内、学外での活動で疲れました。それに秩序も回復して来ましたので、私共の仕事はもう終ったと思います。これからは市や区でやるべきだと思います。そろそろ三学期〔ママ〕にもなりますので学窓に戻らねばなりません」と申しましたら「そうか」と言われお別れしました。それから三日位たって先生から「賀川さんからまた話があったが、何んとかならんか」と言われました。その先生の言葉のウラには、先生ご自身も強く望んでおられるように見受けられました。「それではこの冬だけではなく、いっそ永久的な学生の運動にしたらどうでしょう。例えばトインビーのオックスフォード大学のセツルメントのような」と申しましたら、「そうだ、それがいい」と非常に喜んで下さいました。早速このことを皆に伝えましたら、全員賛成。いよいよセツル運動に乗り出すことになりました。

内村治志のこの回想からは、彼らのボランティア活動の背景にあったいくつかの現実が、浮かび上がってくる。

まず第一に、大震災に直面して単なる売名のためではない救護活動を行なったのは、彼らの「学生救護団」だけではなかったのである。それどころか、彼らの先行者として、むしろ彼らの活動が学ぶべき手本として、賀川豊彦という社会運動家の存在があった。

一八八八年七月生まれの賀川は、キリスト者としての立場から、社会改革を目指すさまざまな運動に文字どおり挺身しつづけていた。一九〇九年から神戸の貧民街に住み込んでキリスト教の伝道を始め、アメリカに留学して帰国したのちには、貧民街での活動だけでなく、社会的に無力な人びとが正当な権利を獲得するための運動の組織化に取り組んでいた。一九二二年四月の「日本農民同盟」の創立もそうした実践のひとつだったが、その前年、二一年夏には、神戸の川崎造船所と三菱造船所の労働争議・ストライキに指導的な役割を果たすなど、労働者運動にとっても賀川は重要な存在だった。川崎造船所の闘争は、労働者による工場管理という詭激な闘争にまで発展したのである。二〇年一〇月に刊行された彼の自伝的な小説『死線を越えて』（改造社）は、大ベストセラーとなって多くの読者に感銘を与えていた。神戸に活動の本拠を置いていた彼は、関東大震災の報を聞くと、急遽上京して救援活動を組織した(16)。

　その賀川豊彦からの要請によっても動かされる形で、内村は、学生の永続的な運動として「セツルメント」の設立を考えたのだった。

　内村のこの回想はまた、そのころ、「トインビーのオックスフォード大学のセツルメント」が彼らのあいだで自明のものとして共有されていたことを、物語っている。イギリスの経済学者、アーノルド・トインビー（一八五二～八三）は、空想社会主義者と呼ばれるロバート・オーウェンの影響を受けて、オックスフォード大学で講師として経済学を教えるとともに社会改良運動に従事した。象牙の塔に籠《こ》もるのではなく研究成果を社会改良の実地に生かすという「大学拡張運動」の一翼を担い、そのための拠点として「セツルメント」を構想したのである。その仕事の半ば、わずか三〇歳で歿《ぼっ》した彼を悼んで、世界最初のセツルメントといわれる「トインビー・ホール」が、彼の死の翌年、一八八四年に、ロンドンのホワイト・チャペル地区に建設された。ちなみに、『歴史の研究』全一二巻などで世界的に著名な歴史学者のアーノルド・トインビー（一八八九～一九七五）は、彼の甥に当たる。

　イギリスにおけるセツルメント運動、とりわけ「トインビー・ホール」の活動から大きな影響を受けたのが、やはりキリスト者の社会運動家として出発した片山潜《せん》（一八五九～一九三三）だった。一八九〇年代半ばに「トインビー・ホール」を訪れて深く共感した片山は、帰国した翌年の一八九七年に、東京の神田三崎町で「キングスレー館」という日本で最初のセツルメントを開設した。その名称は、片山が尊敬していたイギリスのプロテスタントの聖職者でケンブリッジ大学の歴史学教授でもあった社会運動家、チャールズ・キングズリー（一八一九～七五）

にちなんだものだった。片山潜自身は、そののちキリスト教を離れてマルクス主義的な社会主義者となり、日本の非合法運動を諸外国で代表する役割を果たすことになる。一九二四年からは、「共産主義インターナショナル」(コミンテルン)の執行委員会幹部会員に選出されて、国際共産主義運動の最高首脳部として活動し、三三年一一月にモスクワで歿した。

「学生救護団」から「セツルメント」への展開の背景には、キリスト者たちによる「社会奉仕」のボランティア活動に始まり、その拠点としての「セツルメント」の開設にまで至る道が、歴史の軌跡として残されていた。そしてその運動の担い手たちのなかにも、先駆者であり長く中心的な存在でありつづけたキリスト者たちに加えて、非キリスト教の左翼社会主義者たち、社会改良のみならず社会変革を目指す運動者たちが、登場していたのである。

一〇月一一日の「学生救護団」分散式で一同の合意を得て、セツルメント開設の方針は決まった。そのあとの迅速な動きは、まさに驚嘆に値する。内村たち学生は、活動の対象をどんな社会階層に置くか、運動の拠点をどこにするかを決めるため、ただちに地域調査に取りかかった。重点的に踏査されたのは、震災によってもっとも悲惨な被害をこうむった場所でもある墨東の本所・深川地域だった。末弘教授も何度か行を共にした。あるとき学生が「よく歩きますね!」と末弘に言うと、「我々の活動は手と足の活動だ」という言葉が返ってきた。「きみたちには頭がある、だから手と足を動かせ」というのが、末弘の答えだった。トインビーの「大学拡張」という理念に共鳴し、みずからもこの理念を好んで口にした末弘嚴太郎は、のちに一九六〇年代後半の大学闘争のなかで生まれた言葉を使うなら、知識人の「自己否定」を学生たちに促したのである。

当初に有力な候補地とされた深川区（現在の江東区）の猿江地区は、窮状著しいスラム街だった。結局、彼らはこの地域にはいわば弾き返された。ここの悲惨さはむしろ宗教家に委ねるべきである、という結論に至り、別の場所を探すことになったのだ。いくつかの候補地のうちで、曲折を経たのち最後に決まったのは、比較的労働者が多い本所区（現在の墨田区）柳島元町の一角だった。内村治志は、この時期を回想してこう述べている――

敷地三百坪の借地の件を順調にはこび、ハウス建築へと歩を進めることになりました。建築資金は、罹災者情報局の「大正十二年帝都大震火災系統地図」の原図を売却して得た金と、新人会の是枝恭二、村尾薩男、喜入虎太郎氏等が罹災者救護のために九州各地で催した映画会（映画ロビンソン・クルーソウ）で集めた金などの寄付を受け、建築木材は復興局より百五十石《こく》の無料下付を受けました。

ハウスの設計は早大教授今和次郎氏、二科会の飛鳥哲雄氏に依頼しました。そして四月二十一日に起工、六月六日に落成しました。設計から工事の監督までやって下されたお二人のご厚情とご努力は感謝に堪えません。

かくして六月十日、服部之総、中司文夫、東利久氏と私、数日おくれて中野尚夫、増谷達之輔、毛里英於菟、長屋敏郎氏ら計八名がレジデントとして入居しました。

震災からの復興を促進するため、内務省の外局として「復興局」が設けられたが、そこから、セツルメント建築のための木材が無料で払い下げられたのだった。もちろんこれには、穂積・

末弘両教授の働きかけを受けた復興局が学生救護団の活動に報いた、という意味もあっただろう。木材の体積を量る尺度の一石は、約〇・二八立方メートルに相当する。無料で払い下げを受けた一五〇石というのは、それゆえ、木材四二立方メートルである。これは、たとえば長さ三・五メートルの角材をびっしり積み重ねて、幅四メートル、高さ三メートルの直方体を作ったときの大きさに等しい。

また、大きな資金源となった「帝都大震火災系統地図」は、それを新聞社が出版するにあたって、約七〇〇〇円で買い上げたのだった[17]。その前年、一九二二年に創刊された『週刊朝日』の通常号の定価は一〇銭（二四年一月からは一二銭）だった。公務員（高等官）の初任給（手当を含まない基本給）は、一九一八年には月額七〇円、二六年には七五円だった[18]。現在（二〇一八年度）では『週刊朝日』は四〇〇円、国家公務員（大卒の上級職）の初任給（基本給）は一七万九二〇〇円になっているので、これらを尺度にして換算すれば、当時の七〇〇〇円は現在の二〇〇〇万円から二五〇〇万円程度に相当したと考えることができるだろう。

3　「東京帝国大学セツルメント」の創生

セツルメントとは何か？

セツルメントの正式名称は、「東京帝国大学セツルメント」と決まったが、一般には「帝大セツルメント」と略称され、さらに簡略に「セツル」と呼ばれた。開設された場所は、東京市本所区柳島元町《やなぎしまもとまち》四四番地だった。これは、現在の東京都墨田区横川四丁目一一番に当たる。浅草雷門から隅田川の吾妻橋を渡ってそのまま東へ進み、東京スカイツリーの前を過ぎて、そのすぐ先で南（右手）へ延びる「四ツ目通り」を錦糸町の方向へたどり、「本所警察署前」の信号の次の交差点を左折すると、右側に本所警察署がある。その正面玄関の前に、入口を背にして立てば、前の道路をはさんだ向かい側の右寄りの一郭が、かつて帝大セツルメントのあった区域である。現在の本所警察署がある場所は、セツルメントの開設当時、大震災で罹災して復興途上にあった柳元《やなぎもと》小学校だった。

　セツルメント設立が決まると、まだその場所も確定しないうちから、そこで取り組むべき事業のテーマが決定され、ただちに活動が開始された。大震災の年が暮れる前の一二月一四日、参加を表明した約五〇名が大学内で第一回総会を開き、セツルメントの事業として、成人教育部、調査部、児童部、医療部、法律相談部、市民図書部の六部を設けることを決定した。その翌日には、候補地付近の道路や側溝の測量が開始される。その地域の地図を作製するためだった。一二月二四日からは、調査部が冬休みを利用して、当初の候補地だった猿江地区や、柳島、亀戸、水神、大島、砂町など、深川・本所一帯の工場調査を開始した。明けて一月一六日には第二回総会が開かれ、各部はそれぞれ独立して準備と研究を進めることが確認された。猿江の候補地は一二月下旬に断念され、依然として建築場所は未定のまま、いくつかの候補地で借地の交渉が続けられていた。そのなかで、二月上旬には、市民図書部のための図書の購入が開始されている。今和次郎《こんわじろう》、飛鳥哲雄《あすかてつお》の両氏に依頼していた建築設計書も、すでに二月中旬には完成していた。まさに「見るまえに跳べ」という言葉を思い起こさせるこのテンポは、自分たちがやらなければならないという思いにもとづく自発的な活動にとって、何よりも重要なのはまずそれを始めることだ、という一事を、端的に物語っているかのようである。

ようやく三月二一日に至って、最後の候補地として残った本所柳島元町の借地契約が、円滑に成立した。あらためて設計を依頼し、工学部の学生を中心に敷地の測量を行なったのち、四月二一日から建築が始まった。五月五日に上棟式をした翌日からは、もともと地盤が低い敷地を改良するため、地盛りの作業を続けた。そのころ、事実上の機関誌となる同人誌『セッラー』の創刊号が発行されている。六月六日、「ハウス落成祝賀会」が開かれ、六月一〇日に「ハウス」が完成すると同時に、まず四名の「レジデント」が入居した。翌々日、六つの部それぞれの編成が確定した。

その翌日、六月一三日には、「子供の襲来ありて児童部活動を始め児童図書室開設」と、『東京帝国大学セツルメント十二年史』所収の「セツルメント年表」は記している。(19) まず、付近の子どもたちが、それも一〇〇人以上で大挙してセツルメントを襲ったのである。セツラーたちにとって、それは感動的な一瞬だったに違いない。市民図書部とは別に、児童部にも図書室が開設されることになった。

セツルメント（settlement《セトゥルメント》）とは、英語の動詞settle《セトゥル》の名詞形である。settleのもともとの意味は、「動かないようにしっかり据《す》える」ということで、そこから、住居・職業・人間関係などに関して「落ち着かせる、安定させる」という意味が派生した。これは、「……させる」という他動詞の意味だけでなく、「……する」という自動詞の意味でも使われ、「定着する」、「定住する」、「根を下ろす」、「入植する」などの行為を表わす言葉となったのである。settlementとは、つま

創立當時の玄關

ハウス北面（二階はレヂデント室）

ハウス南面（大正十五年頃）

『東京帝国大学セツルメント十二年史』（註13-①）より。

り、このような意味を持つ settle という行為・活動のことであり、また、その行為・活動を行なう団体や、その行為・活動のための場所や施設を表わす語でもある。「セツラー」(settler《セトゥラー》)と呼ばれたセツルメントのメンバーたちは、そこに根を下ろした活動者であり、開設と同時に最初の四人がその建物に入居した「レジデント」たちは、resident というその英語が意味するとおり、セツルメントの「ハウス」に住み込んで活動を共にする「居住者」に他ならなかった。

大震災という偶然に際会して、それに突き動かされながら彼らが身を投じたボランティア活動は、こうして、今度は彼ら自身のイニシアティヴによって計画され、立案され、展開されるという、新たな段階を迎えることになった。そして、彼らの活動の対象であり、彼らを待つ人びとは、レジデントたちにとってはもちろん、通《かよ》いのセツラーたちにとっても、もはや学生救護団の活動のなかで接したような、一過性の未知の隣人ではなく、地域で共に暮らす人びとなのである。そして、その人びとに対して、その人びとと共に、彼らが行なおうとしていることは、思いがけない災害に立ち向かい、その惨禍を最小限に食い止めて、そこからの再生を目指すことではなく、日々の生活そのものを罹災者のように生きなければならない人びとに対して、その人びとと共に、もっと別の生きかたが可能となるような社会を、模索する活動だったのだ。

――けれども、その後の彼らの実践は、セツルメントの活動を根底で支えたものが学生救護団の精神と同じ精神にほかならなかったことを、物語っている。この精神を、まだ学生救護団のボランティア活動が続いているさなかに、末弘嚴太郎は、雑誌『改造』に寄せた「帝大学生救護団の活動に就いて」という一文のなかで明示していたのだった。それは末弘教授の名前で書かれたものとはいえ、彼はいわば学生たちの代弁者に過ぎなかったのだ。

上野での活動に赴いた救護団の学生たちは、まず食料の分配などを避難民の自治組織によって行なう仕組みを作ったうえで、無責任な慰問品の撒き散らしによる弱肉強食的な不公平を改善するために、上野警察署長と交渉して、慰問品の分配はすべて学生の手を経るというルールを確立した。これを紹介したあと、末弘は、そのさい彼らが出会った救護活動の精神に反する行動をきびしく批判するという形をとりながら、彼ら自身の目指すものがそれとは正反対の精神であることを、逆説的に語ったのである。[20]

〔……〕中には学生の制止にも拘らず尚《なお》依然として従来の無責任なる撒布を続けたものも多少あつた。救世軍の如き愛国婦人会の如きが即ちそれであつた。避難民を救ふのであれば、最も公平にして有効なる分配方法に委託して然るべきである。何故に、自らの団体の名を避難民に知らせる必要があるのか？　何故に恩を売る必要があるのか？　然るに、多数避難者に行き亘らざるが如き僅かなる分量の品物を業々しく大旗を掲げた自働《ママ》車を馳せつゝ撒き散ら〔さ〕なければならない「慈善家」の腹の中は卑しむべきである。救護事業は決して「慈善」では〔ない。〕緊急状態の生むだ「必要」に過ぎないのである。「生存」のための必要なのである。都下《ママ》百万の罹災民は単に其の「必要」なる緊急状態に在るに過ぎない。慈善を受けむとするもの、如きは一人もない。然るに、無用に多数の「貴婦人」連は其の総重量よりも軽少なる慰問品を自働車に積み来つて先づ避難児童を整列せしめたる上自ら親しく之《これ》に向つて「慈善」を施した。何と云ふ浅間しい虚栄心であらう。彼等は「慈善」を施すことに依つて同時に彼等の御上品なる慈善心を満足せしめ安価な涙を流さんとして居るのだ。而して、それが如何に罹災民に対する「侮辱」を意味するかを感じないのだ。罹災民の為めには唯食料と衣服とが必要なのだ。何も貴婦人にやさしい言葉をかけられたりおめぐみを受ける必要はないのである。又救世軍にしても彼等は与ふべきものを与へさへすればい丶のである。何を苦《くるし》んで大旗を樹て丶僅かの品物を業々しく撒き散らすのか？「救護」を名とする「伝道」は不純である。彼等は寧《むし》ろ「必要」なる人々の為めに名をかくし顔を包みて必要なる物品を配給すべきではないか？〔……〕

学生は何等の報酬を求めない。名聞《みょうもん》を求めない。彼等は唯《ただ》第一義的に働いて居る。私が今かう云ふ記事をかくことさへ或《あるい》は彼等の気に入らないのかと密かに恐れて居る。けれども、平素動《やや》ともすれば世の中の老人達から、私事と享楽とにのみ没頭せるもの丶如くに罵られ勝ちであつた現代の学生が今回の不幸を機として一致協力文字通り、寝食をすら忘れて公共の為めに活動努力し、以《もっ》て相当の成績を挙げることが出来たことは、平素学生の「弁護人」たる私としては此上もない嬉しいことである。

私は連日無力無能の身を以て事務室の一隅に席を占めながら事業全般の整理連絡を計つたり、諸官庁との交渉の仕事を引き受けつ丶〔、〕燃ゆるが如き奉公の真心と人類愛の熱情とを以てキビキビ働いて居る学生の為めに小使兼書記の仕事を勤め得ることを此上なき幸福と考へて居る。

〔欠字と思われるものを補った。〕

底辺から社会を変える……

建物が落成した三日後に地域の子どもたちの来襲を受けて始まった帝大セツルメントは、それ以来、一四年にわたってその地で活動を続けた。年を追って事業は拡充され、建物も何度か増改築を重ねた。施設の住所表記も、震災復興が一段落した一九三一年に、地番変更によって「東京市本所区横川橋四丁目七番地二」に変わった。当然のことながら、セツラーの学生たちは順次卒業し、年ごとにメンバーは入れ替わった。

しかし、その活動の基本は、それが「慈善事業」ではなく、また「救護」を名とする特定の宗教や主義思想の「伝道」ではない、という一点で変わることがなかった。彼らの自発的な活動のテーマは、他者に何かを恵み与えることではなく、自分自身に課題を与えることだったのだ。たとえば、震災救護活動のなかで彼らが身をもって体験した被害の格差と、そこに表われた貧富の差――このまぎれもない現実を直視することから出発して、その現実の実態と根拠を具体的に明らかにし、それを変える方途を模索することが、あの惨禍を繰り返さないためには必要ではないのか。セツルメントの準備段階で、「調査部」という一部門が、児童部や医療部など住民の支援を直接そのままテーマとする諸部門と並んで逸早《いちはや》く設けられたのも、そのためだった。

六月下旬から十月上旬にかけて柳島八百戸の戸口調査が開始され、調査部員何れ《いず》も熱心に調査をはじめた。七、八月の炎天下を毎日の様に長屋敏郎君を先頭に正木増谷青木の諸君が毎日玄米パン屋の様ないでたちで「窓はいくらありますか」「便所はいくつありますか」「畳は何畳ですか」ときいて廻つた。当時焼トタンの家が多く何畳と計算の出来る家は少なく、便所のない家も多かつた。僕もそれに参加して一週に二度廻ることにした。区役所の役人と間違へられて「又税金調べか」と盛んにいやがられた。時にはいきなりどなりちらされたりして閉口した。

所が調査が仲々困難なため遂に中央部から総動員の指令が下つた。その内容はこうだ。「調査はセツルメントの生命だ。いやしくも調査しないものはセツラーたるの資格なし」

一九二四年六月のセツル開設当初からレジデントとして活動した東利久は、『東京帝国大学セツルメント十二年史』に寄せた回想の一文で、こう書いている。

「戸口《ここう》調査」というのは、ある地域の住民の住居を戸別訪問して、家族構成や職業、住居の間取りや設備などを聞き取り調査することである。焼けトタンの家が多かったのは、もちろん、震災後の廃墟に急遽トタン囲いのバラックを建てて住む人びとが多かったからである。便所の数を尋ねたのは、一棟の家屋に数世帯が居住していたからだろう。この調査から明らかになったことのうち、ほんのいくつかを挙げれば、以下のような諸点だった。

——①本人の代に農業を棄てて上京したものが全体の八三・五%に及んでおり、四五歳以上はきわめて少数であること、②一世帯の平均人員は四・一で、全国平均の五・〇より少なく、三人ないし四人の小世帯が多いこと、③バラックのあいだには空地が多いが、その大部分は水溜まりであること、④一戸当たりの面積は、平均七・二坪（二三・七六平方メートル）、⑤一室のみを有するもの四七・一%、二室を有するもの二六・五%、⑥バラックが全体の九一・九%を占め、一戸建ては七四・三％（つまり、残りの二五・七％は長屋）、平屋建ては八九・三％（残りの一〇・七％が二階建て）、⑦水道は一般に共同栓が使用され、電灯は一戸に一灯のみのものが三分の二を占めており、稀《まれ》には共同便所があること、⑧ある区域の三四二の家屋のうち、窓なきもの一〇〇にして、一窓を有するもの一四六。

「他の部からの応援もあり、一軒一軒訪問して、調査票に書き込んだ。これによって、労働者家庭の殆んど全部が農村から転入したもので、その多くは好景気時代〔一九一〇年前後〕のことであることがわかった。此処でわれわれは経済学（物価問題）、社会学（人口移動問題）を学ぶことができた。調査結果は柳島元町戸口調査として発表し、好評を博した。／この調査を終って調査部は廃止した。それは事業を通じて調査を行う為である。」（『回想の東京帝大セツルメント』）――東利久は、六〇年後に当時を回顧するなかで、こう述べている。セツルメントの生命とされた調査は、それ以後、各部の実践活動のなかで、それぞれの活動の一環として行なわれることになったのだった。

設立の当初には六部から成っていたセツルメントの組織構成は、活動が根を下ろし、根を張るにしたがって、次第に拡大強化されていった。最終的に設置された一二の部と、それらの活動内容の概要を記せば、ほぼつぎのようになる。

1．児童部＝子供図書室、児童学校（地域について学ぶ、「公園にいるルンペン」を取り上げるなど）、遠足、林間学校・臨海学校、お伽《とぎ》学校（託児部の前身）、展覧会、競技会（運動会）、唱歌指導、児童唱歌大会、理髪、歩こう会、編物教室、卒業生クラブ、など。

2. 託児部（児童部から独立した）＝託児所、給食、身体検査（健康診断）、能力検査、家庭調査、母の会、地元小学校行事参加、など。
3. 図書資料部（市民図書部から改組）＝図書室、江東読書クラブ、など。
4. 調査部（最初期のみ）＝セツル・ハウス（会館）設立の立案・準備、工場調査、戸口調査（柳島押上《おしあげ》家庭調査、柳島元町家庭調査）など。
5. 医療部＝医務室、医療相談、幼児相談、健康会、付近を週一回乳剤撒布、チブス・コレラ予防注射、など。
6. 計画部＝組織編成替え計画、など。
7. 法律相談部＝法律相談、調停、訴訟引き受け、借家法講習会、など。
8. 労働者教育部＝労働学校（週三日夜、各二時間）、労働学校専科（個別科目の受講）。
9. 家庭教育部＝婦人学校、など。
10. 市民教育部＝図書室、市民学校、エスペラント講座、セツルメント新聞、など。
11. 少年教育部＝少年学校（授業科目にエスペラントも）。
12. 消費組合部＝柳島消費組合、同店舗。

これらのうち、児童部や託児部の活動が、貧しい共働きの家庭が多かったその地域で大きな役割を果たしたことは、比較的容易にイメージできるのではあるまいか。しかし、私たちのイメージは、ひとつの事実を考慮に入れなければならない。当時の「義務教育」は、尋常小学校の六年間だった。それは法律ではなく勅令《ちょくれい》（天皇の命令による法規）で定められており、満六歳から一四歳までの「学齢期」とされる年齢の児童に六年間の学校教育を受けさせる義務が保護者に課せられていた。けれども、罰則はなく、しかも、健康上もしくは経済上の理由があれば義務は免除されることができた。つまり、児童の身体的・精神的な状態が登校に耐えないと判断される場合や、家庭が貧しい場合（児童が就労しなければ家計が維持できない場合）には、小学校に行かなくてもよかったのである。それゆえ、「児童部」の「児童学校」や「少年教育部」の「少年学校」は、いわゆる補習授業や「塾」とは別の重要な役割を担っていたのである。

医療部の役割も、きわめて大きかった。医学部の研修医や附属病院の医師たちによる医務室での安価な診察や治療が、高い医療費を支払うことなど思いもよらない住民たちにとってどれほど心強い支援だったかは、想像に難くない。貧困と無関係ではない結核や伝染病に対する予防知識の普及や、チブス、コレラなど伝染病の予防注射、消毒や害虫駆除のための周辺地域一帯の定期的な乳剤撒布も、セツルメントの開設がもたらした目に見える成果だった。

セツルメントの初代の代表者である末弘嚴太郎や、彼が一九三三年末に法学部長に就任してセツルを退いたあと後任の代表者となる穂積重遠など、法学部の教員たちが担当した法律相談部の活動もまた、地域住民たちの生活と直結するものだった。ほとんどすべてが借家に住んでいた住民たちは、法律の知識がないために家主との関係で不利をこうむることがしばしばあり、借家法についての講習会などは生活に直結する催しだったのである。

労働者教育部の「労働学校」は、義務教育さえ受けられない児童や、ましてそのあと二年の「高等小学校」などとは無縁だった青年や成人に、学ぶ機会を与えた。労働学校の卒業生たちのなかからは、労働者運動の活動家となるものたちも、少なからず生まれたのだった。

セツルメント開設から二年半を経た一九二六年一二月の総会で、消費組合部の設立が決定された。そして、柳島地域に消費組合を結成することを呼びかける趣意書と説明書を配布し、戸別訪問して加入者を募る運動を行なったすえ、二七年七月二〇日に柳島元町、柳島押上町の住民一七一名とセツラー二〇名によって「柳島消費組合」の設立が決議され、八月一日に児童会館玄関前の仮設配給所が開業した。その日そこに並べられたのは、米、味噌、醤油、砂糖、茶、サイダー、石鹸、歯磨き粉、マッチの九品目だった。

末弘嚴太郎が起草した設立趣意書には、このような一節がある――「諸君は諸君の消費生活を合理的ならしめるためよろしく先〔ま〕づ、中間商人の利得を克服せねばならない。又更に進んでは諸君自ら〔の〕消費物を自ら生産するだけの境地にまで進み行かねばならぬ。それは勤労階級たる諸君にとつて賃金の獲得について搾取階級たる資本家と戦ふことにも劣らざる重要事である。吾々が消費組合運動を起してゐるのは消費生活〔合〕理化のため実行の機会を与へようとするものである。勤労者諸君の参加を切望して止まない。[21]」

「消費組合」とは、私たちにもすぐに思い浮かべることができるように、現在の「生活協同組合」（生協）の前身にほかならない。一九二二年に「日本農民組合」を結成した賀川豊彦たちは、その運動の一環として、すでに神戸で「購買組合」を組織していた。全国的にも消費組合の組織化が進められており、柳島消費組合も二八年一月に「関東消費組合聯盟」に加入する。聯盟は、おりから千葉県野田町の「野田醤油」で闘われていた一五〇〇名の労働者による二一六日間の戦前期最長のストライキに連帯して、その会社の商品である「亀甲萬《きっこーまん》醤油」のボイコット運動を行なっているところだった。柳島消費組合もその運動に参加した。設立趣意書が明確に述べているとおり、消費組合という構想は、ただ単に消費者の利便を図るためのものではなく、貧困階級の消費者が置かれている圧倒的に弱い立場そのものを変えること、生活必需品の供給によって貧しい消費者を搾取する資本家たちとの闘いを通じて、消費者自身が生活の主体性を獲得することを目指すものだったのである。

だが、末弘の設立趣意書は、消費生活における消費者の自主性だけを説いていたのではなかった。「消費物を自ら生産するだけの境地にまで進み行かねばならぬ」という彼の言葉からは、生産と消費とを貫く社会生活総体の共同性、政治と生活との自主管理を目標に掲げたコミューン社会主義、無政府《アナルコ》社会主義の理念が顔をのぞかせている。セツルメントの「市民教育部」に「エスペラント講座」が設けられ、また「少年教育部」の授業科目のひとつに「エスペラント語」があったことは、これと無関係ではないだろう。その当時、アナルコ・サンディカリズム（協同組合主義的無政府主義）に共感をいだく日本の社会改革運動者の多くが、世界共通語であるエスペラントに共感し、これの普及を目指していたからだ。言語を共有する関係を世界で実現することが、戦争をなくすための第一歩だ――という理念が生きていたのだった。

児童会館の仮店舗から本館の店舗に移った柳島消費組合は、その組合員数も、二八年一二月末には二二六人に達した。組合員とその家族は、一定期間、医療部での診察や治療が無料になる、という制度も設けられた。しかしその一方では、組合を退会する住民も少なくなかった。震災復興事業として付近一帯の区画整理が急速に進められていたからである。柳島地区の中央には現在の「四ツ目通り」が南北のメインストリートとして敷設され、地区の東端には「同潤《どうじゅん》会柳島《かい》アパート」が建造されることになった。そのために、これまで住んでいた場所から追い立てられて郊外に移転せざるを得なくなった組合員も少なくなかったのだ。同潤会アパートへの入居申込み受付けにさいしては、組合が組合員の申込み手続きの手助けをした。

東京帝大セツルメントは、このように、大震災の現場での学生救護団のボランティア活動から出発しながら、短期間のボランティア活動とはまったく異なる次元の社会事業にまで行き着いたのだった。

けれども、その二つの活動のあいだには、ひとつの基本的に重要な共通項があったことを見逃してはならないだろう。それは、この二つの活動に携わった学生たちのなかに、活動の主人公は自分たちではない、という基本理念が暗黙のうちに生きつづけていた、ということにほかならない。南洋見学旅行から戻ってそのまま大学に駆けつけた彼らが最初にしたことは、そこに避難して来ている二〇〇〇人の罹災者たちのなかに、自治組織を作ることだった。食料や慰問品の分配を、罹災者自身の主体性に委ねたのである。そのあとの上野での活動の根本原則も、罹災者による自治の体制に活動を委ねることだった。当事者自身の自治と主体性というこの根本理念は、セツルメント事業を貫く基本にほかならなかった。地域住民自身が、生活の主体なのであり、彼ら自身の自治が、彼らの暮らしを形成していくのである。

セツルメントの児童部の活動のひとつに、「唱歌指導」というパートがあった。ボランティアとしてそのパートを担当したのは、そのころ新進の声楽家として将来を嘱望されていた一八九九年九月生まれの関鑑子《せきあきこ》というソプラノ歌手だった。彼女が子どもたちに伝えた歌のなかで、子どもたちだけでなくセツラーやレジデントたちの心をもとりわけ揺り動かしたのは、「風」

セツルメント児童部、関鑑子の「歌唱指導」。左上の黒板に「風」の歌詞が書かれている——『東京帝国大学セツルメント十二年史』（註13-①）より。

という小さな歌だった。(22)

風

詩＝クリスティナ・ロセッティ
訳＝西條《さいじょう》八十《やそ》／作曲＝草川信《くさかわしん》

一、誰《たあれ》が風《かぜ》を見たでせう？
僕もあなたも見やしない、
けれど木《こ》の葉《は》を顫《ふる》はせて
風は通りぬけてゆく。

二、誰が風を見たでせう？
あなたも僕も見やしない、
けれど樹立《こだち》が頭《あたま》をさげて
風は通りすぎてゆく。

大東亜戦争の敗戦後も永く歌い継がれていたこの歌を、ある年代より上の人なら、よくご存知かもしれない。——風は誰にも見えない。誰も風を見た人はいない。けれども、木の葉がふるえ、樹

『赤い鳥』1921年６月号より。
（二番の末尾の歌詞が間違っている。）

立が頭を下げるのを見て、私たちは風が通ってゆくのを知る。動くのは木の葉であり、樹立である。その木の葉や樹立に動くきっかけをもたらすのは、風なのだ。いや、風は、ただ、そのきっかけをもたらすに過ぎないのだ。風自身の姿は見える必要もない。風が主人公ではないのだ。

この小さな歌が、セツルメントのメンバーたちに、あたかも自分たちの活動の主題歌でもあるかのように愛されたのは、決して不当なことではないだろう。

音楽界で独唱者としての声望がますます高まるなかで、関鑑子は、一九二九年四月、「日本プロレタリア音楽家同盟」（略称＝ＰＭ）の結成に参加し、初代の委員長に選ばれた。この同盟は、ほぼ同じ時期に結成された「日本プロレタリア美術家同盟」（ＡＲ）、「同・映画同盟」（プロキノ）、「同・劇場同盟」（プロット）、「同・作家同盟」（ナルプ）と並んで、「全日本無産者芸術聯盟」（ナップ）の一翼を担う芸術家集団のひとつだった。これからほぼ一九三四年までの五年間は、主として非合法の日本共産党のイニシアティヴによって展開されたこの総合的なプロレタリア文化運動が、日本社会における文化諸分野を席捲《せっけん》する一時期となる。関鑑子は、音楽分野における中心的存在のひとりだった。けれども、三二年以降は弾圧によって活動を著しく制約され、ついに沈黙を強いられることになる。

こうして戦時下の時代を耐えた彼女は、日本の敗戦とともにふたたび声を上げた。とりわけ、一九四八年一月には「中央合唱団」を組織し、戦後史に特筆される「うたごえ運動」の中心的な存在として大きな足跡を残した。うたごえ運動のなかでロシア民謡を日本社会に普及させた功労により、五六年五月にはソ連の「国際スターリン平和賞」（同年九月に「国際レーニン平和賞」

と改称）を受賞した。古稀《こき》を過ぎても音楽活動を続けた彼女は、七三年五月一日、代々木公園で中央メーデーの「五〇万人合唱」を指揮した直後に壇上で倒れ、翌日、七三年の生涯を閉じることになる。全国各地の街にあった「うたごえ喫茶」の多くが姿を消していったころだった。

関鑑子は、一九三七年現在のセツルメント「会員名簿」では、設立時の会館を設計した今和次郎や飛鳥哲雄、講座の講師を務めた法学者・平野義太郎、経済学者・大塚金之助、プロレタリア文学作家・松田解子《ときこ》らとともに、「会友」とされている。高い入場券を購入して音楽会を鑑賞する裕福な人びとの前で歌うことよりも、音楽鑑賞どころか歌う喜びにさえ出逢うことが少ない子どもたちと一緒に歌うことを喜びとした彼女のその後の歩みは、しかし、多くのセツラーたちの歩みとまったく異なる例外的なものではなかったのである。

レジデントを含めた学生セツラーたちは、大学を卒業して活動から離れると、そのほとんどが「オールドセツラー会」に属して、セツルメントの活動を直接・間接に支援した。だがもちろん、オールドセツラーたちは、当初のメンバーが震災救護活動からセツルメントの活動に移行したように、セツルメントの活動からそれぞれの社会活動へと移行したのである。彼らは、樹々のあいだを吹き抜ける風であったばかりではない。セツルメント活動が蒔く種を社会に運ぶ風でもあったのだ。そしてその風は、遥かに強い逆風のなかを吹き抜けなければならなかったのである。

II　自発性から制度化へ——奪われたボランティア精神

略年表 Ⅱ

1923. 9 . 7	「治安維持ノ為ニスル罰則ニ関スル件」（緊急勅令）公布
9 .12	東京帝大「学生救護団」、救援活動を拡大し上野支部を開設
9 .16	甘粕正彦憲兵大尉ら、大杉栄・伊藤野枝・橘少年を殺害
10.11	「学生救護団」分散式　→「セツルメント」開設を合意
11.10	「国民精神作興ニ関スル詔書」渙発
12.14	東京帝大セツルメント、第１回総会（設立総会）
1924. 6 .13	東京帝大柳島セツルメント、地域の子供たちの来襲で活動開始
9 .10	セツル「労働学校」第１期開校式　→25. 1 .10 第２期開校
1925. 4 .22	「治安維持法」公布　→ 5 .12 施行　→1928. 6 .29 改定
5 . 5	「衆議院議員選挙法」改定（普通選挙法）公布
1926.12.25	大正天皇嘉仁の死、裕仁践祚
1927. 5 .28	「山東出兵」声明、関東軍に出動命令　→「18年戦争」へ
1928. 3 .15	共産党員（非合法）一斉検挙（３・15事件）
1929.10.24	ニューヨーク株式市場で株価大暴落、世界恐慌始まる
1930. ～31	農村恐慌深刻化、「農山漁村経済更生運動」の展開へ
1931. 9 .18	「満洲事変」勃発
1932. 3 . 1	「満洲国」の「建国」（日本の傀儡国家）
8 .下旬	満洲農業移民（のちに「満蒙開拓団」と称す）の募集始まる
10. 3	満洲への第１次移民団（武装移民）、東京を出発
1937. 7 . 7	「北支事変」勃発　→ 9 . 2 閣議決定で「支那事変」と改称
10.	農林省経済更生部、『農山漁村に於ける勤労奉仕』を刊行配布
1938. 1 .29	東京帝大セツルメント、「大学隣保館」への改組を声明
2 . 3	セツル、「自発的閉鎖」を余儀なくされ、14年の歴史を閉じる
2 .末	「満蒙開拓青少年義勇軍」第１次募集終了、9950名が志願
4 . 1	「国家総動員法」公布　→ 5 . 5 施行
5 .24	木戸文相、全国高校長・高等師範校長・実業専門学校長会議で「学生生徒の集団的勤労奉仕作業」実施の必要を強調
6 . 9	文部次官通牒「集団的勤労奉仕作業運動実施ニ関スル件」
1939. 3 .31	文部省、集団的勤労奉仕作業の漸次恒久化と準正課扱いを指示
6 .10	石黒文部次官、各学校長・地方長官に「夏休みを集団勤労作業（生産拡充、応召遺家族への勤労奉仕）に充てるよう通牒
7 . 8	「国民徴用令」（勅令）公布　→ 7 .15 施行（植民地では10. 5 ）
1941.11.22	「国民勤労報国協力令」（勅令）公布　→12. 1 施行
11.26	日本海軍機動部隊、南千島・択捉島のチカップ湾を出港
12. 8	米領ハワイ真珠湾、英領マレー半島を奇襲攻撃　→対米英戦へ

1　セツラーたちの軌跡

セツルメント点描

東京帝大セツルメントの日常的な活動は、基本的には通《かよ》いの「セツラー」たちと、住み込みで従事する「レジデント」たちとによって担われていた。一九三三年一〇月に「代表者」や「指導教授」が設けられるまでは、卒業してオールドセツラー（ＯＳ）となったのちもセツルメントの活動を続けるものたちのうちから選ばれる常任の「主事」一名が、組織の運営にあたった。

初代の主事は、南洋見学旅行からそのまま大震災の救護活動に身を投じたひとり、内村治志だった。彼はセツルメントの開設後、その建物敷地の所有者の一人娘と結婚して、石島という姓になる。二代目は、柳島の戸口調査にも参加した東利久である。主事は有給の専従で、給与は月額六〇円だった。

一九二九年に法学部を卒業して、第四代の主事となった松本征二は、『東京帝国大学セツルメント十二年史』（三七年二月刊）に寄せた「回想」のなかで、その体験のひとこまを以下のように記している。(23)

毎年多くの新セツラーを迎へてこの人達を常にセツルへ関心を持たせるやう努力しなければならない。セツラーのうちで之《これ》はと思ふ人をレヂデントに引き抜く為に努力もしなければならない。レヂデントを止《や》めやうとする人を引止める事もする。従業員の人達にもいつも心を配つてゐなければならない。それにつけて思ひ起すのは、どうも従業員とセツラー、レヂデントとの気持のしつくり行かぬ事が多く、その為に兎《と》もするといろ〳〵の問題が起つた。何分にも職業的に勤務しようとする人と、ヴオランテイアーとして学業の余暇に事業に従はうとする人では本質的な相違があるので無理もないのであるが、セツラー諸君は稍《やや》もすればすぐ従業員諸兄諸姉の交替《こうたい》を提議したり、又馬鹿に同情をして給料値上を提議したりして、その都度《つど》中央部を苦しめたのであつた。

従業員として働いていたのは、「看護婦さん」、「保姆《ほぼ》さん」、「食堂のおばさん」と呼ばれる人たちだった。学生たちとこの人びととの関係のありかたがセツルメントの運営にとって重要だったことは、想像に難くない。だが、松本征二の回想のこの一節は、もうひとつ重要な事実を私たちに伝えている。それは、少なくともこの回想が書かれた一九三六年から三七年の時点で、「ヴォランティアー」（volunteer）という言葉が、いま私たちが使っているのと同じ意味で彼らによって使われていた、という事実である。

　松本征二は、セツルメントの主事としての責任を果たしたのち、戦前と戦中と戦後を通して、東京市、全国社会事業協会、上智大学、長野学園などで社会福祉関係の仕事や教育に携わった。さらに一九六〇年から二年半のあいだ、国連本部でリハビリテーション管理係長として障害者の人権拡充のために働くことになる。開設六〇年を記念して出版された『回想の東京帝大セツルメント』（一九八四年六月刊）[24]にも回想記を寄せた彼は、そのなかで「月給六〇円也の支給とは反対に、多額の謝金や礼金を、セツルに支払わねばならなかったのだと今でも考える」と記したのだった。

一九二六年に文学部仏文科に入学した武田麟太郎《りんたろう》も、柳島のセツルメントでボランティアとして働いたひとりだった。『東京帝国大学セツルメント十二年史』には、「一時代の思出」と題する武田麟太郎の回想が収載されているが、彼はその回想を「三・一五の年、労働農民党、組合評議会、青年同盟が政府によつて解散を命ぜられると同時に、輝《かがやか》しい歴史を残して新人会も学校当局から解散せしめられた」という一文で書き起こしている。

ここで「三・一五」と記されているのは、プロレタリア文学作家・小林多喜二の小説『一九二八年三月十五日』にも描かれている共産党員一斉逮捕の日にほかならない。この弾圧につづいて、四月一〇日には、非合法政党たる日本共産党の隠れ蓑《みの》でもあった「労働農民党」や、最左翼の労働組合および青年運動組織だった「日本労働組合評議会」と「全日本無産青年同盟」が解散させられた。柳島セツルメントの開設にあたっても、その後の運営にあたっても力強い援助者であり共闘者でありつづけた東京大学の「新人会」が大学当局によって解散させられたのは、一週間後の二八年四月一七日だった。この同じ日、文部省は、「学生・生徒の思想傾向の匡正《きょうせい》」と「国民精神の作興」（！）を各国立学校に「訓令」したのである。

これにもとづき、翌四月一八日には京都帝国大学が、さらに一九日には東北と九州の各帝国大学が、学生の「社会科学研究会」の解散を命令した。大震災の年の秋、東京帝大セツルメントの開設決定とほぼ時を同じくして京都帝大と東京帝大で設立された「社会科学研究会」（社研）は、たちまち全国の大学、高等専門学校、高等学校に波及し、二四年九月には「学生社会科学聯合会」（学聯）という全国組織が結成されていた。これが左翼学生の温床になっていると目されたのである。京都大学では、その「社研」解散命令と同じ四月一八日に、マルクス主義経済学者の河上肇教授が辞職を強要され、二三日には東京大学の大森義太郎教授が辞職させられた。やはりマルクス主義経済学者だった大森義太郎は、労働学校講師を務めるなど、セツルメントの密接な協力者でもあった。

一九二六年一二月二五日に天皇の代替わりによって「昭和」という元号になっていた日本社会は、「大正デモクラシー」の残照を一掃して、ファシズムの時代へと本格的に移行することになったのである。東京帝大セツルメントも、開設からわずか数年にして、こうした時代の激浪のまっただなかに身を投じることになる。武田麟太郎は、ちょうどそのころ、セツルメントの活動に加わったのだった。

その頃から私は本所柳島の帝大セツルメントで働くやうになつた。そこに労働学校があり、私は一切の事務を引受けてゐた。

私は労働学校生徒募集のポスターを何十枚も書いた。古い無産者新聞に横細縦太の扁平な字体を発明して書いた。糊を「バケツ」に入れ、刷毛を持つて、亀戸、大島、吾嬬《あづま》、寺島の方々《ほうぼう》へ貼つて歩いた。

また募集の「ビラ」も出来、これはセツルメントの連中の手をかり、大きな目標工場の出勤時間をねらつて撒布した。

生徒は百名近く申込みがあつた。

調査カードを作り、出席簿をこしらへた。講師を依頼するのが大変であつた。月水金曜の夜六時から二時間づゝで、経済、法律、政治理論、労働組合論、農村問題等が主なる課目であつた。

各大学関係の若い学者に交渉に行かねばならなかつた。面会出来ない人もあり、あつさり断はる人もあつた。快く引受けてくれても、規定通り来なかつたり、休講ばかりする人もあつた。大学でと同じ様に講義する人もあり、生徒はむづかしがつた。

講師がこないと私が代りに教壇に立つた。また講師の難解のところは、のみ込めるまで説明した。

いづれも働いてゐる生徒達は、具体的に話をすると判りが早く、一旦判るとどん〳〵と頭は進んだ。

前後三期、労働学校の事務担任をしてゐたのだが、彼らの多くは、労働者の解放と啓蒙のため真すぐな道を行つた。私は彼らをなつかしく思ひ出す。中にまじつてきた朝鮮人たちの訛《なま》りも耳の底にある。みんな私の黒板に書く字を一心に見つめてゐた。はげしい知識欲は私を驚嘆させた。備へ付けの図書もよく読まれてゐた。

「どうして農民と我々は提携するんですかね。階級がちがふし、田園と都会とは対立してゐるんぢやないのですか」。

かうした質問は屢々《しばしば》くりかへされた。農村出身の労働者が多かつたのだ。都会は農村を搾取し圧迫してゐる。今日の農村の疲弊はそれが原因であると云つた印象を持つてゐたのである。

私は黒サーヂの夏服をきてきた。これで一年押し通した。そして、いつもごむの長靴をはいてゐた。

その頃の柳島は震災後のバラック――と云ふよりは掘つ立て小舎《こや》のかたまりであつた。そんな家がいくつもいくつも重なり合つて、中へ入つて行くと出道を失ふ、一種の迷宮の様な感じがした。

悪臭と煤煙が地を這つてをり、土地が低いために雨が降るとすぐに水が出る。ドロンと黝《くろず》み濁つた堀割の水が氾濫し、それに糞便が浮いてゐた。

だから、雨模様としるると、長靴の用意が必要なのだ。ザブ〳〵と、その水のなかを私は歩いて、労働者の家を訪問した。長雨が続くと、長靴の上まで水が来て、私の足はいつも浸《ひた》り通しなので白つちやけて了《しま》つた位だ。夜は暗く、どこかで救世軍の太鼓の音がした。


「古い無産者新聞」と書かれているのは、非合法共産党の事実上の機関紙として発行されていた週刊『無産者新聞』である。これの古新聞をポスターの用紙として再利用することには、もちろん二重の意味があったに違いない。用紙の節約とともに、もうひとつ別の宣伝にもなるのだ。――武田麟太郎は、これを書いた翌年、一九二九年六月号の雑誌『文藝春秋』に発表した小説『暴力』によって、一躍、プロレタリア文学を代表する作家のひとりとなった。鮮烈な文体で被抑圧者たちの暮らしと闘いを描いた彼は、やがて、出身地・大阪の場末の町を舞台とする『日本三文オペラ』、『釜ヶ崎』、『市井事《しせいじ》』などの作品で、いわゆる組織労働者ではない貧しい下層庶民の日常を活写して、「市井事もの」と呼ばれる独特のジャンルを開拓した。三〇年代半ばにプロレタリア文学運動が弾圧によって壊滅させられると、三六年三月に合法的な月刊雑誌『人民文庫』を創刊し、高見順、田村泰次郎、円地文子らの旧プロレタリア文学作家たちと共に、運動の後退戦を担った。しかし、二六冊を刊行したのち、度重なる発禁処分やメンバーの一斉逮捕によって、三八年一月に廃刊を余儀なくされ、抵抗は終わったのだった。

一九〇四年五月生まれの武田麟太郎もまた、戦時中は軍に徴用されてジャワの戦地に赴き、「軍報道班員」として大政翼賛と侵略戦争の片棒を担ぐことを余儀なくされた。そして、ようやく敗戦によって再出発の機会を迎えながら、敗戦からわずか七ヵ月後の一九四六年三月三一日に、肝硬変症で急逝することになる。

セツルメント自体は、しばしば「冬の時代」と呼ばれるこの困難な時代にも、社会の最底辺に近いところで暮らす人びとと共に生きる活動を続けた。とりわけ、児童部と、二六年四月に託児所が開設されて児童部から独立した託児部は、子どもたちの共同生活と学びとの拠点として、地域の暮らしに深く根を下ろした。上野動物園や郊外への遠足、夏の林間学校・臨海学校などは、各家庭ではそのような余裕のない子どもたちにとっても、セツラーや職員たちにとっても、大きな楽しみだった。あらためて言うまでもなく、医療部と法律相談部も、地域にとってもはや不可欠な存在として、その活動を継続した。一九三〇年には、医療部を訪れた患者が一日で三〇人に達した日もあるほどだった。

けれども、労働学校は、そのような歩みを許されなかった。文部省や特高（内務省直轄の「特別高等警察」）はセツルの労働学校を、赤化思想を労働者たちに植え付ける場と目して、さらにその嫌疑をセツルメント全体に対して向けることになる。セツラーやレジデントとして、あるいは直接・間接の密接な協力者としてセツルメントと関わる学生や卒業生たちが、相次いで治安維持法によって検挙されるなかで、満洲事変勃発から一年後の一九三二年九月二三日、第二四期の労働学校が開校した。だが、これが労働学校の最後となった。

地域に根を下ろした活動は、消費組合をも含めて、もはやその活力を大幅に減じざるを得なかった。開設から一〇年を経たころから、セツルメントは、時代の歩みに抗して別の未来を志向するための拠点としての役割を、急速に失っていく。——けれども、セツルメントの活動を体験した人びとは、その体験を体内に宿して、歩みつづけるのである。

社会運動の弾圧と転向の時代

武田麟太郎は、「一時代の思出」を、さらに次のように続けている。

セツルメントに移住してきた大学生たちはいづれも、よき意志と情熱とを持つてきた。かうして人民の中へ入つて来て自分の持つてゐる知識を分けやうとするのであつた。児童学校もあつた。市民学校もあつた。医療部もあつた。このあたりは眼の悪い人が多く、しよんぼりと待合室の長椅子に腰をかけてゐた。消費組合もあつた。それから託児所。こゝでは貧しい幼児たちが、両親が働きに出た間中預けられてゐた。私は仕事の隙間を見てはこゝへきて遊んだ。保姆さんが二人ゐてオルガンを弾いてゐた。幼児たちは遊戯をおぼえたり、手工をしたりした。昼のお弁当をやかましくしやべり立てながら、そこいらを飯つぶだらけにして食つた。

セツルメント託児所の遊戯
『東京帝国大学セツルメント十二年史』（註13-①）より。

託児所は一日四銭とつてゐた。これはお八つの菓子代になるわけであつた。私はよく保姆さんに頼まれて、菓子を買ひに行つた。――おいしく食べてゐる子供たちをからかつて歩いたりした。

私はこの子たちの運命を色々考へることがあつた。大体感傷癖のある私は、いつも悲観的な想像が浮んで困つた。――溝河《どぶがわ》を越へると亀戸の銘酒屋がごた〳〵とあつたが、そこにゐる女たちと、こゝで無心に遊んでゐるよごれた着物を着た幼女と結びつけてしまつたりするのだ。

大学生たちは研究会を持つた。労働学校の責任者である私は、おなじく其《その》研究会の万端を世話しなければならなかつた。いづれも真面目にテキストを調べてきて、却《かえっ》て私の方が「グウタラ」で「リイド」されてゐるのであつた。

セツルメントには、江東南葛《なんかつ》の労働組合の

連中も沢山出入りしてゐた。東京合同労働組合の指導者たちが最も多かつた。

さうした雰囲気から大学生たちが闘争のなかへ入つて行くのは至つて自然であつた。私もいつか、学校のかたはら合同労働に属し、セツルメントを出て大島六丁目に二階借りをしてゐた。

ここで「銘酒屋」と言われているのは、銘柄の良い酒を飲ませる店のことではない。酒場を表向きの看板にして、「酌婦《しゃくふ》」と呼ばれる女性たちに客相手の売春をさせている飲み屋のことである。いまセツルメントの託児所で無心に過ごしている幼女たちの行く末を大学生たちがいくら案じてみても、彼らにはどうすることもできないのだ。抑圧され差別されている人びとがその抑圧や差別から解放されるのは、その人びと自身の闘いによってでしかない。その差別や抑圧を廃絶するのは、いまそれによって押しひしがれている人びと自身なのである。彼らの未来は、彼ら自身が切り開くのだ。――だが、その人びとと出会い、場所と時間とをその人びとと共有したことは、セツラーたちの未来を変えた。武田麟太郎が労働組合に加入したのは、その最初の一歩だった。そして、最初の一歩でしかなかった。一歩を踏み出したオールドセツラーたちの前には、天皇制国家に対する一切の批判と抵抗を許さない弾圧と、それに強いられて余儀なくされる転向《てんこう》の時代が、待っていたのである。

武田麟太郎と同じくプロレタリア文学作家としての道を歩むことになる後藤壽夫《ひさお》は、新人会の中心メンバーのひとりであると同時にセツルメントのセツラーでもあった。一九〇三年五月に大分市で生まれた彼は、まだ学生時代の一九二五年に、非合法共産党の実質的な理論機関誌だった月刊『マルクス主義』の編集員となり、同誌に発表した政治論文が注目されて、革命理論家としての将来が期待されていた。ところが、突如として登場した福本和夫（筆名＝北條一雄）という理論家にはとうてい及ばぬことを自覚して、彼は小説家に転身し、短篇小説『林檎』（『文藝戦線』二六年二月号）でプロレタリア文学作家・林房雄として登場することになったのである。『絵のない絵本』、『鉄窓の花』、『繭』、『密偵』、『都会双曲線』などのすぐれた作品を相次いで発表し、二九年二月に「日本プロレタリア作家同盟」（ナルプ）が創立されると、その中央委員となるなど、プロレタリア文学運動の中心に位置する存在だった。だが、治安維持法違反などでたびたび逮捕され、四回にわたる獄中生活のすえ、三六年四月、林房雄はついに「プロレタリア作家廃業」を宣言して、いわゆる転向作家のひとりとなる。それからは、日本の近代史に題材を取った国粋主義的な諸作品を発表し、敗戦後は右翼の論客として活動した。一九六三年に発表された『大東亜戦争肯定論』は、長期にわたって論議の的となった。

一九〇一年八月生まれの浅野晃《あきら》も、林房雄と同じく法学部の学生としてセツルメントで活動したのち、やはりプロレタリア文学運動の一員となった。それとともに日本共産党の中央委員候補となったが、三・一五事件で逮捕され、取調べ段階の獄中で転向した。その後は、文学者グループ「日本浪曼派」の中心メンバーのひとりとなり、大東亜戦争の戦時下には、短歌や評論によって、文字通り第一線で戦意高揚のために尽くすことになる。

年齢は林房雄や浅野晃より上の一八九八年七月生まれだが、大学入学が遅かった久板《ひさいた》榮二郎は、文学部国文科の学生としてセツラーをしている当時から、新劇運動に参加して脚本を書いていた。一九二六年一一月に文学・芸術の諸分野を結ぶ運動体として成立した「プロレタリア藝術聯盟」(プロ藝)に加入した久板は、二七年に卒業すると、「トランク劇場」、「前衛座」、「東京左翼劇場」、「新協劇団」などのプロレタリア演劇運動を、もっとも中心的な脚本作者として担うことになる。三七年には『千万人と雖《いえど》も我《われ》行かん』で、帝国人絹会社の株式売買をめぐる疑獄事件(「帝人事件」)をあばいて暗殺された時事新報社長、武藤山治《さんじ》を描いた。同じ年の『北東の風』は、名優・小澤榮太郎(小澤榮)を生んだ。だが、四〇年八月の新劇関係者一斉逮捕で、彼の活動も終止符を打たれる。翌年には釈放されたが、転向を強いられ、四四年には国策映画『決戦』(監督=吉村公三郎・萩山輝男、松竹)のシナリオを書いた。日本の敗戦によって蘇生した彼は、堰《せき》を切ったようにすぐれた映画脚本を書きつづける。『わが青春に悔なし』(四六年、監督=黒澤明、東宝)、『母のない子と子のない母と』(五二年、監督=若杉光夫、劇団民芸・新教映)、『悪い奴ほどよく眠る』(六〇年、監督=黒澤明、東宝・黒澤プロ)、『天国と地獄』(六三年、同前)など、いまなお名作として記憶されている数多くの映画で、彼は、この社会の底辺で屈することなく生きる人びとの姿や、国家社会の不正義に罪を犯すことによってしか対抗できない人びとの無念さを、ありありと描きつづけ、七六年六月にその生涯を終えた。

　セツルメントの活動ののちに、この国家社会そのものを変えるために政治家を志したものも、少なくなかった。一九〇一年一月生まれの志賀義雄は、セツラーだった学生時代に、日本共産党に入党した。一九二五年に卒業するとそのまますぐに、党の中央委員会政治局員となった。そして、やはり「三・一五」で逮捕されたのだった。治安維持法が適用されて懲役刑となった彼は、そのとき以来、日本の敗戦によって一九四五年一〇月一〇日に釈放されるまで、一八年間、非転向のまま獄中にあった。判決は懲役一〇年だったが、転向を拒んだため、「予防拘禁」

の措置が取られ、実質的に終身刑となったのである。戦後は、共産党の最高幹部のひとりとして活動を続け、六〇年代半ばには、日本共産党主流派の方針に反対して、「日本のこえ」という新しい政党を結成した。志賀義雄が長い政治活動を終えて歿したのは、八九年三月のことである。

一九〇〇年九月に新潟県三条市で生まれた稲村順三は、北海道帝国大学予科に在学中、「社会科学研究会」を組織して学生運動を始めていた。東京帝大に入学してからは新人会とセツルメントで活動した。そののち、一九二六年に労働農民党に入党し、また林房雄と同じく雑誌『マルクス主義』の編集員となったが、彼のテーマは農民の解放運動だった。秋田県と新潟県で農民運動の活動家として仕事を続け、一九三七年に、戦前期最後の思想弾圧事件といわれる「人民戦線事件」で検挙されて、沈黙を余儀なくされた。敗戦後は、日本社会党の結成に加わって、党中央委員となり、社会党選出の衆議院議員を五期つづけたが、五五年二月、任期途中で急逝した。五四歳だった。

稲村順三と同世代の菊川忠雄も、社会運動を通じて政治家となったひとりだった。一九〇一年三月に香川県に生まれた彼は、経済学部を卒業してセツラーを終えると、労働組合の全国組織である「日本労働総同盟」本部に専従として入り、三六年にはその最高責任者である総主事に選出された。彼がとりわけ関心をいだいていたのは、重要な産業部門でありながら劣悪な労働条件が支配している鉱山労働の分野だった。戦後の一九四七年から五〇年まで、彼は「日本鉱山労働組合」の会長に推されている。それと同時に、四七年からは日本社会党の衆議院議員となり、労働者の権利要求を国政に反映する仕事を続けた。一九五四年九月二六日、議員として遊説に赴いた北海道からの帰途、津軽海峡を航行中の青函連絡船「洞爺《とうや》丸」が、台風のために転覆沈没するという出来事が起こった。この「洞爺丸台風」が、一一五四人の他の乗客・船員とともに、菊川忠雄の生命を奪ったのである。

誰と共に生きるのか?

弾圧に屈して転向した林房雄や浅野晃たちが、そして彼らと歩みを共にした多くの転向者たちが、国家権力にすり寄り、権力のおこぼれを頂戴しようとした、という歴史観は、現実に即していない。彼らの多くは、別の道を取ることによって民衆と共に生きようとしたのである。弾圧によって投獄された知識人や学生たちが、獄中で、下積みの看守たちや、政治犯ではない同房者たちと接することによって、初めて「民衆」を知り、自分たちの活動がいかに民衆と遊離したものであったかを悟った——というのは、少なからぬ転向者たちの手記や告白が伝えているエピソードだった。その真偽はともかくとして、転向した彼らは、転向することで、国家の支配者たちや社会の上流階級の一員となることを志したのではなかった。転向者たちの多くは、これまでの自分たちの活動が民衆の思いとは遊離したものでしかなかったことを、弾圧を契機として悟ったのである。

彼らのこうした心情は、彼らを転向させた側が誇らしげに刊行した資料によっても、ありありと伝えられている。——たとえば、司法省行刑局長・鹽野《しおの》季彦《すえひこ》の「序」を添え、『転向者の手記』という直截的な表題をもつ一冊(三三年一一月、大道社)に収められた「転向者」たちによる一〇篇の手記や、大阪の「皇民意識振興会」なる団体によって刊行された中村義明編著『共産黨某被告の転向記録——赤化青年教化読本』（三四年六月）などがそれである。また、『転向者の手記』に偽名と本名とで二篇の手記が収められた小林杜人（偽名＝小野陽一）が戦後四二年を経て公にした回想記『「転向期」のひとびと——治安維持法下の活動家群像』（八七年九月、新時代社）にも、それは活写されている。

　民衆と共に生きようとした彼らのこの悟り、彼らの民衆再発見は、必ずしも客観的な事実に反したものではない。例えば、あの侵略戦争を根底で支えたのは、それによって利益を得る特権階級や上流階級ではなかった。むしろ、社会の下層やそれに近いところで生きる庶民たちが、自分たちの生命と生活を守るためと信じて、「兵隊さんは命《いのち》がけ、私たちは襷《たすき》がけ」を合言葉に、必死で、襷がけどころかみずからの生命を投げ打って、戦争に挺身し、天皇に帰一したのである。左翼からの転向者たちの多くは、この民衆たちと——正確に言えば彼らの錯誤と——生死を共にしようとしたのだった。転向知識人たちが、天皇の日本を盟主とする「大東亜共栄圏」の構想を翼賛したのも、転向した作家や画家たちが「軍報道班員」として戦地におもむき、戦意高揚の作品を制作したのも、そのためだった。その点ではむしろ、彼らの転向の前後に断絶はなかったのだ。

　セツラーを終えてジャーナリストとなり、敗戦後にそれまでの体験を生かす活動を展開した人びとも、少なくなかった。新聞記者や雑誌編集者、あるいは通信社の記者を彼らが志したのは、日の当たらぬ社会底辺の声を代弁するためだったのだろう。だが、すぐにやってきた時代は、ジャーナリストに国策のメガフォンの役割しか許さなかった。いわゆる中堅の位置でその時代を生き延びて、日本の敗戦がやってきたとき、さまざまなメディアで発言力を持つ年代になった彼らは、戦後民主主義のオピニオン・リーダーの役割を果たすことになるのである。ある程度古い世代であればまだその名前を記憶している人も少なくないはずの元セツラーたちについて、ごく簡単に記しておこう。

•村田為五郎《ためごろう》（一九〇三・九〜九二・一二）　一九二七年経済学部卒。セツルメントでは児童部と市民教育部（市民学校）のセツラーだった彼は、ほぼ週に一度ボランティアとして児童部の歌唱指導に通ってくる声楽家・関鑑子《あきこ》を、自宅まで迎えに行き送り届けるメンバーのひとりだった。卒業からほぼ五年を経たころ、大正デモクラシーの思想家、河合栄治郎のマルクス主義批判の著書を読んで、マルクス主義から離れた。戦時下を同盟通信社の記者として過ごし、戦後は時事通信社主筆。また、長くＮＨＫ解説委員として活躍した。

•森恭三《きょうぞう》（一九〇七・九〜八四・一二）　三〇年法学部卒。朝日新聞社記者となる。三七年、ニューヨーク支局に赴任、英国ロンドンの支局にも応援で出張し、対米英開戦前の情勢を日本に伝えた。三九年九月の第二次世界大戦勃発の直後に滞在したロンドンでは、時間を見つけて、まず何よりも、セツルメント発祥の地である「トインビー・ホール」を訪れたという。対米英開戦後は、海軍報道班員として徴用され、東南アジア各地を転戦した。戦後は朝日新聞社労働組合委員長。六四年に同新聞論説主幹となり、リベラリズムの論調を展開した。

•扇谷《おうぎや》正造《しょうぞう》（一九一三・三〜九二・四）　三五年文学部国史科卒。セツルメントでは主として児童部で活動した彼は、後年、「そのころのセツルは、隠然たる半非合法の左翼の拠点だった」と記している（『回想の東京帝大セツルメント』）。したがってレジデントには仮名《かめい》が多く、彼自身は「原三郎」と名乗っていた。卒業して朝日新聞社に入社。支那事変開始の翌年、三八年に従軍記者として「武漢作戦」に従軍する。さらに対米英開戦ののち、四一年一二月にフィリピンのルソン島上陸作戦にも従軍記者として動員され、日本占領下の朝日新聞マニラ支局長となった。そして四四年三月、補充兵として召集、中国戦線に送られて、漢口付近で敗戦を迎える。復員後、四七年に『週刊朝日』編集長となり、四八年六月の太宰治の心中にさいして、その遺書を同誌にスクープして一躍部数を伸ばした。退職後は評論家・随筆家として多くの著書を残している。

●正木千冬《ちふゆ》（一九〇三・一二〜八二・四）　二六年経済学部卒。大阪毎日新聞社に入社し、『エコノミスト』編集部に配属される。共産党幹部の福本和夫に知人を通じて資料を貸したことなどによって前後四回逮捕拘留され、三二年に新聞社を解雇された。三五年に友人の紹介で企画院に入り、事務官となった。企画院は、支那事変遂行のための機関として設置された政府官庁である。ところが、ここで主力になっていたいわゆる革新官僚たちが政府内部の政争の道具として利用され、平沼騏一郎《きいちろう》の画策によって「企画院事件」なるものが起こされた。四一年四月に、「赤化思想」の持ち主とされた官僚たちが、治安維持法違反で逮捕されたのである。平沼騏一郎は、幸徳秋水ら二四人に死刑判決を下したあの「大逆事件」の検事を務め、論告求刑を行なった人物だった。そののち検事総長、大審院長（現在の最高裁判所長官）となり、関東大震災当時の山本権兵衛内閣の法務大臣を経て、いまは第二次近衛内閣の内務大臣となっていた。この「企画院事件」に連座させられた官吏のひとりが、正木千冬だった。このときから四四年五月までの三年余りを彼は獄中で過ごした。敗戦後は、経済統計分析という専門分野に関わる仕事を続け、内閣統計局次長、國學院大學教授などを歴任したのち、一九七〇年八月、そのころ全国を席捲していた革新自治体・革新市政の流れのなかで、革新統一候補として鎌倉市長選に立候補して当選する。正木千冬は、七八年まで二期八年間、鎌倉市長の任にあった。

•石島（内村）治志《はるし》（一八九九～一九九二）　二二年文学部社会学科入学、二五年卒。関東大震災の災禍のなかで始まった「学生救護団」のボランティア活動の中心メンバーだった内村治志は、東京帝大セツルメントの初代主事となり、セツル敷地の地主の娘と結婚して石島姓となった。主事を退いたのち、日本放送協会（ＮＨＫ）に入社し、三二年には「ラヂオ社会学私稿」を日本放送協会の『調査時報』に連載するなど、ラジオ放送が都市と農村の生活に及ぼす働きについて調査・解明する仕事にも力を注いだ。敗戦直後、原爆によって三四人の職員が死亡したＮＨＫ広島中央放送局に局長として赴任。敗戦の翌々年、四七年に、当時の広島市長・濱井《はまい》信三に、「広島を世界にアピールするために八月六日を中心に平和祭を行なう」ことを提言し、その実現に尽力したのが、石島放送局長だった。この構想は、四七年八月六日の第一回「広島平和祭」として現実化し、現在の「広島平和式典」となって持続されている。

セツルメントの体験から研究者の道を歩んだものも、少なくなかった。「調査はセツルメントの生命だ」という理念が柳島セツルに生きていたことを考えれば、これは容易に理解できる道だった。そして、東京帝大出身の彼らには、この道を歩むにあたって著しい特権が与えられていたのである。だが、この特権を何のために生かすかで、彼らは鼎《かなえ》の軽重を問われたのだ。

昭和五年少年學校

圖書室にて

昭和七年頃の醫務室

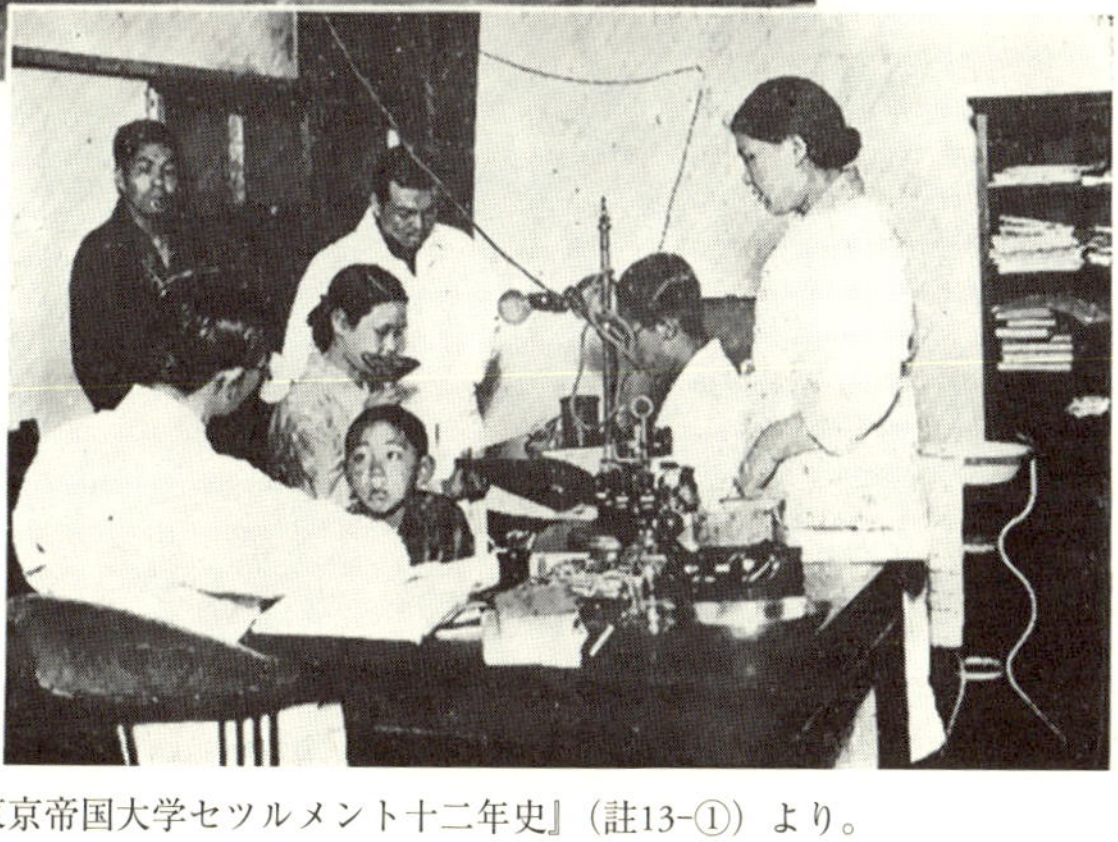

『東京帝国大学セツルメント十二年史』（註13-①）より。

一九〇一年九月生まれの服部之總《しそう》は、セツル開設とともにレジデントとなった四人の学生のひとりであると同時に、新人会の会員でもあった。二五年に文学部社会学科を卒業したのち労働農民党の書記局員となったことから、彼が社会運動に携わるつもりだったことがうかがわれる。だが、二八年春に『マルクス主義講座』というシリーズに発表した『明治維新史』が高く評価され、彼の進路を決定した。プロレタリア文化運動の一翼を担う「プロレタリア科学同盟」の研究機関、「プロレタリア科学研究所」の研究員となって、日本近代史の研究を主要な活動領域とすることになる。幕末時代の日本はマニュファクチュアの段階（すなわち産業革命の前夜）にあったという歴史観を唱えた彼は、三二年五月から刊行された『日本資本主義発達史講座』（全七巻、岩波書店）の企画にも深く関わった。だが、左翼運動総体に対する弾圧で沈黙を余儀なくされ、三六年からは花王石鹼株式会社の社史編纂に従事するが、それでも弾圧を逃れることはできなかった。

三八年に「唯物論研究会事件」で逮捕され、転向を表明して釈放されたのち、同年、すべての執筆活動を断念して花王石鹼に入社した。そして、彼もまた敗戦によって蘇生したのである。四六年三月、鎌倉市で「鎌倉アカデミア」という私立の高等教育機関が、国家による教育に対抗して設立された。哲学者の三枝博音《さえぐさひろと》を中心に、プロレタリア文化運動の劇作家・小説家・画家で、のちに『忍びの者』で忍者ブームの先鞭をつけることになる村山知義《ともよし》、俳優・演出家の千田是也《せんだこれや》、小説家の高見順、文学評論家の中村光夫、文化評論家の林達夫、英文学者の吉田健一らが参加したこの事業に、服部之總も教授として積極的に加わった。財政難のためにわずか四年半、一九五〇年九月までしか存続できなかったこの学校からは、約五〇〇人が巣立ち、そのうちには、作曲家・いずみたく、映画監督・鈴木清順、女優・左幸子《ひだりさちこ》（なんという芸名！）、タレント司会者・前田武彦などがいた。五二年から法政大学教授の職にあった服部之總は、「もはや戦後ではない」という言葉が流行語となったのとまさに時を同じくして、五六年三月に五四歳で他界した。

服部と同じ社会学科を二八年に卒業した一九〇三年一月生まれの磯村英一は、社会事業に従事することを目指して東京市役所に入った。豊島区長、次いで牛込区長を経て、戦後は東京都の民政局長、都民室長などを歴任した。だが、彼がもっとも関心をいだいていたのは、都市下層住民の生活、とりわけ被差別部落の現実だった。都市社会学の研究に専念するため、都庁を退職し、五三年に都立大学教授となった。六六年に東洋大学教授となり、六九年に学長に就任、また同年から「同和対策協議会」の委員を委嘱された。のちに同協議会の会長となって、旧被差別部落の住民や出身者に対する社会的な差別をなくすことを目的とした同和対策事業の推進に尽力し、さらに九二年から九七年四月に他界するまで、財団法人「人権教育啓発推進センター」理事長として、人権問題の解決に向けた実践活動に関わりつづけた。

服部之總、磯村英一と同じく文学部社会学科の学生としてセツルメントに加わった清水幾太郎《いくたろう》は、時代の変転につれてもっとも目まぐるしい変転を重ねた知識人だった。卒業後の彼は、三二年に「唯物論研究会」（唯研）の理事となった。マルクス主義知識人の研究団体であるこの会の創立メンバーには、戦後に「鎌倉アカデミア」を設立する三枝博音や服部之總もいた。しかし、三八年に「唯物論研究会事件」で研究会が解散に追い込まれると、清水は、「昭和研究会」の理事となって一八〇度の転回を遂げる。「昭和研究会」は、その当時「第一次近衛内閣」

の首相だった近衛文麿のブレーン・トラスト（研究・諮問グループ）で、やがてここから「東亜共同体」論や「新体制」運動論など、大東亜共栄圏建設と大東亜戦争を裏打ちするイデオロギーが生み出されるのである。ここで地歩を築いたのち、清水は東京朝日新聞社学芸部専属となり、さらに讀賣新聞論説委員となった。

敗戦を迎えたとき、清水は、海軍技術研究所嘱託という地位にあった。そして、敗戦後はふたたび転回して「平和問題談話会」を設立し、戦後民主主義時代の平和運動のリーダーのひとり、もっとも人気のある知識人となった。五三年の米軍内灘《うちなだ》試射場反対闘争、五五年から始まる立川米軍基地拡張反対の砂川闘争で、当時学習院大学教授だった彼は、先頭に立って闘う指導者の役割を演じた。その役割は、六〇年反安保闘争で頂点に達する。だが、反安保闘争が終息したのち、彼は闘争を批判する総括を発表して、いわゆる反戦平和運動から撤退し、書斎に戻ると称してナショナリズムのイデオローグに変身したのである。

セツルメントの法律相談部で活動し、一九三〇年に法学部を卒業したのち弁護士となった戒《かい》能通孝《のうみちたか》の歩みは、清水と比べれば単調だった。それでも一時期は、国策機関である「満鉄調査部」と関係する「日満財政研究会」のメンバーとして、軍による東亜統制経済体制なるものの立案に参画したのである。敗戦によってこの転向の一時期を克服した彼は、法学研究者の仕事に専念した。四九年に早稲田大学教授、五四年に東京都立大学教授となり、とりわけ「入会権《いりあいけん》」の研究では第一人者と目された。

入会権とは、古くからの慣習にもとづき、貧しい村民たちが山林地主の所有地に立ち入って、薪《たきぎ》や山菜、家畜に与える草、屋根を葺くための萱《かや》（ススキ）、池川の魚などを採取する権利である。だが、その権利の及ぶ範囲や規模をめぐって、しばしば紛争が生じた。岩手県一戸《いちのへ》町字《あざ》小《こ》繋《つなぎ》では、一九一五年以来、地主と村民とのあいだの訴訟が繰り返され、戦後もなお裁判闘争が継続していた。敗訴に納得できない村民が入会を続けたため、五五年には武装警官隊が村に乱入して多数の逮捕者を出す事態にまで至った。盛岡地裁は村民無罪の判決を下したが、六三年に仙台高裁がこれを棄却し、裁判は最高裁に移った。戒能通孝は、入会権の専門研究者として、村民側の弁護人を引受けた。そして、これに専心するために彼は都立大学の教授を辞職したのである。だが、六六年一月の最高裁判決は村民の上告を棄却し、五〇年にわたる「小繋事件」の入会権訴訟は村民たちの敗訴が確定した。

　戒能通孝は、そののち一九六八年には「金嬉老事件」の弁護団長になった。在日韓国人二世の金嬉老《キムヒロ》は、暴力団員二名を猟銃で射殺したのち、静岡県寸又峡《すまたきょう》の旅館に人質を取って五日間立てこもった。当時「ライフル魔」と呼ばれた彼をそのような行為に至らせた日本社会に向かって、戒能通孝は語りたいことがあったに違いない。七五年三月に、彼は六六歳で世を去った。

　セツラーたちではなく、セツルメントの労働学校や講演会などで学んだ労働者たちのうちから、その足跡が明らかな二人についてだけ、記しておこう。

　一九〇四年三月に神戸で生まれた山花《やまはな》秀雄は、二一年に高等小学校を卒業したのちゴム練りロール職工となり、二一年夏の神戸川崎造船所の争議に対する軍隊の出動をきっかけに労働者運動に加わった。二四年に上京、「東京合同労働組合」の活動家となる。武田麟太郎が、「セツルメントに出入りしていた」「東京合同労働組合の指導者たち」と書いているうちのひとりが、山花秀雄だったのである。それどころか、彼は労働学校の第一期卒業生だった。三〇年に結婚して二人の子どもが生まれると、姉弟共にセツルの託児所で大きくなった。だが、二六年に労働農民党に入党して運動を続けていた山花も、三七年に「人民戦線事件」で検挙・投獄され、転向を余儀なくされた。戦後の四六年、日本社会党の結党に参加し、以後、衆議院議員九期、参議院議員一期を務めた。六八年には社会党副委員長となり、八七年二月に他界した。セツルの託児所で育った息子の貞夫も政治家となり、一九九三年に日本社会党の委員長に推された。

一九〇四年一二月に鳥取県米子市の貧しい半農半漁の家に生まれた足鹿覚《あしかかく》は、上京して働きながら東京帝大セツルメントの労働学校で学んだ。労働学校を終えて帰郷したのち、農民運動に身を投じた。一九二六年三月の労働農民党結成に参加し、三一年に米子市議会議員、三五年に鳥取県議会議員となった。議会を闘いの場とすることについてはさまざまな議論があり、しかも女性が選挙権を持たない現実のなかで、無産大衆の声が選挙を通じてどこまで政治に反映できるか、疑問だったかもしれない。だが、少なくとも彼は、特権を擁護し利権を私する政治家たちの対極に身を置いて、山陰地方の貧しい農山漁村の人びとと共に生きるために、政治家の道を選んだのである。足鹿覚は、敗戦後の四六年に日本社会党から立候補して衆議院議員に当選し、衆議院議員七期、参議院議員一期を務め、農民や漁民たちの代弁者として生きたのち、八八年五月に死去した。

――「さうした雰囲気から大学生たちが闘争のなかへ入つて行くのは至つて自然であつた」と、武田麟太郎はセツラーの学生たちについて書き、また、労働学校生徒の労働者たちについては、「彼らの多くは、労働者の解放と啓蒙のため真すぐな道を行つた」と書いた。彼が書いたとおり、セツルメントの雰囲気は、セツラーとしてそれを体験した学生たちの多くを「闘争」

のなかへ赴かせた。そして、労働学校に通った若い労働者たちの多くもまた、みずからの階級の社会的な解放のためにまっすぐな道を行った。ここで挙げた人びとは、そのうちのほんのわずかな例であるに過ぎない。

しかも、このわずかな例は、いずれも、さまざまな偶然によって私たちにその名前と足跡が伝えられている人たちである。偶然は、何よりもまず、彼らが、文芸作家や政治家、ジャーナリストや学者・研究者という、みずからを公衆の前で表現する仕事を選んだことにある。彼らの何十倍もの数のセツラーたちが、そして労働学校の卒業生たちが、そののちにやってきた弾圧と転向の時代のなかで、彼らと同じように、あるいは彼らよりもさらに困難な、さらに屈折に満ちた、さらに充実した道を歩んだに違いない。それらの道は、私たちには伝えられておらず、彼らの姿は私たちには見えない。けれども、彼らを待っていた人びと、彼らと出会うことのできた人びとは、彼らのことを忘れなかったに違いないのである。そして、彼らの仕業《しわざ》を憎んだものたち、彼らの活動を弾圧し抹殺しなければならなかったものたちもまた、私たちが知らない彼らを知っていたに違いない。

2　危機と転生――ボランティアの海外進出

「一八年戦争」への道

のちに昭和天皇と呼ばれることになる天皇裕仁《ひろひと》は、大正天皇嘉仁《よしひと》の死によって一九二六年一二月二五日に践祚《せんそ》、つまり天皇の地位を受け継いだのち、二八年一一月一〇日に京都で即位儀礼を行なった。その即位式を行なうより前の二年たらずのあいだに、すでに彼は、きわめて重要な対内的および対外的な政治行為を、逸早《いちはや》く実行していたのだった。ひとつは治安強化のための法律拡充、もうひとつは侵略戦争の開始である。前者は「治安維持法」の改定、後者は二次にわたる「山東出兵」にほかならない。

一九二七年五月二八日、日本政府は「山東出兵」を声明し、「関東軍」に出動命令を出した。関東軍とは、中国遼東半島の日本の租借地《そしゃくち》「関東州」に駐劄《ちゅうさつ》（駐留）する日本軍部隊である。遼東半島の南部、旅順と大連を中心とする関東州は、一九〇五年に日露戦争で勝利した日本が、それまでロシアが清国から租借していた地域をそのまま引き継いで、事実上、日本領としていたものだった。そこには、やはり日露戦争の結果として獲得した「南満洲鉄道」（満鉄）とその付属地および撫順炭鉱などを併《あわ》せて守備するための強力な軍隊、関東軍が駐留していたのである。この関東軍を主力とする山東出兵は、践祚してからまだ五ヵ月の天皇裕仁による最初の大きな対外的政治行為だった。軍隊を動かす命令を下すことができるのは天皇だけだからである。出兵の理由は、日本人居留民の保護だった。中国の国民党と共産党とのあいだで続いていた「国共内戦」に伴い、国民党が「北伐」と称する対共産軍の軍事行動を、日本人居留民の多い山東省に向かって進めてきたことが、この理由の根拠とされた。

だが、この出兵は、中国と世界各国の強い非難を浴びた。日本政府は、出兵から三ヵ月後の八月三〇日に山東派遣軍の撤退を声明せざるを得なくなり、九月八日に撤退を完了した。ところが、翌二八年四月二〇日、ふたたび出兵の声明がなされ、「第二次山東出兵」が決行される。

そして、山東省の首都済南《チーナン》で日本軍は国民政府軍と軍事衝突を起こし、済南城を総攻撃して五月一一日に占領した。四日間にわたる総攻撃と占領の過程で、日本軍は、のちの「南京大虐殺」に先立つ「済南虐殺」を引き起こしたのだった。

「済南事件」とも呼ばれるこの軍事行動について、日本側では、中国軍民による「居留邦人」殺害が強調されたが、国際的な非難は主として日本による住民虐殺に向けられた。二〇〇二年八月に「政治的中立の立場」を基本姿勢として刊行された『世界戦争犯罪辞典』（文藝春秋）も、日本人居留民の死者は十数名だったのが二〇倍にも誇張して発表されたこと、日本軍によって「三六〇〇人の死者と一六〇〇人の負傷者」が生じたことを、明記している。しかも、この第二次山東出兵では、国際的な非難にもかかわらず、日本は済南占領の軍隊を撤退しようとしなかった。ようやく撤退したのは、占領から一年後の二九年五月二〇日のことだったのである。

山東出兵の理由は在留邦人の保護だったが、山東半島の南部に位置する旧ドイツ租借地の膠《こう》州《しゅう》が、旧ドイツ領の南洋群島とは対照的に日本のものとならなかったことが出兵の背景にあったことは、想像に難くないだろう。世界大戦でドイツと敵対した日本は、山東半島膠州の青島《チンタオ》をめぐる攻防戦では、二七三人の戦死者と約一〇〇〇人の負傷者を出した。ドイツ側の戦死者は約二〇〇人、負傷者は約五〇〇人だった。好んで用いられる表現によれば、山東の土には日本人の血が浸みこんでいたのである。日露戦争の舞台となった中国東北部、「満洲」の土が日本人のおびただしい血を吸っていたのと、変わりはなかった。それにもかかわらず、日露戦争の勝利によって得た関東州とは対照的に、膠州の日本への移譲は、国際連盟によって妨げられたのだった。

他国を侵略するもののこうした論理は別として、この二度にわたる山東出兵によって、一九四五年の最終的な敗戦に至るまでの日本の「一八年戦争」は始まったのである。そして、この長い戦争の時代を支えるための国内態勢の整備強化が、新天皇裕仁に課せられたもうひとつの初仕事だった。

弾圧法規としてあまりにも有名な「治安維持法」は、まだ先代の大正天皇嘉仁の治下、実質的には摂政宮裕仁の時代に制定された。その法案は、一九二五年二月一九日、いわゆる「普通選挙法」法案（衆議院議員選挙法改正案）の成立の見通しが立った段階で、政府によって国会に緊急上程され、普通選挙法案より一〇日前の三月一九日に成立した。そして四月二二日に公布され、五月一二日に施行される。他方、普通選挙法の公布は五月五日、施行は次回総選挙からとされた。しばしば、この両法案が抱き合わせで制定されたという言いかたがされるのも、こうした日程を見れば、納得できないことではないだろう。ただし、「普通選挙法」の制定によって、納税額で選挙権の有無が決まるというような差別はなくなったが、あくまでもそれは男性に関してのことであり、女性に選挙権が認められないことに変わりはなかった。一方、治安維持法は、もちろん女性にも適用されたのである。

制定された治安維持法は、「付則」として、「大正十二年勅令第四百三号は之《これ》を廃止す」としていた。その勅令とは、大震災直後に発せられた「治安維持ノ爲ニスル罰則ニ関スル件」にほかならない。震災後の治安維持を目的とした勅令は、治安維持法の制定によってその役割を終えたのだった。言いかえれば、関東大震災を機にして施行された世情の引締めと言論統制、治安の強化――「国民精神の作興」という基本方針――は、「治安維持法」というひとつの決定的な法的措置に行き着いたのである。新たに施行された治安維持法の第一条は、こういう条文だった、「国体を変革し又は私有財産を否認することを目的として結社を組織し又は情《じょう》を知りて之に加入したる者は十年以下の懲役又は禁錮に処す」。

一読して明らかなように、ここで禁じられているのは、人の生命や身体に危害を及ぼす犯罪行為そのものではない。その点では、前身である「治安維持ノ爲ニスル罰則ニ関スル件」という勅令と変わりはない。しかし、この法律が禁じているのは、従来の勅令が禁じていたような、それらの犯罪の煽動や、安寧秩序の紊乱を目的とする言論活動でさえないのである。それよりさらに以前の一段階が、犯罪となるのだ。そういう煽動や言論活動をじっさいに行なわなくとも、そのような目的で結社（団体）を組織したり、そのような目的の結社だと知りながらそれに加入することが、罪に問われるのである。

しかも、この法律は、その結社の目的が「国体の変革」または「私有財産の否認」である場合だけを、対象としていた。国体の変革とは、天照大神《アマテラスオオミカミ》の子孫であり現人神《あらひとがみ》である天皇を唯一の主権者とする国家体制を否定することであり、私有財産の否認とは、資本主義体制ではなく社会主義や共産主義の社会制度をよしとすることである。大東亜戦争の敗戦後に生まれた「日本国憲法」は、周知のとおり、「思想及び良心の自由」（第一九条）、「信教の自由」（第二〇条）、「集会・結社・表現の自由」（第二一条）などを保障している。このような基本的人権を当然とする視点からは、治安維持法のような法律が存在したこと自体が、およそ考えにくいほどだろう。

ところが、この治安維持法が制定されてからわずか三年後の一九二八年春、この法律は国家の為政者たちにとって早くも現実に即さない不充分なものとなったのである。この法律と抱き合わせで制定された普通選挙法にもとづく最初の選挙が、二八年二月二〇日に行なわれ、その結果は、為政者たちを慄然《りつぜん》とさせた。労働農民党（労農党）など「無産政党」と呼ばれた反体制的な諸党が、議席総数四六六のうち八議席を獲得したのだ。高額納税者など特権階級を有権者とする旧来の選挙法のもとでは、とうてい考えられない結果だった。「三・一五事件」、つまり非合法共産党員たちの一斉検挙が行なわれたのは、それから三週間あまりのちのことである。

そして、この弾圧と歩調を合わせるように、政府は治安維持法の「改正」案を帝国議会に上程した。けれども、審議は円滑に進まず、六月二九日の国会会期末を迎えて法案は審議未了となった。その日、政府はこの法律改定を「緊急勅令」として公布し、公布と同時に施行したのである。新天皇が践祚してから一年半後、「第二次山東出兵」の軍隊が済南を占領してからちょうど七週間後のことだった。

「改正」された第一条は、以下のように変更されていた、「国体を変革することを目的として結社を組織したる者又は結社の役員其の他指導者たる任務に従事したる者は死刑又は無期若《もしく》は五年以上の懲役若は禁錮に処し情《じょう》を知りて結社に加入したる者又は結社の目的遂行の為《ため》にする行為を為《な》したる者は二年以上の有期の懲役又は禁錮に処す／私有財産制度を否認することを目的として結社を組織したる者、結社に加入したる者又は結社の目的遂行の為にする行為を為したる者は十年以下の懲役又は禁錮に処す／前二項の未遂罪は之《これ》を罰す[25]」。

それまで「十年以下の懲役又は禁錮」だった最高刑が、一挙に「死刑又は無期若《もしく》は五年以上の懲役若は禁錮」とされたのである。

「三・一五」の翌年、一九二九年四月一六日には、またも共産党員一斉検挙が行なわれた。いわゆる「四・一六事件」である。この弾圧事件で起訴された三三九人の被告には、もちろん改定後の治安維持法が適用された。しかし、一九二八年の「三・一五事件」で起訴された四八八人のうち、同年六月二九日の治安維持法改定より以前に逮捕されていたものは、当然のことながら、改定前の条文に従って裁かれなければならないはずである。ある法律が、それの制定以前に遡及《そきゅう》して適用されることは、許されないからだ。ところが、この両事件の被告を統一公判で裁いた第一審の判決（三二年一〇月二九日）にさいして、裁判長は、判決理由を読み上げたのち、こう述べたのだった、「被告中には改正法律施行以前に検挙された者があるがこれ等に対しては旧法の重きをもつて臨み改正法律によつた者との科刑の権衡を保たしめた」[26]。——つまり、形式上は旧法を適用したが、実質的には改定後の量刑との均衡を保つためにできるだけ重く罰した、ということにほかならない。事実上は、逮捕以後の法律が遡及して適用されたのである。

治安維持法は、天皇裕仁の緊急勅令による改定で死刑・無期刑を導入した当初から、およそ法の正義に悖《もと》るとしか言いようのないこのような運用をされていたのだった。そして、国家の進路そのものが、このような運用を必要とする方向へと急速に傾いていったのである。ボランティアの歴史も、この国家の進路と無関係でいることはできなかった。しかもそれは、帝大セツルメントのOBたちがこの国家の進路によって屈折と転向を余儀なくされた、ということにとどまるものではなかった。この国家の進路ともっとも早く、もっとも強く共鳴し共振したのが、ボランティア活動だったのだ。

「満蒙開拓団」というボランティア

第二次山東出兵と治安維持法改定の翌年、一九二九年一〇月二四日に、ニューヨーク株式市場で株価の大暴落が起こった。この「暗黒の木曜日《ブラックサースデイ》」の衝撃は、たちまち世界的な経済恐慌を招来した。日本は、アメリカ合州国およびドイツと並んで、この世界恐慌の衝撃をもっとも深刻にこうむった国家のひとつだった。

アメリカが資本主義の危機によって甚大な被害を受けたのは、いわば当然のことだった。第一次世界大戦の結果、この国は、イギリスに代わって世界資本主義の盟主の座を占めていたからだ。ドイツの場合も、理由は明らかだった。第一次大戦の敗戦国であるドイツは、ヴェルサイユ条約によって過酷な賠償責任を課せられ、度重なる経済危機を経て、ようやく復興への道が見え始めた矢先に、この世界恐慌に見舞われたのである。急激な不況に加えて、アメリカからの長期借款がアメリカ自身の危機のために打ち切りとなった。企業の倒産や操業短縮と大量の失業が、たちまち全社会に波及した。未曾有の大失業状況は、決断力と実行力を売りものにして失業の解消を叫ぶヒトラーのナチ党（国民社会主義ドイツ労働者党）の議席数を、国会でも地方議会でも一挙に増大させることになる。世界経済恐慌は、アメリカではローズヴェルトの「ニューディール」という社会・経済改革政策を生んだが、ドイツでは「第三帝国」というナチズムの国家社会を生むことになったのだった。

日本がこうむった打撃は、全般的な貿易不振や工業生産の停滞による経済不況にとどまらなかった。すでにそれ以前から危機が叫ばれていた日本の農業を、そして農山村の農民たちを、世界恐慌は直撃したのである。当時の日本は、総人口中の有職者（職業に就き、その職業で生計を立てているもの）のうち約五五％が農業の従事者だった。これは、アメリカの二六％、ドイツの三五％と比較してきわめて高い比率である。他方、日本の工業従事者は有職者の二一％に過ぎず、アメリカの三四％、ドイツの四〇％と比べて極端に少なかった(27)。つまり、日本は歴然たる農業国だったのである。そして、その日本の農業は、よく知られているように、米作《べいさく》と養蚕《ようさん》とを二本の柱としていた。世界恐慌の浪は、この双方を呑み込んだのだった。

米作農家の多くは自分の土地を持たない小作農であり、地主に納める小作料は収穫した米で支払われた。「日本農民組合」の力が強い地方では、小作の条件は改善され、例えば全国でも農民組合がもっとも強力だった新潟県蒲原《かんばら》地方では、小作料は収穫の二割五分程度になっていた。それに反して、組合のない地方の小作農は悲惨だった。米作地として有名な山形県の庄内地方を例に取れば、一反《たん》（三〇〇坪＝約九九二平方メートル）当たりの収穫量が二石《こく》五斗《と》（玄米で約三七五キログラム）という平均的な農家の場合で、そのうちの一石五斗、つまり六割が小作料となるのが通例だった。はなはだしいケースとしては、反当り一石五斗七升《しょう》（二三五・五キロ）しか収穫できなかったうちの一石一升（一五一・五キロ）、じつに七割を小作料に取られ、手元には反当たり五斗六升（八四キロ）しか残らないというものさえあった(28)。これでは、平均より多い一町《ちょう》歩《ぶ》（一〇反）程度を耕作する小作農でも、その年は手元に五石六斗しか残らないことになる。五人家族でも自家用の食糧としてぎりぎりで、米を売って生活費に充《あ》てることなど思いもよらない。

ちなみに、当時は、主食の米は一人当たり一日三合（五四〇cc、約四五〇グラム）、一年で一人一石（一八〇リットル、約一五〇キロ）が、最低限の必要量とされていた。――そのうえ、数年前から不況のためにじりじりと下落していた米の相場は、世界恐慌によって一気に暴落した。一九二六年に年平均で一石につき三八円四四銭だったのが、二八年には三一円三八銭、二九年には二九円一九銭となり、世界恐慌の影響が本格的に顕在化した一九三一年には一八円四六銭にまで下落したのである。[29] 一村の農家の半分が「娘の身売り」を余儀なくされる、という現実が米作地帯を襲った。

もう一方の養蚕農家が世界恐慌によってこうむった打撃も、惨憺たるものだった。蚕《かいこ》の繭《まゆ》から生産する生糸《きいと》、および絹《きぬ》製品は、それらの生産額（金額）の八割以上がアメリカおよびヨーロッパ諸国への輸出品となっていた。日本の輸出総額にそれらが占める割合は、一九二四年には四七・七％、二九年には四四・四％に及んでいた。ところが世界恐慌が始まった翌年の一九三〇年には、それが三三・三％に減じた。しかも日本の輸出総額そのものが、三〇年度は二九年度と比較して約六九％に減少したので、生糸および絹製品の輸出金額は前年と比べて一挙に五一・四％にまで激減したのである。欧米諸国の購買者たちは、まず絹のような贅沢品を節約することで経済危機に対処しようとしたからだ。市場で買い取ってもらえなかった繭を、帰路に養蚕農民が川に捨てた、というような噂が各地で流れた。生糸の相場（横浜平均相場）は、一九二九年までの五年間の平均を一〇〇とすれば、三〇年には五二・五、三一年には三九・五に下落し、三四年になってもなお三八・八という底値から脱することができない状況だった。[30]

日本農業の半分を支える養蚕農家も、米作農家と同様に、生計の道を塞《ふさ》がれたのである。一九二〇年代半ばから課題とされてきた「農村経済更生」、つまり農村経済の立て直しは、もはや絶望的な状況だった。

世界恐慌による日本農業への打撃が覆うべくもないものとなった一九三一年九月一八日、日本は「満洲事変」に突入する。短時日で現在の中国東北三省、日本が「満洲」と呼んだ地域を軍隊によって制圧した日本は、翌三二年の三月一日に、傀儡《かいらい》国家「満洲国」を「建国」した。これまで関東州と国策会社「南満洲鉄道株式会社」(満鉄)の付属地および撫順炭鉱など満鉄経営企業だけに及んでいた日本の支配権は、事実上の属国である満洲国の全域に及ぶことになった。そして、もっとも早くその支配権を行使して実行された国策が、満洲への農業移民だったのである。

危機的状況にある日本の農村から農民を満洲に移民させる、という計画は、まだ満洲事変が進行していたさなかの一九三二年一月初めから途に就いていた。三二年一月二日、かねてから日本農民の満洲移民を主唱してきた農本主義者の教育家、加藤完治《かんじ》が、陸軍大臣の荒木貞夫を訪問し、満洲移民の実施を提言したのである。加藤はさらに一月二六日、農林次官の石黒忠篤《ただあつ》らとともに拓務省に赴き、同省幹部に満洲移民の必要を説いた。拓務省というのは、一九二四年六月に設置された政府の一省で、植民地に関する事務を管轄し、海外への移民・植民・拓殖事業の事務や監督、南満洲鉄道株式会社(満鉄)および同じく国策会社である東洋拓殖株式会社(東拓)の監督も担当していた。加藤完治らの具申を受けた拓務省は、「満洲国建国」から間もない三月一二日、「満蒙《まんもう》移民問題懇談会」を東京麻布の満鉄総裁社宅で開催した。

そして、いくつかの曲折を経たのち、六月一五日に、開催中の臨時帝国議会(国会)で「満洲移住地及び産業調査に関する経費」が承認され、準備調査がなされたすえ、八月一六日に第一次分「満洲移民費」の予算総額二〇万七八五〇円が予算閣議で認められた。八月二二日には拓務大臣官邸で、移民募集に関する第一回会議が開かれ、東北、北陸、関東の一一県を対象にして五〇〇名の志願者を募ることになり、ただちに募集業務が進められた。その一方で、八月三一日から三日間、「関東軍」が「第一次屯墾《とんこん》移民に関する協議会」を開催して、移民受け入れの態勢を整えることになる。

計画は驚くべき速さで実行に移された。九月五日、「第一次試験移民候補者」となった志願者たちが、茨城県友部《ともべ》町の「日本国民高等学校」で、現地入りのための訓練を開始する。この学校は、農本主義にもとづく農村塾的な実践教育のために、加藤完治が、農業経済学者で東京帝国大学教授の那須皓《しろし》や、農林官僚で農林省蚕糸局長などを歴任してきた石黒忠篤らとともに、一九二六年に創立したもので、加藤がその校長を務めていたのである。(ちなみに、のちに第二次近衛文麿内閣の農林大臣となる石黒忠篤の妻は、大震災後の学生救護団と東京帝大セツルメントに深く関わった教員のひとり、穂積重遠の妹だった。)

一ヵ月の訓練を終えた第一次移民団は、一〇月三日、明治神宮を参拝したのち、列車で神戸に向かった。その途中で伊勢神宮に参拝し、五日に神戸港を出航した。四九二名の移民団が、哈爾濱《ハルビン》から松花江《しょうかこう》(中国名=ソンホワチアン、ロシア名=スンガリー)を下って三江《さんこう》省(現在の中国黒竜江省《ヘイロンチアン》東部)の佳木斯《ジャムス》(現在は「桂木斯」と表記)に上陸したのは、一〇月一五日だった。そして、土地接収の手続きなどを終えたのち、移民団が佳木斯の南東五〇キロに位置する永豊鎮《えいほうちん》(ヤンパウチェン)に入植して農耕作業を開始したのは、ようやく翌三三年四月一日のことだった。(31)

移民団は、入植地の永豊鎮を「彌栄村《いやさかむら》」と名付けた。「弥栄《いやさか》」は、「いよいよ栄える」という意味であり、繁栄を祈って唱える「いやさか、いやさか」という祈念の言葉、とりわけ「御国《みくに》の弥栄《いやさか》を祈る」という熟語として用いられた語彙である。祇園祭で知られる京都の八坂《やさか》神社の名は、この弥栄《いやさか》に由来している。そして、翌一九三三年には、第二次移民団の志願者四五五名が、三江省の七虎力《チーフリ》に入植し、そこを「千振郷《ちふりごう》」と命名した。「千早振《ちはやふ》る」という枕詞《まくらことば》が念頭に置かれていることは、言うまでもない。周知のとおり「神」に懸《か》かる枕詞である。国家と国家神道とが、本来の地名を抹消して付けられた入植地の名称のなかに刻印されたのだ。

これらの移民団を先駆けとして、以後、日本の敗戦の前年、一九四四年に至るまで、毎年、ボランティアとして満洲開拓を志願する農業移民が、満洲国の各地に向けて送り出されることになったのだった。満洲農業移民を重要な国策と定めた日本政府は、一九三六年七月末、「二〇ヵ年一〇〇万戸送出計画」を決定する。今後の二〇年間に順次一〇〇万戸の農家を農業移民として満洲に入植させ、二〇年後の満洲国の予想人口五〇〇〇万人のうち、その一割に当たる五〇〇万人を日本人農民が占める、という構想である。

それから九年後の日本の敗戦によって、この計画は未完のまま途絶した。それまでに合計三二万一八七三人の農民が送り出され、敗戦直前の時点で八八一の開拓団、六万九八二二戸の開拓農家が存在していた、というのが現実だった。けれども、計画の一〇〇万戸とはほど遠い数だったとはいえ、三二万人を超える数の農民たちや廃業を余儀なくされた自営業者たちが、「満蒙《まんもう》開拓団」と呼ばれる農業移民に、ボランティアとして参加したのである。その人びとには、入植現地で一戸当たり二〇町歩（約二〇ヘクタール）の土地が与えられることになっていた。そこで農業を行なうことが、ボランティアたちに求められる仕事だった。

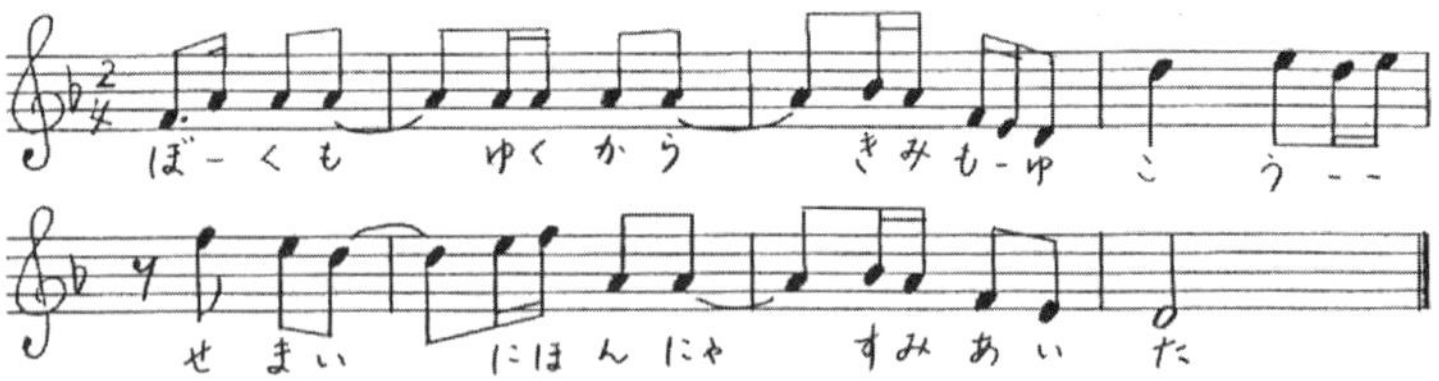

「馬賊の唄」――CD版『軍歌・戦時歌大全集』（1993年、日本コロンビア株式会社）の音源から採譜して、独自に作譜した。

満蒙開拓団の農業移民たちは、みずからの窮地を脱するためだけではなく、このままでは潰滅を待つしかない日本の農山村の危機を救い、「農村経済更生」に寄与して、日本の食糧増産を実現し、日本の発展を支えるために、自発的に、満洲移民に応募した。しかも、日本の進んだ農業技術を現地の「満農」（満洲農民）たちに教え、満洲国の基本理念である「五族協和」の「王道楽土」を建設する事業のなかで、五族（漢民族、満洲族、蒙古族、朝鮮族、そして大和《やまと》民族）の指導民族としての役割を担う――という大きな社会貢献の使命が、彼らには与えられていたのだった。少なくとも、そう説かれていたのだった。満洲には、彼らを待つ人びとがいるのだ。

僕も行くから　君も行こう
狭い日本にゃ　住み飽《あ》いた
海の彼方《かなた》にゃ　支那《しな》がある
支那にゃ　四《し》億の民《たみ》が待つ

関東大震災の前年、一九二二年から日本で流行しはじめた演歌、「馬賊の唄」が、いまあらためて彼らの心情を代弁しているかのようだった。満蒙開拓団というボランティアは、しかし、関東大震災の甚大な被害のなかで生まれたボランティアたち、そしてその後のセツルメント活動のなかで生きつづけたボランティアたちとは、決定的に異なっていたのである。自発性にもとづいて、私利私欲のためではない社会貢献に身を投じるという行為は、もはやその自発性と社会貢献の対象を、みずからの自由意志によって選ぶことができなかった。いまやボランティアの行為は、国家によって設定された舞台の上で、国家が重要とする任務を果たすものとなった。いまどこで何が重要なのか、自分はどこで何をいま行なうべきなのかを、ボランティア自身が主体的に判断し、その主体的判断にもとづいて、たとえたったひとりででも自発的に行なう――という行為ではなくなったのである。

ボランティア移民たちと現地の人びと

一九三二年と三三年に募集された第一次および第二次移民団は、拓務省が「自衛移民」と呼んだ武装移民団だった。志願者は在郷軍人――四〇歳までの兵役義務年齢にあるもののうち、二年間の現役兵を終えて、予備役や後備役として平時は家業に携わっているもの――である農民と少数の職人（手工技術者）に限定されていた。山砲《さんぽう》（山地での使用に便利な分解可能な大砲）、機関銃、小銃で武装し、大隊編成で入植したのである。のちに京都帝国大学教授・橋本傳左衛門《でんざえもん》が行なったある講演は、その経緯を如実に語っている。橋本は、東大の那須皓《しろし》と同じく農業経済学者で、那須と並んでもっとも熱心に満洲農業移民の必要性を唱え、その実現のために尽力してきた人物だった。「東亜の開発と皇国精神」と題する一九三八年のその講演のなかで、橋本はつぎのように述べている[32]。

この満洲移民の抑々《そもそも》の起りといふのは大変面白い沿革を持つて居《お》るのであります。第一次移民団の彌榮村といふのは、松花江下流の佳木斯《ジャムス》――相当大きな都会であります――の東南十三、四里の所にあるので、今は鉄道が通つて居りますけれども、移民団入植の当時は非常に辺鄙《へんぴ》な所でありました。さうして匪賊が沢山居つたのであります。ところがあの方面に非常に沢山の資源的の財産を持つて居りました満洲国の、当時陸軍中将であつた于《う》琛澂《ちんちょう》といふ人が、自分の持つて居る金鉱であるとかその他の財産を匪賊の為に蹂躙されて何とも手が着けられない。そこで于琛澂中将は考へたのであります。この匪賊を追払つて治安を回復するのには、日本の移民を入れるより外《ほか》仕方がないと。当時于琛澂といふ人は哈爾賓《ママ》の鉄道守備隊の司令官でありましたが、その下に顧問をして居りました日本の軍人の東宮《とうみや》大尉――この人は非常に移民に熱心でありまして、後に移民の父と迄呼ばれた人でありましたが、不幸にして昨年杭州湾上陸部隊に参加して戦死を致しました。この東宮大尉に、自分は奥地に土地を沢山持つて居る。若《も》し其処《そこ》に日本人の移民を千戸入れて呉れるならば、一戸当り二十町歩総計二万町歩を無償で提供するといふことを申出ました。それが昭和七年〔一九三二年〕の春であります。

当時日本でも満洲の現地でも、移民と言ふものは到底成功するものではないといふ考を持つて居つた人が多かつたのでありますが、反之《これにはんし》私共はその成功を確信して、是非《ぜひ》移民をやりたいといつて色々運動を試みたといふ状態でありました。拓務省も満洲移民の計画を樹てて、大蔵省に予算を要求しようとしたのでありますが、移民をすべき土地が決まらない為に計画が樹たない。随つて予算が立てられないといふので、非常に困つて居つた。その時に丁度東宮大尉がさういふ相談を于琛澂中将から受けたのであります。当時私共と手を携へて移民事業を一生懸命に主張し、且《か》つ画策して居りました日本国民高等学校長の加藤完治君が満洲へ行きまして、石原中佐（当時）のところへ行つて移民を入れる土地はあるまいかといつて捜して居つたのであります。ところがその時今云《い》ふ于琛澂が二万町歩の土地を無償で提供するといふ話が出たので、それが元になりまして第一次の移民計画が樹てられた。さうして昭和七年の秋に第一次移民団――武装移民と称しましたが、東北地方の在郷軍人を以《もつ》て組織した五百名の移民団が、この于琛澂の金鉱などが近くにある場所に入つて行つたのであります。でありますから匪賊と戦ひながらその本拠に侵入して、こちらの移民団の本拠にしたといふ訳であります。その後時《とき》に衝突や小競合《こぜりあい》などがありましたけれども、兎《と》に角《かく》数年にして付近の治安はすつかりよくなつたのであります。さういふ訳で今日は大変治安がよくなつたが、まだ匪賊が最も多く居る所は松花江の西小興安嶺《しょうこうあんれい》、是《これ》がソ聯《れん》の方に極めて近い為に、共産匪が非常に多い。この松花江の西側佳木斯の対岸方面は匪賊の猖獗《しょうけつ》せる所でありましたので、移民も中々この方面には入れなかつた。鉱山関係などでこの方面で仕事をする日本人にも昭和八、九年頃沢山の犠牲者が出た。併《しか》し敢然として昨年からこの方面に移民地を開きましたので、昨今は山奥は別でありますけれども、平地方面は殆ど全く治安が回復したやうな状態であります。つまり治安の回復には移民の入植は非常に有効であります。〔以下略〕

当然のことながら、橋本傳左衛門のこの講演は、あるひとつの具体的な事実を、一方の側の視線に即して論じたものにほかならない。その具体的な事実とは、日本人を集団農業移民として中国東北部に入植させることを日本国家が国策として推進しつつある、という事実である。だが、この事実と関わっているのは、一方の側の日本国家と日本人農業移民だけではない。もう一方の側の現地住民たちが、否応《いやおう》なしにこの事実に関与させられるのだ。彼らの側の視線に即して見れば、事実は別の相貌を帯びてくるだろう。

たとえば、橋本の講演に登場する「匪賊《ひぞく》」とは、字義どおりには、略奪や破壊・殺戮によって世人に害を与える賊徒集団を意味する。しかし、橋本がそう呼ぶ集団は、現地住民からは別の名で呼ばれているのかもしれず、それどころか、日本人の侵入に抵抗しそれと戦う現地住民そのものの一部かもしれないのである。于琛澂《うちんちょう》（ウ・チンチェン）という人物にしても、現地の中国人民衆の目には、橋本とはまったく別の姿で映っていたかもしれないのだ。

――于琛澂は、中国東北地方に本拠地を置くいわゆる「軍閥」のひとりだった。広大な領地を私有し、私設の軍隊の威力によってその地方を平定支配して、農民からの収奪と、金鉱その他の資源の開発、そのための奴隷労働の搾取で、巨万の富と権勢とを築いた。そしていまは、日本軍との提携（買弁《ばいべん》と呼ばれた）によって傀儡国家での地位を固め、ついには三江省長を経て満洲国治安大臣となる人物なのである。中華民国から満洲国に寝返ったその軍閥が、自己の所有と利権を「匪賊」から防御するために、広大な土地を無償で日本人農業移民に提供することを申し出たのである。加藤完治という農本主義者や、東宮鐵男《とうみやかねお》、石原莞爾《かんじ》という関東軍の職業軍人や、橋本、那須という帝国大学の農学者たちが、その軍閥と結んで、ボランティア農民たちを満洲に送り込んだのだった。

第一次と第二次の移民団は、入植現地で、くりかえし「匪襲」を受けた。とりわけ、入植の翌年、一九三四年の二月下旬から五月下旬まで続いた「依蘭《いらん》事変」と呼ばれる大規模な襲撃は、二つの開拓団に深刻な衝撃と動揺を与えた。日本側が「謝文東《しゃぶんとう》匪《ひ》」と名付けた一団の武装民たちが、謝文東《シエワントン》という首領に率いられて、移民団の入植地を包囲し、攻撃を重ねたのである。じつは、謝文東は依蘭県八虎力《バーフリ》の豪農で、きわめて人望があり、地元の区長と自衛団長を務めていたのだが、農民たちによって抗日蜂起のリーダーに推されたのだった。両開拓団にほど近い土龍山に本拠地を置くその現地農民側と、日本人開拓団とのあいだで銃撃戦が繰り返されたすえに、五月二〇日に救援の日本軍が到着して、圧倒的な軍事力で反撃し、ようやく襲撃は止んだ。当時すでに日本側は、現地の住民の青年たちがこの襲撃に加わっていたことを確認している。日本移民団はこの「事変」によって、死者三名、負傷者四名を出し、約五〇名が退団して現地を離れる結果となった。

もちろん、日本内地の農民たちはこうした一連の事実の詳しい経緯を知らぬまま、困難な仕事に立ち向かい未来を切り開くボランティアとして、満洲農業移民を志願したのである。だが、最終的には三二万人に達したボランティア農民たちが知らないところで、事実はさらに積み重ねられていく。「漢奸《かんかん》」(日本に同胞を売り渡した裏切り者の中国人)である于琛澂から提供された土地二万町歩(約二万ヘクタール)は、ようやく第一次と第二次の移民団が入植するに足る面積でしかなかった。それ以降のための入植地を、短期間で調達しなければならなかった。国策の実行機関として一九三五年六月に設立された「満洲拓殖株式会社」(満拓)、およびその後継組織として三六年八月に設置された「満洲拓殖公社」（同前）が、「関東軍」の軍事力を背景に、土地の買収を推し進めた。一戸当たり二〇町歩、計画では最終的にその一〇〇万戸分という厖大な土地の接収買い上げが、強権的に実施されていく。三六年七月九日の「関東軍参謀長通達」は、〝おおむね一年に一〇〇万町歩、一〇年で一〇〇〇万町歩〟という土地取得の目途《めど》を立てている。しかも、土地買収は、じっさいには未墾の土地ではなく既耕地、つまり現地の農民によってすでに耕作されている農地を、優先的にその対象としたのである。とりわけ、稲作の水田地帯が存在する地方では、水田が重点的に接収された。

もともと、満洲には水田農業はなく、そこに住む圧倒的多数の漢民族は、大豆、高粱《コウリャン》、麦類など畑《はたち》地の農作物を栽培していた。水田は朝鮮民族によって開発され、朝鮮民族によって耕作されていたのである。そして、その水田開発は古いことではなかった。朝鮮民族の満洲移住は一九世紀末から始まったが、一九〇五年に日露戦争に勝利した日本が朝鮮の支配権を握り、一九一〇年に「韓国併合」がなされると、植民地支配の下に置かれた母国から大量の韓国民衆が中国東北の延辺地区に逃れ、そこで農業を営むようになった。米を主食とする彼らは、乾いた土地に水田を切り開くために、現地の漢民族農民たちの耕作地を掘削して灌漑用水路を掘り巡らし、水を張って田圃《たんぼ》を造った。それは、先住者である漢民族にとっては自分たちの農業を破壊する行為だった。こうして、朝鮮民族は、漢民族とのあいだに激しい抗争と流血の惨事を重ねることになる。日本による韓国併合から二〇年を経て、ようやく土地に根を下ろし稲作で生活していくことができるようになった矢先に、両民族の血を代償として得られた水田もろとも、その居住地が強制買収されたのである。

日本人農業移民の入植計画は、さらに推進され、一九三六年からは、「分村移民」がその中心として位置づけられた。各農村の村民の半分を満洲に移民させることによって、もはや農業で生きていくことが困難となった日本の農村人口の適正化を図り、「農村経済更生」を実現する、という計画である。それまでにも満洲移民を多く送り出していた東北・北陸や、とりわけ養蚕地帯だった長野県などの農村から、分村を志望する村が次々と名乗りを上げた。村全体がボランティアとして分村移民に応じたのである。農民文学作家・和田傳の小説『大日向村』の主題となり、さらに豊田四郎監督によるその映画化で広く知られるようになった長野県佐久の大日《おおひ》向《なた》村や、著名な児童文学者・酒井朝彦の童話『讀書村の春』に描かれた同じく長野県の伊那地方の読書《よみかき》村は、家族ぐるみで母村《ぼそん》を離れて満洲に移住し、あるいは年寄りを母村に残して家族の一部が分村に加わった村民たちによって、満洲大日向村、満洲読書村を建設したのだった。[33]

同様に分村移民を志望して満洲に新しいもうひとつの村を建設した農村は、最終的には全国の三〇三ヵ村に及んだ。そしてもちろん、これら分村移民を受け入れるためにも、満洲の現地では土地の買収が進められなければならなかった。

時期によって買収価格に違いはあったが、漢民族と朝鮮民族との先住農民たちは、畑地にせよ水田にせよ未耕の荒地にせよ、市場価格とは比較にならない低額で、住居もろとも強制収用された。たとえば「彌榮村」と「千振郷」が造営されたその同じ樺南《かなん》県には、一九三九年までに一五の日本人開拓団が入植したが、そのためになされた同県での土地買収の価格は、三八年度の場合、一町歩（約一ヘクタール）当たり以下のとおりだった。[34]

土地の種別	市場価格	買収価格
上等耕地	一二一元	一五元
中等耕地	八二元	一〇元
下等耕地	五八元	八元
上等荒地	六〇元	二元

こうした買収価格にもとづいて個々の現地農民に支払われた金額は、日本円に換算すると、じつに微々たるものだった。そこに住み耕作してきた農民たちが、土地と家屋とを合わせた一戸当たりの買収代金として受け取ったのは、例えばその金を円に替えて当時の日本で使うとすれば、定価二円程度の小説単行本、現在であれば二〇〇〇円ほどのものが、わずか三、四冊も買えるか買えないかの金額に過ぎなかったのだ。

こうして、「開拓団」と称する日本人農業移民たちが豊かな既耕地（「満洲の土壌は肥料など要らない」という宣伝がなされた）に入植し、現地の先住農民たちには、二つの道が残されることになる。未耕の荒地に追いやられて本当に一から開拓を始めるか、それとも、自分たちの土地を奪った日本人農民の小作人となって生きるかしか、なかったのである。窮乏の果てに新しい未来を夢みて自発的に困難に立ち向かおうとした日本のボランティア移民たちは、その活動の現地で自分たちを待つ人びとのこのような末路を、想像もしていなかったに違いない。(35)

3　国がボランティア活動を主導する

セツルメントの強制解散、学生生徒の「勤労奉仕」

一九三七年七月七日、北京《ペキン》郊外の盧溝橋で、中国軍と駐留日本軍との衝突が生じた。一旦は両国間で協定が成立し、武力衝突は収まったが、日本政府は七月一一日、華北（中華民国北東部）の治安維持のために新たな派兵を行なうことを声明し、増強された日本軍は月末に華北で総攻撃を開始した。さらに八月一三日、日本政府は閣議で上海《シャンハイ》への陸軍派遣を決定する。当初「北支事変」と呼ばれたこの軍事行動は、九月二日の閣議で「支那事変」と命名され、ここに日本は、一九四五年の敗戦まで続く長い戦争に突入することになった。すでに前年の三六年一一月二五日には「日独防共協定」が締結されており、ナチス・ドイツと日本とのこの軍事同盟によって、支那事変が局地的な戦争にとどまらない条件は醸成されていたのである。

幾たびかの「出兵」や「事変」のすえ、ついに持続的な戦争の道に足を踏み入れ、戦争の貫徹と勝利を至上命令とする国家となった日本では、当然のことながら、挙国一致の臨戦態勢が急速に進められていく。戦争に反対する具体的な言論や行為が不可能となったばかりではなかった。戦争遂行にとって不都合な言動をしかねない人物や団体が、治安維持法を適用するまでもなく監視や禁止の対象となる時代が、本格的に始まったのである。政府によってこのような弾圧対象のひとつと目されたのが、東京帝大セツルメントだった。

支那事変開始から半年後の一九三八年一月二九日、東京帝国大学セツルメントは突如として

「声明書」を発表し、セツルメントの名称を廃して「大学隣保館《りんぽかん》」と改称することを公にした。「現下の非常時局に際して我々社会事業の衝に当る者の任務を思ふに、銃後の守りを固うし国民生活の安定を図る社会的責務は極めて重大であつて一層の努力を期すべきことを痛感する。」――声明冒頭のこの一文がすでに、かつて開設当時に立ち向かおうとしていた課題や抱負とは遠く離れたところまで来てしまったセツルメントの姿を、彷彿させずにはいない。

この前置きのあと、声明は、「関東大震災に於ける罹災者救助を契機に、柳島の地に応急施設を建設して社会事業を開始してより茲《ここ》に十三年」、諸官庁や民間諸団体、維持会委員や後援者による財政的援助と、さらには本会出身者の直接・間接の援助も次第に増加して、「事業態容も恒常化し、其機能も整備せられ、今次事変に際しては銃後後援事業に聊《いささ》か力を尽し得たことは竊《ひそ》かに欣然とする次第である」と述べたうえで、組織の改編と改称の理由を以下のように説明したのである（傍点は引用者）[36]。

然しながら今本会の社会的職責に思を致し、又本会の現状を省みるに於ては、我々は有志学生をして経営の主要部分に参加せしめた所の本会従来の内部組織が既に現実と適合しないことを自覚認識する。蓋《けだ》し本会が充実した客観的事業基盤を具《そな》へ、恒常化した事業態様を以《もっ》て経営を為すに対しかかる組織を以てしては、一方学生にとつて負担が大に過ぎると共に、他方事業の維持、発展に十分たり得ないからである。是《ここ》に於て我々は予め本会内部に生じた組織改革の機運に基き、その急速な実現を期し、内部組織の根本的な改造断行に依つて叙上《じょじょう》の社会的任務遂行に邁進することを決定すると同時に、其決意を表明し且《かつ》は名称をして新内容に相応せしめんがために、茲《ここ》に本会を「大学隣保館」と改称するものである。

本改革の実施に依り必ずや組織は強固となり、事務の能率は向上し、又事業を刷新して時勢の要求に適合せしめ得べきことは我々の信じて疑はぬところである。

願くは我々の微意を諒とせられ、この改革の目的を達成するに大方《おおかた》諸賢の御指導と御鞭撻とを惜しまれざらんことを祈るものである。

昭和十三年一月二十九日

東京帝国大学セツルメント
改称　大　学　隣　保　館

一貫して抽象的で奥歯に物が挟まったようなこの声明だけからでは、具体的に何をどう改革しようとしているのかも、そもそも何ゆえに改革の必要があるのかも、明らかではない。唯一、学生の自発的な活動によって担われてきた組織が「現下の非常時局」に適合しなくなった、という認識が一因となっているらしいことが推測されるに過ぎず、しかも、なぜ、どのように適合しないのかも、明示されていない。

――だが、この出来事を大きく報じた一月三一日号の『帝國大學新聞』（戦後は『東京大学新聞』と改題）の記事とその後の続報は、出来事の背景を明瞭に指摘していたのである。改変の眼目が、「学生を組織経営の主体から後退せしめ」、「主事および副主事以下の有給職員をして業務を担当せしめ」、「学生は理事会に於て其事業参加が学業上有利と認めた場合に限り之《これ》を許可するが館へは住込み得ないものとしたこと」、また現在設置されている医療部、児童部、消費組合など九部門のうち、「幼児保育、経費診療、法律相談」（傍点は池田）のみを残すこと、「従来のオールド・セツラー、レジデントの名称制度を廃止」することなどを伝え、さらに次のように記したのだった[37]。

而して、この組織経営主体を学生から有給職員に変へる今回の根本的改革を見るに至つた事情は、かの大震災に当り罹災民救護に華々しい活躍を見せた学生救護団から発生しその後の社会的昂揚の波に乗つて学生の自主的社会事業団体として労働学校の開催協同組合運動等社会事業に幾多の功績を残し啓蒙運動に、また学生自身の社会との接触部面としての修練場として漸次事業を拡張、発展し来《きた》つたのであるが、茲《ここ》数年来の社会情勢の急変複雑化と共に学生を主体とする従来の組織を以てしては幾多の欠陥を露呈するに至り、殊に最近は学生セツラーの参加寥《りょう》々たるもので部によつては事実上事業を停止してをつた有様、その間《かん》左翼運動に走るものも出て本来の使命遂行上多少の逸脱あり、一方文部省等はこれを左翼の温床と見做《みな》すに至つたためこのまゝ放置するに於ては消滅の悲運に立到るやも測られない状態となり、この際内部組織を更新、現実に適合せしめ真に時代の要求に応ずるものたらしむべしとの議が内部から起り、福島理事等を主体とする旧会員の手によつて改革案の大綱を決定、名誉会長穂積重遠教授も之に賛意を表し学生セツラー之を支持して今日の改革断行となつたものである

而してこの改革案は二月五日学士会館に於て行はれる懇親会席上で最後的〔ママ〕決定を見る筈

で、茲に従来のセツルメントを蟬脱《せんだつ》、新たな組織を以て国策の線に沿つて再出発するわけである

だが、その同じ記事は、そのあとさらに、「前途尚多難」という小見出しでこう記したのである——

「大学隣保館」として銃後の社会事業研究に乗出すこととなつた旧セツルは、目下改革要綱に則り各汎〔各般〕の内部組織を更改、新生の第一歩を踏み出さんとしつゝあるが、文部省思想局方面では従来のセツルが左翼的思想運動の温床であるといふ見地を保持してをり、新生隣保館の改革内容如何に拘らず解散を要望しつゝある模様でこの点について廿九日穂積名誉会長と文部当局との会見が行はれたが大学隣保館の前途は依然多難である

そして、その翌週に発行された次号、二月七日号の『帝國大學新聞』は、「セツル・自発的閉鎖／当局の難色に再生の途尽く」という見出しで、事態の終焉を報じたのだった。

時局に対応すべく去る廿九日「大学隣保館」と名称を改変しその組織内容に根本的改革を断行、国策の線に沿ふて再出発した帝大セツルメントはその歴史的再生の意図も空しく遂に三日自発的閉鎖を断行、内務、文部両当局並に警視庁にその旨正式に通告した。この閉鎖の理由としては「大学隣保館」として更新した帝大セツルメント先般の改革案に対し

てすら監督官庁は難色を示し暗にその解散を要望するが如き空気が推察されるに至つたので創設以来官庁始め社会事業団体からの厖大な寄付に縋《すが》つて諸般の事業を運営し来《きた》つた改称「大学隣保館」としてもこの際かかる客観的状態を無視して強行的に更新の使命遂行に邁進するとなれば、監督官庁との摩擦が益々増大する結果となり、その経済的支援の道が途断へて今後の財政的見透しも絶望的となるので関係者は憂慮、寄々《よりより》協議した結果閉鎖断行が妥当なりとの意向が有力化し、一日穂積指導教授と協議、教授の承諾を得て遂に自発的に閉鎖が行はれること丶なつたものである

名目は「自発的閉鎖」だったが、これが「文部省思想局方面」、「内務、文部両当局並《ならび》に警視庁」の圧力と強要によるものだったことは、記事の行間に誤解の余地なく示されている。文部行政の元締めたる文部省（文部科学省の前身）、それも「思想局」の介入だったということだけでも重大な事実だが、治安警察と地方行政とを管轄する内務省と、首都における最高警察機関である警視庁が、「左翼的思想運動の温床」と彼らが見なすセツルメントの前に立ちはだかったのだった。「時局」にそぐわず、「国策」に背《そむ》く――という理由が絶対的な威力を持つ時代を、戦争は当然のこととしてもたらしたのである。

こうして、東京帝大セツルメントは、施設移譲などの処理方法を東京市社会局に一任して、三八年二月三日、一四年にわたる事業を閉鎖した。多くの申込みのなかから、「恩賜財団愛育会」への施設譲渡が決まり、四月一五日、譲渡契約が交わされた。譲渡先の財団は、一九三三年一二月二三日の皇太子明仁（のちの平成天皇）の誕生を機に天皇裕仁の意向で設立されたもの

で、敗戦後は「恩賜財団母子愛育会」と改称し、現在も存続している。「大学隣保館」整理終了の挨拶状が発送されたのは、四月三〇日だった。

だが、このセツルメント解散は、ボランティア運動の歴史の終焉を意味しなかったのである。ボランティアの歴史が、まったくこれまでとは異質な段階に入ったことを、それは告げるものだったのだ。

――「大学隣保館」整理終了の挨拶状が発送されてから一ヵ月も経たない一九三八年五月二四日、第一次近衛内閣の文部大臣・木戸幸一は、全国の所轄学校（国立の高等学校、高等師範学校、実業専門学校）の校長会議で、「学生生徒の集団的勤労奉仕作業」実施の必要性について訓示した。これを受けて文部省は、六月九日、「集団的勤労作業運動実施ニ関スル件」という通牒《つうちょう》（通達）を各学校に送り、学生生徒の勤労奉仕の実施を指示した。帝大セツルメントという自由意志と自発性にもとづく学生たちの奉仕活動を禁圧したその返す刀で、国の方針に即した学生生徒の奉仕活動を制度化する一歩が、踏み出されたのである。そしてその一歩は、これと併行して進められた他領域での勤労奉仕運動と連動しながら、ごく短日月のうちに、全国民規模の制度にまで行き着くことになるのである。

総動員される自発性

所轄学校長会議で木戸文相（のちのA級戦犯、終身禁錮刑）がその必要性を強調した「学生生徒の集団的勤労奉仕作業」について、同年（一九三八年）一〇月に刊行された一九三九年版の『朝日年鑑』は、「教育」の章で文相の訓示内容を詳しく記載している。その記事のうち、経緯の説

明などを除いた主要部分は、以下のとおりである。(38)

実施の方法＝差当り本年夏季においては左記要綱によりこれが実施を計画すること

一、実施期間は夏季休暇の始期または終期において概《おおむ》ね五日の程度を目標とし実際の事情に応じ学校において適宜これを定むること

二、生徒の心身の状況、学校の授業、実習、実験などの関係を考慮して作業の種目、実験の方法を定むること

三、勤労作業の実施については左の諸点に留意すること

イ　なるべく生徒を洽《あまね》く参加せしむることを建前とし適宜班を分ちて実行すること

ロ　作業期間中は現場の状況に応じ学校の校舎、寄宿舎、寺院など最寄りの設備を利用し参加全員寝食をともにし規律節制のうちに訓練ある生活を体験せしむること

ハ　作業の種目は大体左の如きものにつき、道府県市町村その他関係方面と連絡を計り具体的実施計画を樹立すること

△校庭、農場、農園、演習林等学校設備に関する手入△応召軍人遺家族に関する稲刈草取用排水《ようはいすい》の手入の手伝△神社寺院等境内《けいだい》の清掃、設備の修理△都市防空設備、公園、運動場その他公共設備に関する簡易なる作業△開墾植樹△畦畔《あぜくろ》の整理、構築、灌漑工事その他農事作業

ニ　作業の実施には学校の教職員は挙《こぞ》ってこれに参加すること

四、学校医その他救急設備は遺漏なくなすこと

五、作業現場には出来る限り徒歩行軍を督励すること
六、用具はなるべく学校相互に融通しまたは道府県市町村と連絡し調達すること
七、作業の前後においては特に規律を正し集団奉仕作業の精神を明かにすること

「なるべく生徒を洽く参加せしむることを建前とし」という表現からも、この「集団的勤労奉仕作業」が必ずしも強制的なものではなく、学生生徒の自発性を前提にして構想されていたことがわかる。もちろん、それは限りなく全員参加に近い任意性だっただろうことは、想像に難くない。とりわけ教員については、参加がすでに明確に義務づけられていた。ボランティア活動であるはずの課外の「勤労奉仕」は、まさに「時局」の要請によって、義務化への道を歩みつつあったのである。「支那事変下における労力不足を補ひ且つ学生生徒に勤労奉仕の観念を植ゑつけ、汗する者の喜びを味はせるため」という言葉で、『朝日年鑑』の同記事は文部当局の意図を説明している。

けれども、自発性にもとづくボランティア活動と、義務化され制度化された奉仕活動との区分、あるいは境界は、明確で固定的なものであるわけではない。むしろ逆に、境界は確定したものではなく流動的・移行的なのだ。奉仕活動の制度化・義務化は、自発的なボランティア活動の基盤あるいは土壌の上にしか、成就され得ないからである。為政者たちはそのことを熟知していた。国が「勤労奉仕」と呼ぶ活動も、もともと、各人の自発性にもとづく社会的な奉仕活動を、重要かつ不可欠の前提としていたのだった。

学生生徒の集団的勤労奉仕が文部省によって開始される前年の一九三七年一〇月、農山漁村

経済更生を任務としていた農林省経済更生部は、『農山漁村に於ける勤労奉仕』と題するA5判二九ページの冊子を発行した[39]。冊子の内容は、全国の農山漁村に「勤労奉仕班」を編成して勤労奉仕活動を展開するための、趣旨説明と指針である。それは、同年八月一九日付の農林次官通牒「事変ニ伴フ応召農山漁家生活安定ニ関スル件」に基づいて実施が計画されている応召農山漁家支援のための勤労奉仕運動の、いわば手引き書として刊行配布されたものだった。文部省による学生生徒の勤労奉仕の組織化に先立って、すでに農林省は、支那事変の開始でさらにいっそう危機的状況が深刻化する農山漁村への対応策として、勤労奉仕運動の組織的展開を準備していたのである。

一家の支柱である働き手が従軍を余儀なくされ、あるいはその結果として戦死し、さらに農耕用の大切な愛馬を軍馬として徴発されるなど、戦争に直面して途方に暮れる農民や、同様の苦境に陥った漁民を、地域のボランティア活動によって支援することが、この運動の直接的な目的だった。「応召農山漁家」とは、現役兵を終えたのち在郷軍人として自家で家業に従事していた予備役・後備役の男性たちが、召集令状、いわゆる「赤紙」によって軍隊に呼び戻されたため、男性の労働力を失った農家や山林農家、漁業者を意味する。「応召」とは、召集に応じて入営する（所属部隊の兵営に入る）ことで、「出征」という言いかたもされた。

『農山漁村に於ける勤労奉仕』という農林省の冊子は、勤労奉仕が制度化されるにあたっての為政者の側の認識と意図とを、きわめて明確に語っている。ボランティア活動がたどった道を振り返るうえで重要な示唆を含んでいるので、基本的な観点が語られている冒頭の一章、「勤労奉仕の趣旨」からその主要な部分を引用しておこう。初めの部分で言及されている「膺《よう》懲《ちょう》」という語は、「暴戻《ぼうれい》支那を膺懲する」、「暴支膺懲」（暴虐で道理に反する中国を打ち負かして懲らしめる）という言いかたで使われた流行語だった。

日支事変勃発以来、全国民の尽忠《じんちゅう》報国の赤誠は遺憾なく発露された。応召将兵は勇躍征途に上り、海陸相《あい》呼応して堂々膺懲の武歩を進め、全国民克《よ》く銃後の護りを固くして、挙国、非常時局の打開に協力邁進し、農山漁村亦《また》多数の応召兵士と徴発馬匹《ばひつ》とを送り、軍需品を供出し、真に農村が国家構成の一大基本たり国力躍進の一大源泉たるの事実を如実に示しつゝある。

農山漁村に於ける銃後の責務は、挙村、応召将兵の征途を壮にし、其の家族遺族に対して充分なる慰問扶助を為し、以《もっ》て出征将兵をして後顧の憂《うれい》なからしめ、更に農山漁村の更生振興に努力して国力の発展に力を尽すにある。

農山漁村に於ける勤労奉仕は銃後の一施設であつて、国防は国民共同の責任である、《ママ》応召家族の負担を分担し、且《かつ》、国家の興隆に力を尽すといふ隣保共助、愛郷、愛国、勤労報国の赤誠の具体的実践的現れである。

事変の進展に伴ひ農山漁村に於ては、兵士の応召、馬匹の徴発等に因《よ》つて労力の不足を来《きた》すべく、農林漁業経営上幾多の困難が予想せられる。乃〔仍〕《よっ》て隣保共助の精神に則り勤労奉仕に依《よ》つて其の労力の不足を補給し、応召農山漁家の経営を安固ならしめ、其の生活の安定を図つて銃後の護りを固くし、更に農山漁村の更生振興を実現して国力の発展に力を尽す。之《これ》が即ち、今回の農山漁村に於ける勤労奉仕運動の根本趣旨である。

こう述べたのち、冊子は、勤労奉仕という活動についての本質的に重要な指摘を行なっている。

固《もと》より斯《こ》うしたことは、農山漁村に自然発生的に行はれてゐる。即ち農山漁村には、固有の美風たる隣保共助の精神と共に、古来、勤労奉仕が行はれて来た。それは勤労奉仕といふ言葉こそ用ひなかつたが、平時に於ては神社の造営、道普請《みちぶしん》、川渫《ざら》へ、共有林の手入等、協同労働、勤労奉仕が行はれて来た。又、戦時事変に際しては、互に戦況を語り合ひ、出征将兵の武勲を称《たた》へ、其の武運長久を氏神《うじがみ》に祈り、家業を手伝ひ、真に相互扶助、隣保共助の実《じつ》を示した。更に又、農山漁村経済更生計画の実行に当つても計画の遂行に勤労奉仕を為し、以て農山漁村の更生振興に資し、国力の発展に寄与すべく努力しつゝある。今次事変に際しても、農山漁村に於ける勤労奉仕、慰問、扶助等は、他よりの指導勧説を俟《ま》たずして相当行はれてゐる。

国家が国策に沿って国民の社会活動を制度化しようとするとき、まさにここで指摘されているような自発性――「自然発生的」な、「他よりの指導勧説を俟たずして」行なわれてきた、「隣保共助の精神」にもとづく勤労奉仕の風習――が、蘇生し、活力を発揮するのである。こうした各自の自発性と主体性に根ざした共同性は、ボランティア活動の制度化や強制に抵抗し反発するのではなく、むしろその潤滑油となり推進力となり得るのである。国家は、その力を組織化し、統制を加えることで、ボランティア活動の自発性と主体性を国策のエネルギーに変える。このことを、『農山漁村に於ける勤労奉仕』は、先の一文に続けてこう述べている――

然《しか》しながら、事変が長期に亘《わた》り、更に多数の応召者と徴発馬匹等を送り出すとき、全期間を通じて労力を補給し、近隣組合、部落等の一小地域から、農山漁村全般に亘り補給すべき労力の普遍化を図るには、其の補給を組織化し、或る程度の統制を之《これ》に加へなければならぬ。之、今回各町村に勤労奉仕部を、各部落に勤労奉仕班を編成せしめんとする所以《ゆえん》である。〔中略〕これ今次事変に際し、農山漁村民の隣保共助の精神を更に昂揚し、勤労奉〔報〕国の至誠を基調とする勤労奉仕運動を興《おこ》し、其の活動に依つて銃後対策の万全を期せんとする次第である。

自然災害に遭遇したとき発揮されるボランティア精神と、戦争という人為的災害のなかで発揮されるボランティア精神とのあいだに、はたしてどんな違いがあるのだろうか?――農山漁村に脈々と生きてきたボランティア精神、しかも隣保共助、相互扶助を旨《むね》とするその精神は、もちろん村が自然災害に見舞われたときには大きな働きをしただろう。だがその同じ精神は、国家の戦争にさいしても、大きな働きをしたのである。国家は、その精神を讃え、美化しながら、国民の自発性を戦争のために総動員したのだった。

国策の舞台でボランティアが踊る

一九三八年五月二四日に木戸文相が行なった「学生生徒の集団的勤労奉仕作業」の必要性についての訓示を受けて、文部省は六月九日、「集団的勤労作業実施ニ関スル件」という次官通牒を各学校に送り、その年の夏休みから学生生徒の勤労奉仕が始まった。そしてさらに、翌三九年の三月三一日、文部省は新学年に向けて、勤労奉仕作業を漸次恒久化するとともに「準正課」扱いとするよう、新たな次官通牒をもって各学校に指示する。次いで、同年の六月一〇日には、夏休みを前にして、いっそう踏み込んだ指針が示されたのである。これについて、「昭和十五年・紀元二千六百年」版の『朝日年鑑』は、以下のように記載している(40)。

戦時下三度迎へる十四年の夏休に対し文部省で石黒次官を中心に再検討を行つてゐたが、十四年六月十日石黒次官より各学校長、地方長官に宛て夏休、冬休は心身鍛錬の期間と為すべく通牒を発した。

学生生徒の夏休は明治十四年欧米学制の翻訳として採入《とりい》れられたものだが、[昭和]十三年夏文部省では集団勤労を行はせ、更に農学校では夏休を廃止して夏季特別訓練期間として実施してゐるので、これを強化するものである。この新方式により行はれる具体的な実施事項は各学校により定められるが、文部省からは集団勤労作業(生産力拡充への協力、応召家族に対する勤労奉仕)軍事訓練、武道その他の行《ぎょう》的訓練、運動、見学鍛錬旅行等を例示した。なほこの成績により明年からは夏休に関する学則を改正する意向である。

学校施設や地元地域での集団的勤労奉仕から始まったはずの学生生徒の夏休みのボランティア活動が、またたくまに、「準正課」として授業の一環となり、「夏季特別訓練」となり、「生産力拡充への協力」となり、さらには「軍事訓練」と「行的《ぎょう》訓練」(すなわち軍国主義精神の錬成《れんせい》)にまで行き着いたのだった。次年度からは、夏休みは休暇ではなくなり、そのような軍事教育のための必須の期間とされるのである。この方針の対象となったのは、文部省が「学生生徒」と呼ぶ青少年たち――義務教育課程の尋常小学校(六年制)を修了したあと、もしくは高等小学校(二年制)を経て進学する中学校・高等女学校・実業学校などの中等教育課程の生徒と、高等学校・専門学校・高等師範学校・大学など高等教育課程の学生たち――だった。だが、彼らを対象としたこの施策は、国民総体にそれが及ぼされる過程の第一歩に他ならなかったのだ。

通牒を発した石黒英彦という文部次官は、三八年一二月二三日から三九年九月五日までのわずか八ヵ月あまりの任期のうちに、物議をかもす言動をいくつも重ねた官僚だった。男子学生生徒は欧米を真似た髪型をやめて丸刈りにせよと号令し、みずから率先して丸坊主になったことや、「すべて勝負は一本勝負だ」という信念(?)をスポーツに押し付け、三回戦で二勝した側が勝利するというルールの東京六大学野球を一回戦だけにさせようとしたことなどで、知られている。けれども、学生生徒の勤労奉仕が歩んだこの道は、言うまでもなく、石黒次官の個人的な主義や好みだけによって決定されたのではなかった。日本という国家の国策が、ボランティア活動にそのような道を歩ませたのである。

「勤労奉仕」と呼ばれるボランティア活動は、支那事変の開始後、いわゆる「銃後」を支える活動として、全国各地で行なわれるようになっていた。農林省の冊子『農山漁村に於ける勤労奉仕』が構想した農山漁村での相互扶助的な活動だけでなく、都市部を含むあらゆる地域で、さまざまな勤労奉仕が、さまざまな社会構成員によって、展開されていたのである。石黒文部次官の通牒について記載したその同じ「昭和十五年・紀元二千六百年」版の『朝日年鑑』には、「婦人界」という章に、次のような記事も見られる。

婦人団体及び女学生が勤労奉仕として征衣〔出征兵士の軍服〕裁縫に、出征遺家族の不足労働力補充のため、また一般農家家事手伝のために活動したことも目ざましいものであつた。全関西婦人聯合会大阪本部は事変勃発の年より征衣裁縫にかかり、また紀元二千六百年記念橿原《かしはら》神宮境域拡張工事建国奉仕隊には一ケ年の奉仕人員九十万三千余名中婦人団体と女学生は九万を超えた。農村の婦人団体は自宅の仕事が多忙なるにも拘らず更に出征遺家族の農事の手伝を行つた。また、女学校方面の活動ぶりを見ると、神奈川県では女学校、女子師範学校を動員して農繁期託児所開設経営、家事手伝を行ひ、山梨県では農家出身の生徒が比較的少いので、桑摘みや鋤鍬など直接労働に不向きのため、四年補習生約五百名を動員して、養蚕の最も忙しい六月一日より二十日間農家の単衣物《ひとえもの》、仕事着、シヤツなどの裁縫奉仕を行つた。岡山県では女学生千二百名が田植奉仕、長崎県では女師、高女、女子職業の生徒らが甘藷挿《かんしょさ》し、麦刈、桑の切株整理、山形県の女学生も耕作を行つた。

「女師」は女子師範学校、「高女」は高等女学校、「女子職業」は女子職業専門学校のそれぞれ略称だが、学生生徒に勤労奉仕をさせるという文部省の方針は、もちろん女学生や女子生徒をも対象としていたのである。その一方では、学生生徒の場合のように制度化されるまでもなく、全国の各種婦人団体が自発的に勤労奉仕活動を展開していたことも、この記事からは知ることができる。日本国家の海外進出と戦争は、巨大災害がさまざまなボランティア活動を生み出したように、多くのさまざまなボランティア活動を生んだ。これらの活動の原点にあった自発性こそが、国による制度化の契機であり基盤だったのである。そしてもちろん、制度化された活動のかたわらで、あるいは制度化された活動のなかにも、自発的なボランティア精神は生きていなかったわけではない。それどころか、制度化された活動が、さらに新たな自発性を生み出す契機となることさえあった。

一九三七年七月に発足し、三八年夏から「学生義勇軍」という名称で本格的な活動を開始したグループは、文部省による学生生徒の勤労奉仕の制度化に先立って、学生たちが国策に沿ったボランティア活動をみずから組織し実行した一例だった。満蒙開拓団という国策事業に熱烈な関心を抱いた大学生たちが、諸大学にネットワークを創出し、満洲農業移民の入植現地で農作業の支援など奉仕活動を行なうために、自力で数次にわたって渡満したのだった。現地では、医学生たちによる健康診断や病気治療、参加学生の専門分野に即した調査活動なども行なった。これに注目した文部省は、次年度からこの企画を文部省主催にした[41]。

ボランティア学生たちが自分たちの活動を「学生義勇軍」と名付けたのには、理由があった。彼らは、満蒙開拓団という国策のうちでも、とりわけ「満蒙開拓青少年義勇軍」に深い関心と共感を寄せていたのである。この関心と共感が、学生たちを自主的なボランティア活動に向かわせたのだった。

一九三六年八月に満洲開拓民送出計画を「重要国策」のひとつと定めた広田弘毅内閣は、「二〇ヵ年一〇〇万戸送出計画」を決定し、次いで「分村移民」の計画を進めた。これが実施に移されたのは、第一次近衛文麿内閣になってからの一九三七年後半だったが、そのときにはすでに、もうひとつ別の重要な満洲移民計画が立案され、急テンポで実現に向かっていたのである。北支事変勃発から二日後の三七年七月九日、関東軍参謀部は「青年農民訓練所創設要綱」という議案を、満洲国、拓務省、満拓、満鉄などに示した。要綱案はこれら諸機関による数回の会議を経て決定し、加藤完治を中心とする満洲移住協会と、農村更生協会、日本聯合青年団など、日本国内の関係民間団体がこれを受けて、一一月三日、「満蒙開拓青少年義勇軍編成ニ関スル建白書」を作成した。これを拓務省が取り上げ、「満洲ニ対スル青少年移民選出ニ関スル件」という閣議上程議案として、三七年一一月三〇日の第一次近衛内閣の閣議にかけられ、ただちに決定したのである。

熟々《つらつら》我国の前途を考ふるに、支那戦局の広汎なると国際情勢の険悪なるとは、此の事変を契機として未曽有の国難を招来しつゝあるを思はしむ。此の秋《とき》に当り、全国民は其の戦線にあると銃後にあるとを問はず　断じて百難を克服し、国運の進展を期せざるべからず。而《しか》して銃後国民の上下《しょうか》一致して達成すべき最緊急事は、速《すみやか》に満洲国をして真に我が盟邦として日満一体の実《じつ》を挙げしむるにあり。

曩《さき》に我が国策として満洲大量移民の決定せられたる所以《ゆえん》は、日満一体の根柢を築くには我が農民を移し、以て堅実なる農村を建設し、国礎《こくそ》の中核たらしむるにあることを確認したるに存す。然るに此の国策実行の緒に就かんとするに当り、偶々《たまたま》事変に際会して、世上或は之を忘れ、或は諸種の困難に藉口《しゃこう》して之を阻まんとする者あり。これ実に思はざるの甚だしきものと云ふべし。蓋《けだ》し満洲国をして真に日本民族を指導者とする五族協和の王道国家たらしめ、東洋十億の民衆に其の嚮《むか》ふべき所を啓示することこそ、日支紛争の禍根を断つ大道なるを以てなり。〔……〕而して其の最も適切有効なる実行方法として、茲に満洲〔ママ〕開拓青少年義勇軍の編成を提案し、之が即時断行を要請せんとす。

満蒙〔ママ〕開拓青少年義勇軍の為さんとする所は、我《わが》青少年を編成して勤労報国の一大義勇軍たらしめんが為に、全満数ケ所の重要地点に大訓練所を設けて此に入所せしめ、開拓訓練即教育、軍事教練即警備なる現地の環境に即せる方法によりて、日満を貫く雄大なる皇国精神を錬磨せしめ、之を以て他日堅実なる農村建設の指導精神たらしめ、併せて満洲農業経営に必要なる智識技能を修練せしむるにあり。〔……〕

凡《およ》そ皇国の真の国難は、外敵の如何《いかん》にあらずして国民思想の健否に存す。政府の国民精神総動員を提唱する所以、亦《また》之に外《ほか》ならざるべし。然るに今日の国内情勢は、青少年の精神を鍛錬陶冶し、其の士気を愈々《いよいよ》旺盛ならしむべき環境に乏しく、銃後に於て動《やや》もすれば第二義的活動に心身を消耗せんとする実情にあり。青少年義勇軍は斯《かか》る危機を転じて真に国民精神を作興する一大国民運動たらずんばあらず。〔……〕

要するに青少年義勇軍の挙たるや、現下の大勢之《これ》が即行の要を告ぐること洵《まこと》に急なるものあり。現地に於ては、既に之を迎ふべき万端の用意あり。国内に於ては巨万の子弟農村に待機せり。冀《こいねがわ》くは国策として之を採《と》り、即時断行、以て日満両国の根柢を不動ならしめ、

東洋永遠の平和を確立せられんことを。敢て非礼を顧みず
右謹みて建白す。
昭和十二年十一月三日

〔原文にはない振り仮名を補った〕

この建白書(42)に名を連ねたのは、以下の六名だった。——石黒忠篤（農村更生協会理事長・元農林次官）、大蔵公望（満洲移住協会理事長・満鉄理事）、橋本傳左衛門（満洲移住協会理事・京大教授）、那須皓（満洲移住協会理事・東大教授）、加藤完治（満洲移住協会理事・日本国民高等学校校長）、香坂昌康（大日本聯合青年団理事長・国民精神総動員中央聯盟理事）。

こうして、「日満両国の特殊関係を強化し、同唱共栄の理想を実現して東洋平和の確保に貢献するため、概《おおむ》ね十六歳ないし十九歳までの青年を多数満洲国に送出し、大量移民国策の遂行を確実容易ならしめんとす」（「満洲青年移民実施要綱」、一、目的）という趣旨で、さしあたり一九三八年度に三万人の志願者が全国から募集されることになった。募集は早くも三八年一月中旬から開始され、二月末の締切りまでに九九五〇名が義勇軍を志願した。

あたかも東京帝大セツルメントの閉鎖と時を同じくしながら、学生生徒の勤労奉仕に先立って、もうひとつの官制ボランティア活動が緒に就いていたのである。志願者は一月下旬から順次、内地訓練のために茨城県の内原訓練所へ送られた。内原訓練所は、茨城県友部町から同県中下妻《なかしもつま》村内原《うちはら》に移転していた加藤完治の日本国民高等学校に併設された施設だった。青少年たちは、そこで二ヵ月間の予備訓練を受けたあと、満洲へ送られた。満洲に上陸すると、現地民

を刺激することを避けるために、名称が「満蒙開拓青少年義勇軍」から「満洲開拓青年義勇隊」と呼び換えられ、公式文書などでもこの名称が用いられることになった。

青少年義勇軍の若者たちの心をとらえた「東洋平和の確保に貢献するため」という「第一義的」な使命は、空文句ではなかったのである。彼らは、一般の満蒙開拓団の入植地からは隔った奥地、主として「ソ満国境」と呼ばれるソ連との国境に近い黒龍江《ヘイロンチアン》（ロシア名＝アムール河）の沿岸地域や大興安嶺の僻地に配置され、本当に未耕地を開拓しながら、国境守備隊として最前線の防備に当たることになる。日本国内では、高等小学校や実業学校や中学校の教員たちが、満蒙開拓青少年義勇軍の重大な使命と輝かしい未来についての夢を掻き立て、教え子たちのボランティア精神を鼓舞して、応募の勧誘と説得に努めた。応募資格は、尋常小学校卒業となっていたのだ。最終的には一〇万一五一四人の青少年が、義勇軍を志願して満洲に赴いたのだった。

一九四五年八月九日未明、ソ連軍がソ満国境を突破して侵攻してきたとき、青少年義勇軍はその最初の標的となった。日本の敗戦の時点で、約八〇〇〇人の応召者を除いて二万二〇〇〇人を数えた青少年義勇軍在籍者のうち、三二〇〇人が死亡し、約一〇〇〇人が行方不明となった。同じ時点で、四万六一〇〇人の応召者を除く一般開拓団の在籍者は、一九万六二〇〇人だった。そのうち六万七六八〇人が死亡し、九五五〇人が行方不明となった。一般開拓団が六〇・六％だったのに対して、青少年義勇軍は八〇・九％だった。働き盛りの男性を現地で軍隊に取られ、女性たちが老人や子どもと共に悲惨な逃避行や集団自決を余儀なくされた一般開拓団と比べれば、十代後半の青少年義勇軍は生き延びる力を持っていたのである。

学生生徒の勤労動員、農山漁村における応召家族や戦死者の遺族に対する支援活動、婦人団体や少年団・青年団などが各地で繰り広げるさまざまな勤労奉仕、満洲農業移民への村ぐるみの志願、そして満蒙開拓青少年義勇軍の生命を賭した渡満志望——社会全体が大きな全国民的ボランティア活動のうねりによって覆われたのが、一九三〇年代後半に始まる一時代の日本国家だった。だが、まさに一億総活躍社会と呼ぶにふさわしいこの大きな活動の流れの行く手には、学生生徒の勤労奉仕がたちまちたどったのと同様の、自発性から制度化への道が、全国家的な規模で待っていたのだった。

満蒙開拓青少年義勇軍編成の建白書が閣議で採択されてからほぼ四年を経た一九四一年一一月二二日、「国民勤労報国協力令」という勅令（勅令第四五一号）が公布された。施行は一二月一日とされていた。[43]

第三条 国民勤労報国隊に依る協力を為さしむべき者は帝国臣民にして年齢十四年以上四十年未満の男子及年齢十四年以上二十五年未満の女子（妻及届出を為さざるも事実上婚姻関係と同様の事情に在る女子を除く）とす／前項該当者以外の者は志願に依り国民勤労報国隊に依る協力を為さしむることを得／〔後略〕

第四条 国民勤労報国隊に依る協力を為さしむる期間は命令の定むる所に依り一年に付三十日以内とす／前項の期間は特別の必要ある場合又は本人の同意ある場合に於ては三十日を超ゆることを得

この勅令が公布された日から四日後の一九四一年一一月二六日、南千島択捉《エトロフ》島のチカップ湾を出港した日本海軍の機動部隊は、ハワイ真珠湾奇襲攻撃への途に就いた。

Ⅲ ヒトラー・ドイツの「労働奉仕」——日本が学んだボランティア政策

略年表 Ⅲ

1869. 6 .30	函館の榎本武揚ら投降、「戊辰戦争」終結し維新統一政府成立
1870. 7 .19	フランス、プロイセン王国に宣戦 →普仏戦争開始
10. 2	ローマを「イタリア王国」に併合、イタリア統一成る
1871. 1 .18	占領下のパリでドイツ皇帝戴冠式、「ドイツ帝国」建国
1896.	ベルリン郊外のギムナージウムに徒歩旅行集団が誕生 →1901.11. 4 誕生の地で「ヴァンダーフォーゲル」創立
1907. 8 . 1	英国で「ボーイスカウト」最初のキャンプ →08. 1 .28 創立
1914. 7 .28	「欧洲大戦」（第1次世界大戦）勃発 → 8 . 1 ドイツ参戦
1916.12. 5	ドイツ政府、「祖国救援奉仕法」を制定 →労働奉仕の義務化
1918.11. 9	革命でドイツ帝国崩壊 →ドイツ各地で反革命義勇軍団形成
1919. 1 . 4 ～13	ベルリン「1月闘争」、武装蜂起したレーテ革命派民衆を臨時政府 側が「義勇軍団」を主力とする軍隊によって鎮圧
1 . 9	臨時政府、「義勇軍団」拡充のため志願者公募を開始
1 .15	義勇軍団、K・リープクネヒト、R・ルクセンブルクを虐殺
1 .19	憲法制定の「国民議会」選挙、戒厳令下で強行
2 . 4	ベルリン政府の軍隊・義勇軍団、ブレーメン共和国を殲滅
5 . 2	義勇軍団主力のベルリン政府軍、バイエルン共和国を殲滅
6 .28	「ヴェルサイユ条約」調印 →ドイツに過重な賠償を課す
8 .14	「ドイツ国憲法」（ヴァイマル憲法）公布・施行
12.24	バルト諸国で反革命軍事行動の義勇軍団、撤退完了
1920. 1 .10	ドイツ、ヴェルサイユ条約を批准
1921. 3 .20	上部シュレージエンで帰属決定の住民投票、ドイツ系が勝利 →ポーランド系住民武装蜂起（～6月）、義勇軍団が鎮圧
6 .30	戦勝国側、この日を最終期限として「義勇軍団」解散を要求 →ナチス「突撃隊」（SA）や秘密結社的右翼団体に移行
8 .26	元義勇軍団員、前財務相M・エルツベルガーを暗殺
1922. 6 . 4	同前、元首相Ph・シャイデマン暗殺未遂
6 .24	同前、現外相W・ラーテナウを暗殺
1923. 1 .11	フランス・ベルギーによるルール鉱工業地帯の占領 →右翼愛国主義勢力を中心とする「ルール闘争」へ
3 .15	元義勇軍団将校L・シュラーゲターら、反仏闘争で鉄道爆破 → 5 . 9 仏軍事法廷で死刑判決 → 5 .26 銃殺刑執行
11. 8	ヒトラー、ナチ党を率いてクーデター決行 →11. 9 鎮圧
11.15	臨時通貨「レンテン・マルク」発行 →インフレ鎮静化へ
1924. 4 .	「アルタマーネン」、各地の農村に定住・入植を開始

1　ボランティア労働とナチズム

『独逸労働奉仕制度』という一冊の本

一九三七年一一月三日の「明治節《せつ》」を期して「満蒙開拓青少年義勇軍編成ニ関スル建白書」を提出した六名のうちのひとり、大日本聯合青年団理事長・香坂昌康《こうさかまさやす》は、それよりさき、同じ年の二月に出版された知人の著書に「序」を寄せて、こう書いていた――

私が東京府知事在任時代に、府では独逸《ドイツ》労働奉仕制度に就て研究を進めて居た。それは従来の失業救済事業に一新生面を開く為めに、失業者の更生訓練に就て、各種の形態を考へ、或者は実施し、或者は計画を進めて居た時代であつたので、他山の石として本制度が多少参考になりはせぬかといふ意味であつた。当時、時の内大臣牧野伸顯伯にお目にかゝつた処〔ところ〕、同伯の言はるゝに、自分は独逸で行つて居る青年の労働奉仕制度に大いに興味を感じ、独逸大使に遭つた際本制度に就て種々質問した処、大使は特に本国から色々な資料を採り寄せて呉れ、其後も引続き度々《たびたび》資料の寄贈を受けて居る。本制度を翻訳して見たら、日本の青年運動等にも、参考になる点があるのではなからうかとの事であつた。そこで私は伯の御好意を謝し、直ちに其資料を拝借し、東京府で翻訳を命じた事があり、其後も本制度に就ては大に注意して居た。

私は府知事在任時代から、大都市に於ける失業救済に関し、失業者に単に「職業」を与へるといふ事のみでは満足することが出来なかつた。「職」を与へるよりも先づ「心」を与へる、少くとも「職」と同時に「心」をも与へる事が必要だと思つて居た。〔……〕又青年運動、社会教育に就ても、独逸の此の労働奉仕制度を一部参考とし、青年、学生等を指導すべき適切な方策はないかと、当時の府に於ける社会教育の衝にある人々に、立案を命じたこともある。〔……〕又青年の指導も言論を以てする指導の外《ほか》に、勤労を通じて精神訓練を為すことに大《だい》なる意義があると考へる。

独逸労働奉仕制度は、任意制度から義務制度に迄進展し、今や独り青年運動といふのみならず、産業的の重大なる意義を持つに至つた。もとより本制度を其儘《そのまま》直ちに採《と》つて、我《わが》邦《くに》に移し植ゑる訳には行かぬ。我邦には我邦の国民性があり、国情があり、又考へ方がある。故に是等のことを考へながら、本制度を研究するならば、参考になる点が非常に多いと信ずる。〔……〕青年教育、青年運動、又は社会事業に直接間接関係せらるゝ方々が、本書を一読せらるゝならば、参考となる事極めて多い事と思ひ、敢へて之を江湖に推薦する次第である。

香坂昌康のこの序文は、下松桂馬《しもまつけいま》の著書『独逸労働奉仕制度』[44]のために書かれたものだった。下松はその当時、「東京府社会事業主事」の役職にあった人である。一九二五年に制定された「地方社会事業主事」の制度によって、一般職ではなく専門職として社会事業（現在の社会福祉事業）に携わる資格を具《そな》えた官吏だった。書名は、奥付では単に「独逸労働奉仕制度」となっているが、扉ページでは「民族更生運動としての／独逸労働奉仕制度／――青年教育運動の再建――」と三行に分かち書きされ、本の背文字は「平和の武装　独逸労働奉仕制度」となっている。いずれにせよ、もっとも緊密な同盟国、ドイツで実施されている「労働奉仕」の制度を日本に紹介し、日本で同様の制度を設けるための参考ないしは手本とすることが、この本の趣旨だった。三七年二月八日に印刷され二月一一日に発行された同書は、たちまち版を重ね、九日後の同月一七日には早くも第五版を発行している。

序文を寄せた香坂昌康は、一八八一年二月に山形県に生まれ、岡山と熊本の県警察本部長を経て福島、愛媛、岡山、愛知の県知事を歴任し、一九三二年から三五年まで東京府知事の任にあった内務官僚である。退任後に大日本聯合青年団の理事長に天下りしたわけだが、知事の時代からナチス・ドイツの労働奉仕制度に深い関心を持っていたことがわかる。その制度を彼に教えたのは、内大臣《ないだいじん》の伯爵・牧野伸顕《のぶあき》だった。内大臣というのは、政府の閣僚たる大臣ではなく、天皇の側近にあって詔書・勅語などの文書や皇室・国家に関する事務などを司《つかさど》る役職である。その牧野からの示唆によって香坂がドイツの制度の何に関心をいだき、何を重要と考えたのか、延《ひ》いてはまた、下松のこの著書を何故に推奨したのかは、序文から充分にうかがうことができるだろう。

ドイツの労働奉仕制度に関心が持たれたのは、まず第一に、それが失業救済事業であるということからだった。失業は、一九二九年秋に始まる世界経済恐慌からこのかた、日本でもドイツでも深刻な政治的・社会的問題だったのだ。そして第二に、そのドイツの失業救済事業は、失業者に単に「職」を与えるだけでなく、「心」をも与えるものであるということ、すなわち「勤労を通じて精神訓練を為す」ものであること。第三に、それゆえこの制度は、失業救済という次元を超えて、社会教育や青年運動の観点からも大きな意義があること。第四に、このドイツの労働奉仕制度は、「任意制度から義務制度にまで進展し」てきたのであり、いまでは産業的にも重大な意義を持つに至っていることである。香坂府知事のかつての部下だった下松桂馬の著書『独逸労働奉仕制度』は、これらの意義を、具体的な労働奉仕活動や政府による施策、および制度の実例に即して詳述したものだった。

香坂昌康が、大日本聯合青年団理事長の立場から、「満蒙開拓青少年義勇軍」というボランティア事業の制度化を政府に建白する企図に加わったとき、このドイツの労働奉仕制度が彼の念頭に置かれていたことは、容易に想像できる。彼がドイツの労働奉仕制度に関心を持つきっかけとなったのは、彼自身が述べているように、府知事としての彼が失業救済事業に力を入れていたからだった。ドイツにおける労働奉仕は、まさに失業対策から始まったのである。だが、それは、ドイツの特殊な歴史ではなかった。むしろ、日本でもまた同様の状況のなかで同様の試みが模索されていたからこそ、彼はドイツの施策に強い関心をいだき、そこから学ぼうとしたのである。

香坂とともに建白書の署名者である橋本傳左衛門と那須皓と加藤完治は、かねて「満蒙開拓団」の構想とその実現にもっとも深く関わってきた人物たちだったが、一九三二年三月の満洲国「建国」とともに始まったこの構想がすでに、失業対策の要素を持っていた。満洲への農業移民には、日本の農業では生きていけなくなった農民たち、いわば農業失業者（およびその予備軍）のための失業救済事業という側面があったのである。しかも、満洲農業移民は、この失業者たちに「職」を与えるだけでなく、彼らの自発性、彼らのボランティア精神に呼びかけることによって、多くの志願者を見出した。まさしく、彼らに「心」を与えたのである。満洲という新天地で、危機的な世界情勢に抗して困難に立ち向かい、日本の未来と東亜の平和のために貢献するのだ。そこには私を必要とする人びとがいるのだ――。困窮のなかで最後の選択肢として与えられた道は、進んで選ぶに値する意義がそれに付与されることによって、志願者たちの自発性と主体性をつかんだのである。

こうした自発性と主体性を組織化し、「任意制度から義務制度」へと変える道を逸早く歩んだのが、ヒトラーのドイツだった。下松桂馬の著書『独逸労働奉仕制度』は、ドイツが歩んだこの道から学ぶ必要性を日本の国家社会に訴える意図で、上梓されたものだった。

その意図に言及しながら、下松は、「はしがき」のなかで次のように述べている。

> 本書は、独逸における現行労働奉仕制度の理論と、実際とについて、其梗概を叙述したものであるが、厳密に云へば、同制度の研究批判ではなく、之に関する資料、文献、統計、法制等を訳出書に依り、其大意を綜合し、紹介の目的を以て、編述したものである。〔……〕本制度は、その発生の原因に、特殊性を有する関係から、我邦《わがくに》に於ては素《もと》より、諸外国に於ても、之を直ちに移入実施することは、多くの危険を伴ふ惧《おそ》れの多々あることは、著者も、已《すで》に知悉するものであるが、兎もあれ、世界的に行き詰りを感じてゐる、近時の国際的諸関係と各国の国内的諸情勢とは、何等かの方法に依り、之を、打開せねばならぬことだけは、共通の事実であり、最大の悩みであるやうに見受けられるのである。従つて、本制度が、其の国情に於て、将又《はたまた》、我邦《わがくに》と、類似して居る状態にある、独逸に於ける一大

民族運動であるだけに、現下非常時を以て呼び、国難を叫ぶ我邦に於て、国難の打開に関し、何等かの暗示を与ふるに、役立つにはあらずやと思料し、之を編著するに至つたのである。

然るに、最近突如として、日独防共協定が発表され、更に皇紀二六〇〇年を記念し、新興日本精神美を、諸外国に紹介するため、国際オリムピツクを我邦に誘致する等、本書とは不可分の関係にあることが、いよ〳〵明白なる事実となつて来たのである。即ち、本制度が、独逸に於ける青年階級の勤労精神を通じての、民族更生の建設的大運動である傍ら、失業の苦難と、食糧の生産といふ、近代国家に於ける最大関心事を、同時に、解決する運動である外〔ほか〕、第一一回国際オリムピツク、ベルリン大会当時の競技場建設の労役の大部分が、労働奉仕団員の労力提供に依るものであることを聴く時、本書の、公刊を企てたことは、決して、無駄ではないといふ感を、更に深くするものである。けれども、之は派生的問題であつて、その根本問題と、重大性とは、そこに存在するものではない。著者の本制度に対する最大関心事は、「労働奉仕は、独逸青年の栄誉にして権利なり」といふ、即ち、勤労尊重の精神を通じて、祖国の更生と、強大化のため、捨石になる青年の思想を強靭ならしむるために果す、教育的任務が、実に重要視される点に存するのである。〔以下略〕

下松桂馬と香坂昌康の切実な関心をとらえ、彼らが日本に紹介する必要を痛感したナチス・ドイツの「労働奉仕」制度とは、ではいったいどのようなものだったのか？——そしてそれは、どのような歴史をたどってその時点にまで至ったのだろうか？——さらには、どのような歴史がその行く手に待っていたのだろうか？

なぜヒトラーは選挙で勝利したのか？

人類の歴史上もっとも悪名高い人物のひとりがアードルフ・ヒトラーであることは、ほとんど異論の余地がないのではあるまいか。一九四五年四月三〇日、ドイツの敗戦を目の当たりにして満五六歳と一〇日の生涯をみずから絶ったこの政治家は、周知のとおり、六〇〇万人に上るユダヤ民族と五〇万人に及ぶロマ民族（「ジプシー」、「ツィゴイナー」と蔑称された）の虐殺、侵略戦争による二八八〇万人の外国人と七二〇万人のドイツ人の殺戮に、責任を負っている。さらに、幼児を含む身体障害者と精神障害者、同性愛者、労働忌避者、アル中患者、政治的反対派、宗教上の被弾圧者など、ドイツ国民だけに限っても数十万人の社会的マイノリティーの殺害と、この人びとに対する苛烈な迫害とが、彼の命令によって実行されたのである。

日本で「南京大虐殺はなかった」という主張がなされているのと同様に、戦後のドイツにも、「ユダヤ人のホロコースト（民族絶滅的な大量殺戮）などなかった」、「殺されたのは、せいぜい数万人に過ぎない」等々の主張が存在した。しかし、長い時間をかけた調査・究明と、議論や論争の積み重ねの結果として、現在では、国際的にも、右のような犠牲者の数値は共通の認識になっている。問題は、こうした負の歴史にとって、ボランティアというテーマが無関係ではない、ということにほかならない。

政治権力を握ったヒトラーは、「国民社会主義ドイツ労働者党」（略称＝NSDAP《エヌエスデーアーペー》、ナチ党）の一党独裁を実現し、大統領であると同時に首相である「総統」（Führer《フューラー》＝指導者）という地位に就いた。独裁者という呼び名は、一九世紀以後の近現代の世界史のなかで、ヒトラーにもっともふさわしいだろう。

けれども、いまでは広く知られているように、ヒトラーはクーデターや陰謀ないし謀略によって政権を握ったのではなかった。人類史上もっとも民主主義的な憲法とされていた「ヴァイマル憲法」のもとで、これ以上ないくらい正当に民意を反映する選挙制度によって、彼を党首とするナチ党が国会の第一党となり、大統領ヒンデンブルクが彼を首相に指名したのである。その選挙制度は、全選挙区が比例代表制で、各政党は全国での得票数六万票ごとに一議席を獲得する仕組みになっており、得票数がそのまま議席獲得数に反映された。まさに、ヒトラーは民意によって首相に選ばれたのだった。その時点で、バイエルン州だけを除く全国すべての州議会でも、ナチ党は最大勢力になっていた。——それだけではない。政権の座に就いたヒトラーは、その政策実行によって、ますます国民の支持を拡大したのである。首相に就任する直前の国会選挙では投票総数のうちの三三・一%だったナチ党支持率は、その一年半後、ヒンデンブルク大統領の死によってヒトラーが「総統」の地位に就いたときには、八九・九%に達していた。(45)

ではなぜ、ヒトラーのナチ党が選挙で国会第一党の議席を獲得し、政権掌握後もますます国民の支持を拡大する、などということが歴史の現実として起こり得たのだろうか?

すでに述べたように、一九二九年一〇月二四日のニューヨーク株式市場における株価大暴落によって始まった世界経済恐慌は、第一次世界大戦の敗戦国だったドイツに深刻な打撃を及ぼした。相次ぐ企業の倒産や操業短縮は、大量の失業者や半失業者(労働時間短縮や非正規雇用を余儀なくされた労働者）を生み出し、その数は鰻上《うなぎのぼ》りに増大して、とどまるところを知らぬ状態となった。労働組合の統計資料にもとづくもっとも信憑性の高い失業状況のデータは、以下のような数値を示している。(46)

年	失業	時間短縮労働	完全就業
一九二八年	九・七％	五・七％	八四・六％
一九二九年	一四・六％	七・五％	七七・九％
一九三〇年	二二・七％	一三・八％	六三・五％
一九三一年	三四・七％	一九・七％	四五・六％
一九三二年	四四・四％	二二・六％	三三・〇％

数値は、「労働力人口」に対する比率である。「労働力人口」とは、生活のために労働を必要としており、労働する意思のある人びとの数を言う。具体的には、「就業者」と「失業者」とから成っている。そのうち「就業者」は、いわゆる定職や必要十分な仕事に就いている「完全就業者」（「従業者」ともいう）と、「時間短縮労働」に従事する人（パートタイムや臨時雇用、短期雇用なども含む）とに区分される。後者には、調査期間中に仕事をしなかったが賃金・給与の支払いを受け、または受けることになっている「休業者」も含まれる。そして「失業者」とは、①仕事がないため仕事をしていないが、②仕事があればすぐに就くことができ、③仕事を探す活動や、あるいは事業を始める準備をしている――という三つの条件をすべて満たす人を言う。

世界経済恐慌が始まる前年、一九二八年の九・七％という失業率（まったくどんな仕事もないという意味では完全失業率）は、それ自体けっして低い数値ではない。世界大戦で敗戦国となり、戦後処理の「ヴェルサイユ条約」によって過酷な賠償責任を課せられた戦後ドイツは、その支払いのために、自国の経済復興どころではない状態に耐えなければならなかった。破綻した経済は、失業と貨幣価値の下落を加速させ、敗戦から丸五年を経た一九二三年一一月には、通貨ドイツ・マルクの価値はついに一ドルに対して四兆二〇〇〇億マルクにまで暴落したのだった。その日のパンを買うのに大きな乳母車に紙幣を満載して出かける写真も残されている。

戦勝国側の譲歩もあって、ようやくその危機を脱したドイツは、一九二〇年代中葉の「相対的安定期」と呼ばれる時期を迎える。しかし、経済再建が軌道に乗り始め、失業率も一〇％を切ったとき、二九年秋の世界恐慌に襲われたのである。その打撃の大きさは、雇用状態を示す数値、とりわけ失業率の急増が如実に物語っている。三一年に労働力人口の三分の一を超えた完全失業率は、ついに三二年二月の時点で四四・四％にまで達した。つまり、生きるために労働を必要としている人びと一〇〇人のうち四四人以上がパートタイムや臨時雇いの仕事さえない、という状態に至ったのだった。フルタイムの仕事に就いているのは、三人に一人に過ぎなかった。

この世界恐慌による不況と雇用状態の急激な悪化が、ヒトラーのナチスに利益をもたらしたのである。南ドイツ、バイエルン州の一地方政党として誕生したナチ党は、一九二四年にようやく国政の場に出たものの、それ以後の国会選挙では伸び悩みが続いていた。ところが、世界恐慌が始まってから一〇ヵ月後の三〇年九月の国会選挙で、その流れが変わったのだ。資料②

資料②　ヴァイマル憲法のもとでの国会議員選挙

ナチ党と社会民主党・共産党の議席獲得数と得票率

（　）内は得票率（%）、議席総数の右の（　）内は投票率（%）

	ナチ党	社会民主党	共産党	議席総数
1920. 6 . 6	——	102（21.92）	2（ 2.09）	459（79.18）
1924. 5 . 4	32*（ 6.55）	100（20.52）	62（12.61）	472（77.42）
1924.12. 7	14（ 3.00）	131（26.02）	45（ 8.94）	493（78.76）
1928. 5 .20	12（ 2.63）	153（29.76）	54（10.62）	491（75.60）
1930. 9 .14	107（18.33）	143（24.53）	77（13.13）	577（81.95）
1932. 7 .31	230（37.36）	133（21.58）	89（14.56）	608（84.06）
1932.11. 6	196（33.09）	121（20.44）	100（16.86）	584（80.58）
（1933. 1 .30）ヒトラー、首相に就任				
1933. 3 . 5	281（43.91）	120（18.25）	81（12.32）	647**（88.74）

*「ドイツ民族主義自由党」（DVFP）と選挙協力、当選者のうち23名がDVFP、9名がナチ党

**ヒトラー政府によって非合法化された共産党の当選者81名を含む

に示すのは、第一次世界大戦後、「ヴァイマル憲法」のもとでのドイツの国会議員選挙におけるナチ党の得票率と獲得議席数である。参考として、もっとも激しくナチ党と対立した二つの政党についても、同じ数値を示している[47]。

ヴァイマル憲法が制定されてから初めての国会議員選挙が一九二〇年六月に行なわれたとき、ナチ党はまだその前身である「ドイツ労働者党」（略称＝DAP《デーアーペー》）という地方小政党の段階で、この党は国政選挙に打って出るだけの力を持っていなかった。そののち党の名称を「国民社会主義ドイツ労働者党」に改め、党内の実権をヒトラーが握ると、党勢は急速に拡大する。だが、第二回の国政選挙の機会が二四年五月に訪れたときには、ナチ党は禁止されており、ヒトラーは獄中にあった。前年一一月に決行した「ミュンヒェン・クーデター」の結果だった。そこで「ドイツ民族主

義自由党」（DVFP《デーファオエフペー》）という極右政党と協定を結び、その党の候補者としてナチ党員が立候補したのである。当選した同党の候補者三二名のうち、九名がナチ党員だった。同じ年の一二月にふたたび行なわれた国会選挙で、合法政党に戻っていたナチ党は初めて独自の候補を立て、一四名が当選する。しかし、三年半後の二八年五月の選挙では、一二人しか当選できず、このまま泡沫政党として消えていくものと思われたのだった。

世界恐慌が始まった翌年、三〇年九月に行なわれた総選挙で、異変が起こった。ナチ党はそれまでの議席の九倍に相当する一〇七議席を獲得して、一躍、社会民主党（SPD《エスペーデー》）に次ぐ国会第二党に躍進したのである。

日々刻々と悪化の一途をたどる国家経済と際限もない失業率の増大に直面して、「ヴァイマル共和国」と呼ばれるドイツ国家の政府も、共和国の体制を担う諸政党も、事態に迅速に対応し実効性のある政策を実施するだけの力を持たなかった。困窮の極にある国民に対して、その安心と信頼を得るに足るような訴えもできなかった。それとは対照的に、ヴァイマル共和国のもっとも過激な右翼反対派であるナチ党は、四一歳の党首ヒトラーの決断力と実行力と指導力を大々的にアピールし、この大失業状況を解決して国難を救うことができるのはナチ党だけだ、という宣伝を繰り広げたのである。党の武装組織である「突撃隊」（Sturmabteilung《シュトゥルムアプタイルング》、略称＝SA《エスアー》）を街頭に繰り出し、共和国の左翼反対派であるドイツ共産党（KPD《カーペーデー》）との激しい論戦ばかりか、「ナチス棒」と称される硬質ゴムの棍棒や拳銃まで用いた武力衝突を展開して、人びとの耳目を聳動《しょうどう》した。「ドイツ国民がこのような失業状態に苦しんでいるのは、国民から不当に労働を奪っている連中がいるからだ。我々は、ドイツ人の労働を奪っている連中から、労働を奪い返す！」というのが、ナチスの宣伝文句だった。

ドイツ人から不当に労働を奪っている連中とは、暗黙のうちにユダヤ人を意味していたことは言うまでもない。党の綱領《プログラム》（いまで言うマニフェスト）で公然と「ユダヤ人をドイツ公民としては認めない」と定めていたナチ党は、ドイツ社会に鬱積している反ユダヤ主義の感情を、失業状況に対する憤懣《ふんまん》と不安に結びつけた。そもそも、ドイツが一〇年以上にわたってヴェルサイユ条約の桎梏《しっこく》のもとで苦しみ続けてこなければならなかったのは、何故なのか？――世界大戦で敗北したからだ。では、その敗北は何故だったのか？――ドイツの軍隊は戦場では勝っていたのに、国内の裏切り者たちがそれを背後から刺したからだ。では、その裏切り者は誰なのだ？――アカ（共産主義者、社会主義者）どもだ！　――アカとは誰か？――ユダヤ人だ!!

都会の路傍で眠りこける失業者たち
（ヒトラー政権誕生直前のころ）
Kurt Zentner: *Illustrierte Geschichte des Dritten Reiches* (1965. München: Südwest Verlag) より。

世界恐慌による苦境のさなかにあった当時でもすでに、一九一八年一一月の世界大戦におけるドイツの敗戦がドイツ軍の軍事的敗北の結果だったことは、客観的に明らかにされていた。帝国崩壊と皇帝の国外逃亡の直接の引き金となったドイツの「一一月革命」は、戦争終結の時期を早めたものの、それ以前にすでに、ドイツ軍の最高首脳部は敗戦を認めて、政府に和平交渉を急ぐよう要求していたのである。(48) それにもかかわらず、ドイツ社会には、敗戦を内部の裏切りの結果とする「匕首《あいくち》伝説」と呼ばれる根強い主張が蔓延しつづけた。戦後のドイツをこのような苦しみに陥れたのは、一一月革命を画策して自国の軍隊を背後から匕首で刺すようなことをした連中の「一一月の裏切り」であり、その「一一月の裏切り者」とはユダヤ人に他ならない――。

この主張は、大失業状況という新たな苦境のなかで、失業の元凶はユダヤ人だというナチスによる暗示と容易に結びついた。「一一月の裏切り者」について言えば、よく知られている革命家たち、ローザ・ルクセンブルクやカール・リープクネヒトというドイツ共産党(KPD)のメンバーたちだけでなく、革命の結果として生まれたヴァイマル共和国の中軸となるドイツ社会民主党(SPD)の主要な理論家や政治家たちも、ユダヤ人だったのである。これは、一九一七年に始まるロシア革命や、ドイツ革命とほぼ時を同じくして展開されたハンガリー革命についても言えることだった。それらの革命のリーダーたちの多くが、ユダヤ人だったのだ。

じつは、当時のドイツの人口に占めるユダヤ人の比率は、老人から乳児までを含めても、わずか〇・九%弱、約五四万人に過ぎなかった。そのユダヤ人が、七〇〇万人を遥かに超える失業者の職を奪っているなどということは、あり得なかったのである。それにもかかわらず、ユダヤ人に対する憎悪をますます煽り立て、もっとも激しくユダヤ人排撃を叫ぶナチスは、失業撲滅の実行を期待する感情をも惹きつけた。失業率がますます高くなるにつれて、選挙でのナチ党の得票率は高くなったのである。

ヒトラーは本当に失業をなくした!

失業率が四四・四%に達し、辛うじて時間短縮労働に携わるものが二二・六%、そして完全就業者は労働力人口のわずか三分の一という状況のなかで、一九三二年七月の国会議員選挙は行なわれた。この選挙で、ナチ党はついに、これまで一貫して第一党だった社会民主党(SPD)の一三三議席を大きく上回る二三〇議席を獲得し、国会の第一党となった。二〇に近い政党が候補者を立て、そのうち一四の政党が議席を獲得したなかで、ナチ党に投じられた票は、投票総数の三分の一をかなり超える三七・三六%に及んでいた。

失業者たちの票がナチ党に投じられた結果だった、と考えられがちだが、きわめて注目すべきことに、事実はそうではないという研究結果が明らかにされている[49]。それによれば、失業者の票は主としてドイツ共産党(KPD)に流れたのだった。ナチ党に投票した有権者の多くは、現在はまだ失業に至っていないが、失業の危機にさらされている労働者や、とりわけ自営業の商工業者とその従業員、小規模農業経営者などだったのである。その人びとは、周囲の同業者たちが相次いで失業し、あるいは経営が行き詰まり倒産していくのを見て、「明日は我が身」という不安に襲われるなかで、救いをヒトラーの実行力に託したのだった。ナチ党が得た票の多くは、現に自分が陥っている苦境によるものではなく、あるいはそれにも増して、先行きの不安によるものだった。そしてその不安が、現に自分がユダヤ人から被害を蒙《こうむ》っているわけではない人びとの、ユダヤ人に対する反感や憎悪と、結びついたのである。ナチスがそれを結びつけたのである。

けれども、もしもナチスが宣伝の上だけで失業解消を叫び、いくら労働の創出を約束したと

資料③　ヒトラー政権成立前後の失業率の推移（%）

	1932年	1933年	1934年
1月	40.3	37.8	25.8
2月	40.7	37.4	23.2
3月	40.0	33.7	19.1
4月	36.6	30.9	15.5
5月	35.0	28.2	14.2
6月	34.2	27.5	14.3
7月	33.7	26.7	14.3
8月	33.1	25.1	14.2
9月	32.1	23.9	13.9
10月	31.2	23.1	13.9
11月	31.9	23.2	14.9
12月	35.3	27.1	18.2
年平均	32.4	28.6	17.3

資料④　1932～38年における年平均失業率の推移および第2次大戦開戦直前の失業率（%）

	失業率
1932年	32.4
1933年	28.6
1934年	17.3
1935年	14.1
1936年	10.8
1937年	7.3
1938年	7.0
1939年7月	2.9

しても、現実にそれを実行し実現しなかったとすれば、国会第一党のナチ党の党首ヒトラーが首相に就任したという出来事も、ほんの一時の歴史上のエピソードに終わっていただろう。だが、一九三三年一月三〇日に首相の座に就き、三月二四日に公布・施行された「全権委任法」によって政府とナチ党の独裁体制を実現したヒトラーは、現実に失業を減少させ、ついには実質的にそれをなくしたのである。

ヒトラー政権成立の前後とそのあと数年間におけるドイツの失業率は、資料③、資料④のような推移をたどっている[50]。

通例どおり季節や時期によって雇用状況の変化はあるものの、ヒトラー政権のもとで大量失業は目に見えて減少に転じた。「全権委任法」によって独裁体制が始まってから丸一年後の三四年三月には、失業率はついに一〇％台にまで下がった。そして、それ以後も年を追って着実に減少し、三九年九月一日にナチス・ドイツがポーランド侵攻によって第二次世界大戦を開始する直前の同年七月には、ドイツの失業率はわずか二・九％という世界最低の水準まで下降していたのである。

これが可能となった根拠については、しばしば、ナチス政権が軍需産業と結んで軍備拡張を推進したために雇用が拡大した、という説明がなされる。しかし、それは一九三五年以後の時期について言えることであり、ヒトラー政権初期の数年間における失業率の劇的な減少は、それとは別の施策によって実現されたのだった。

ヒトラー政権に先立つヴァイマル時代末期のブリューニング内閣は、決定的な失業対策の道が見出せぬまま、一九三一年六月五日、右翼民族主義諸団体の要求に応じる形で、とりあえずひとつの政策を実行に移した。それは、「自発的労働奉仕」（Freiwilliger《フライヴィリガー》 Arbeitsdienst《アルバイツディーンスト》）と呼ばれる制度だった。失業救済費の減額——とりわけ既婚女性の失業手当受給資格を厳しく制限し、失業者に対する生活保護の対象年齢を一六歳以上から二一歳以上に引き上げるなどの措置——と抱き合わせで実施されたこの制度によって、保険受給中の失業者が、任意で、つまり自発性にもとづいて、「労働奉仕」と呼ばれる労働力提供、労働従事を行なうことができるようにしたのである。

国家はこの制度によって、莫大な失業保険金や生活保護費の国庫負担を、多少なりとも補塡できることになる。失業者は、労働力を必要としている事業にボランティアとして応募することで、些少ではあれ現金収入と、そして働く機会とを、与えられることになる。だがそれ以上に、この制度は、労働者を受け入れる企業・事業主たちに、人件費を大幅に節減できるという僥倖《ぎょうこう》を与えることになった。労働奉仕に携わる失業者は、チップ同然の少額の報酬を受け取るだけだったからだ。名目的には、自発的労働奉仕に参加した失業者には、一人当たり週に二一マルクが支給されることになっていた。これは、同じ一九三一年の時点でのブルーカラー労働者（工場・鉱業や土木建築、運輸業などの肉体労働者）の週給の半分程度に過ぎなかった。しかも、失業者にじっさいに給付されるのは、一日当たり〇・五マルク（五〇ぺニヒ）だけで、残りの一七・五マルクは食費・光熱費・暖房費・宿泊費・保険料などの名目で天引きされた。つまり、同じ労働のための雇用でも、自発的労働奉仕の失業者を受け入れるほうが、人件費を格段に安く抑えることができたのだ。

「自発的労働奉仕」は、失業者救済の制度としてそれが発足してから一年後の一九三二年七月一六日に、法令改定によってその仕組みが大きく変えられることになった。この改定と八月二日公布の施行規則に従って、一八歳から二五歳までの青年であれば、失業者でなくとも任意で応募できるようになったのである。このことは、ひとつには、この制度が、ただ単に失業対策のためだけではなく、深刻な不況のなかで安価な労働力の調達のために利用されようとしたことを、端的に物語っている。国家にとってだけでなく企業にとって、この制度には大きな利点があったのだ。――だがそれと同時に、もうひとつの側面をも、見逃すことはできないだろう。失業者ではない青年たちが、自分の本業のかたわらで、文字通りボランティアとして、それを必要としている事業のために自分の労働力を自発的に提供するための機会を、この制度は創出したのである。新しい法令の第一条は、以下のように述べていた、「自発的労働奉仕は、ドイツの若者に、全体の利益のために共同で奉仕しつつ自発的に真剣な労働を行ない、同時にまた身体的および精神的・倫理的に自己を鍛える機会を与えるものである[51]」。

当初、この「自発的労働奉仕」の制度が失業保険受給者だけを対象としていたとき、ナチ党はこれに対して冷淡で、むしろ敵対的だった。みずからも多くの失業者をかかえていたSA《エスアー》(突撃隊)の隊員たちは、この制度とは無関係に、チップ同然の報酬と引き換えのボランティア労働の口を自分たちで見つけて来ては、街頭にたむろする失業者たちをそこへ連れて行き、支持者と新入隊員を増やしていたのだった。ところが、発足から一年後に制度が改定され、失業者以外の青年がそれに参加できるようになると、ナチ党は「自発的労働奉仕」に積極的に協力する方針に転じたのである。

失業による困窮に迫られて、最後のやむを得ない逃げ道として「労働奉仕」に行き着いた失業者たちではなく、自分の本業を持ちながら、恵まれている余力を自分が意義を見出す重要な労働のために提供しようとするボランティア精神を、ナチスが共闘と組織化の対象として見すえていたことは、想像に難くない。制度改定の翌月、ナチ党は「自発的労働力再教育協会」(Der《デア》 Verein《フェアアイン》 zur《ツア》 Umschulung《ウムシュールング》 freiwilliger《フライヴィリガー》 Arbeitskräfte《アルバイツクレフテ》)という団体を党の下部組織として結成する。そして、その名称のとおり、自発的労働奉仕に参加した若者を自分たちの仲間に引き入れて再教育する活動を、重点的に推進したのである。この活動によって、ナチ党は、自発的労働奉仕の制度に協賛し協力する政党や団体のうちで最大の勢力となった。

ヒトラーは政権を握ったとき、ヴァイマル時代のこの労働奉仕制度を、そのまま継承した。それどころか、その規模を大幅に拡充し、大規模な国家プロジェクトの建設事業に、「自発的労働奉仕」の労働力を大量に投入した。有名な「アウトバーン」(Autobahn)、自動車専用高速道路は、その代表的なひとつである。全国の主要都市を高速道路網で結ぶことを構想して、ヒトラー政権誕生の年の九月二三日にヒトラー自身が鍬入れ式を行なったこの建設工事は、初期の段階ではもっぱら自発的労働奉仕の労働力によって担われた。

アウトバーンの工事以外にも、全国各地で進められた国家規模や地方政府・自治体による大規模土木工事──干拓、河川改修、荒地の開拓、宅地造成、地域の再開発、等々──に、自発的労働奉仕の労働者が従事した。ヒトラー政権第一年目の一九三三年には、どの月にも、毎日二一万人から二六万人の自発的労働奉仕の労働者が従事しており、彼らの作業日数を合計すると、一ヵ月当たり五〇〇万日から六八〇万日に及んだ(52)。

ヴァイマル時代にせよヒトラー政権時代にせよ、この自発的労働奉仕の制度によって大量失業そのものが直ちに解消されたわけではない。ヴァイマル時代の最末期、ヒトラー政権発足の前月である一九三二年一二月には、自発的労働奉仕に参加していた失業者は二四万三一二〇人だった。これは、失業者総数の四・二%に相当する。ヒトラー政権発足から半年を経た三三年八月の時点では、自発的労働奉仕の従事者は二五万七二五七人で、それは失業者総数の六・一%だった。どちらの場合も、失業解消という意味では、ほとんど大勢に影響のない数値である。しかも、この労働奉仕によって失業者が失業者でなくなり、定職を得たわけではなかった。けれども、この制度による安価な労働力は国家の財政負担を軽減させ、とりわけ企業に莫大な利益をもたらした。鉱工業や建設関係を始めとする大企業は、大量の奉仕労働によって莫大な利潤を蓄積し、やがて正規の労働者を雇用するだけの力を持つようになる。そしてその結果、失業は減少の道をたどることになった。ヒトラーが本当に失業をなくすことができたのは、自発的労働奉仕を活用したことがその大きな要因だったのだ。だが、それと同時に、あるいはそれにも増して、ヒトラーがヴァイマル政府のこの制度を温存し、さらに拡大したことには、もうひとつ別の意図があったのである。

一九三三年三月三一日、首相就任から二ヵ月後、「全権委任法」の強行採決によって政府の独裁権とナチ党の一党独裁体制を奪取してから一週間後に、ヒトラーは、党幹部のひとり、コンスタンティン・ヒーアル（Konstantin Hierl）を、国務次官待遇の労働省労働奉仕局長に任命して、「労働奉仕担当責任者」とし、五月四日には正式に労働次官に昇進させた。一八七五年二月生まれでヒトラーより一四歳年長だったヒーアルは、一九二七年にナチ党に入党したのち、二九年からは党の第二組織部の部長として、労働奉仕制度についての立案構想に携わってきた人物だった。ヒトラーは、このヒーアルを責任者として、ナチ党独自の「労働奉仕」の制度を創出することを考えていたのである。ヴァイマル政府が始めた「自発的労働奉仕」は、そのために有用な、利用価値のある前提であり、重要な準備段階だったのだ。

2　労働奉仕と自発性——そもそも「ボランティア」とは何か？

ボランティアと労働——二つのキーワードを考える

どの政党であれ、その党名には、党の政治目標や、実現を目指す理念・理想が表現されている。ナチ党の党名もこれに変わりはない。

ナチ党の正式名称は、「国民社会主義ドイツ労働者党」(Nationalsozialistische《ナツィオナールゾツィアリスティッシェ》 Deutsche《ドイッチェ》 Arbeiterpartei《アルバイターパルタイ》)だった。それには、この党(Partei《パルタイ》)にとって重要な四つの理念が込められていた。①「国民」(Nation《ナツィオーン》)、②「社会主義」(Sozialismus《ゾツィアリスムス》)、③「ドイツ」(Deutschland《ドイッチュラント》)、④「労働者」(Arbeiter《アルバイター》)である。「ナチズム」(Nazismus《ナツィスムス》)というのは、「国民社会主義」(Nationalsozialismus《ナツィオナールゾツィアリスムス》)の略語で、「ナチス」(Nazis《ナーツィス》)は「国民社会主義者」(Nationalsozialist《ナツィオナールゾツィアリスト》)の略称「ナチ」〈Nazi《ナーツィ》〉に、その複数形を表わす語尾〈-s〉が付いたものである。ナチズムを掲げるナチスは、「社会主義」の実現を目指す「社会主義者」だったのだ。〈Nazi〉という略称そのものが、一九世紀のドイツ帝国で国家に弓を引く「非国民」であり「国賊」である社会主義者〈Sozialist《ゾツィアリスト》〉に付けられた蔑称の〈Sozi《ゾーツィ》〉を、もじったものだった。それゆえ、「ナチス」というのは元来は政敵や反対派から投げつけられる蔑称だったのだが、自嘲と居直りを込めてナチス自身によってもこの略称が用いられるようになったのである。

もちろん、同じく社会主義を標榜しているとはいえ、「ゾーツィ」であるマルクス主義的な社会主義者と、「ナーツィ」のナチスとのあいだには、大きな相違があった。たとえば、マルクス主義者たちは、ユダヤ人を敵であるなどとは考えなかった。彼ら自身のなかにユダヤ人は少なくなかった。しかしナチスは、反ユダヤ主義をもっとも重要な原理としていた。私有財産制や私企業の営利追求を基盤とする資本主義経済体制の社会は、拝金主義者であるユダヤ人の資本家たち、とりわけ金融資本家たちによって操《あやつ》られ毒されている。このような社会を打破して、人間が営利や富の桎梏から解放される共同性と連帯の社会である社会主義の社会を建設しなければならない――。こう彼らは考えた。だが、彼らのその社会主義は、「国民社会主義」、つまり「国民的《ナショナル》」な社会主義だった。マルクス主義的な社会主義が「国際主義《インターナショナリズム》」にもとづく「国際的《インターナショナル》」な社会主義を掲げているのに対して、ナチズムは「国民主義《ナショナリズム》」にもとづく社会主義を唱えたのである。そして、その国民社会主義の社会を共に建設し、共に生きる「国民《ネーション》」とは、「ドイツ」の国民であるドイツ人たちにほかならない。ユダヤ人も、ロマ民族も、黒人や頭髪の黒い民族のような劣等人種も、もちろん、ドイツ人ではあり得ない。

資料⑤　ヨーロッパの言語における「労働」

A．ゲルマン語系
ドイツ語：Arbeit ⇔ Werk
デンマルク語：arbejde

B．ラテン語系
古典ラテン語：labor　←古くは labos〔ラボス〕だった
イタリア語：lavoro
フランス語：labeur ⇔ travail
英語：labour, labor ⇔ work

C．スラヴ語系
ロシア語：работа ⇔ труд
チェコ語：robota
※カレル・チャペック『*R.U.R.*』（1920）の Robot

←　**共通の語源**：印度ゲルマン祖語　orbhos

党名に込められたもうひとつの理念、「労働者」も、ナチズムにとって重要な意味を持っていた。労働者を意味するドイツ語の〈Arbeiter《アルバイター》〉は、〈Arbeit《アルバイト》〉（労働）という名詞に、それを行なう主体を表わす〈-er〉という接尾辞を付したものだが、この「労働」という概念そのものが、ナチズムにとって本質的に重要なものだったのである。これがなぜそれほど重要だったのかを理解するために、ここで少し立ち止まって、ヨーロッパの諸言語の「労働」を意味する語に目を向けておこう。

ヨーロッパの多くの言語は、日本語・蒙古《モンゴル》語・ハンガリー語などの「ウラル・アルタイ語族」とは別の、「印度ヨーロッパ語族」と呼ばれる言語グループに属するとされ、それらは「印度ゲルマン祖語《そご》」という共通の起源から派生したと考えられている。この言語グループのうちの最大の言語系統が、「ゲルマン語系」、「ラテン語系」、「スラヴ語系」の三つである。資料⑤は、それぞれの系統のうち私たちにも比較的なじみのある言語を例にとって、その言語で「労働」を意味する名詞を示している。

　ゲルマン語系の代表として挙げたドイツ語の〈Arbeit《アルバイト》〉やデンマルク語の〈arbejde《アルベイデ》〉に対応する語は、ラテン語系の言語であるイタリア語では〈lavoro《ラヴォーロ》〉、フランス語では〈labeur《ラベール》〉という。これらは、紀元前五世紀ごろから紀元四世紀ごろまでのローマ国家の公用語だった古典ラテン語の〈labor《ラボル》〉から派生したものである。英語はゲルマン語系の言語のひとつだが、「労働」という意味の名詞としては、ゲルマン語系ではなくラテン語系の〈labor《レイバー》〉（旧表記＝labour）が用いられている。いずれにしても、ゲルマン語系とは似ても似つかぬ語である。もうひとつの言語系統であるスラヴ語系では、「労働」は、ロシア語の〈работа《ラボータ》〉、チェコ語の〈robota《ロボタ》〉などとして現われる。ところが、このようにそれぞれの言語系統によってまったく異なる語形をとっているこれらの語は、じつは、もともとは同じひとつの単語だった。つまり、印度ゲルマン祖語と呼ばれる源泉の、ある同じ単語が変形したものなのである。（煩雑を避けて詳細は巻末の註[53]に記すので、関心がおありのかたはぜひお読みいただきたい。）

　共通の起源である印度ゲルマン祖語におけるその原形は、〈orbhos《オルブホス》〉だったとされている。この語には、「孤児として残された」という意味があった（「孤児」を意味する英語の〈orphan《オーファン》〉にその痕跡が見られる）。そこから、「孤児となって、身体を使う苛酷な作業をしなければならないような奉公に出された子供の状態」を表わす語となったのである。[54]「労働」は、肉体労働でありしかも苛酷な、強いられた労働であって、そういう労働をする人間は惨めな存在だったのだ。「労働」という語が持つこの否定的な意味は、そののち言語が枝分かれして変化を遂げていくなかでも、肉体労働に対する嫌悪感、さらには肉体労働をする人間に対する社会的な蔑視や差別感情と結び付きながら、生き続けることになる。

　資料⑤に記したように、「労働」と近い意味を持つ名詞として、英語では〈work《ワーク》〉、フランス語では〈travail《トゥラヴァイユ》〉がある。ドイツ語にも、英語の〈work〉に対応する〈Werk《ヴェルク》〉という名詞が存在する。ロシア語では〈труд《トゥルート》〉がそれだろう。だが、「労働」を意味する語として挙げたものとこれらとの差異は、これらには「苛酷な、強いられた、肉体労働」という意味が必ずしも伴っていない、という点である。もちろん、時代の推移とともに両者の明白な区分は希薄になってきたとはいえ、基本的には区別は生きつづけている。英語の〈work〉、ドイツ語の〈Werk〉は、元来、「編物をすること」という意味だった。創作された「作品」がこの語で言い表わされることからもわかるように、日本語の「仕事」が持つようなプラスの意味を含んでいる。また、現在のフランス語では「仕事」の意味では一般に〈travail〉が使われ、「労働」〈labeur〉は「つらい作業、労苦、家畜の労役」の意味に限定して用いられるのみである。

　『山椒魚戦争』、『ひとつのポケットから出た話』などの作品でも知られているチェコの作家、カレル・チャペックが一九二〇年に発表した戯曲『R《エル》・U《ウー》・R《エル》』は、「労働」という語の持つ意味を、きわめて象徴的に、きわめて的確に表現している、と言えるだろう。この戯曲で作者は、労働《ロボタ》を人間に代わってする人造人間を発明し、それを「Robot《ロボット》」と名付けた。これが、こんにち多くの分野で現実のものとなっている「ロボット」の始まりだった。「労働」というものは、人間にとって、できればしたくないことだったのだ。社会の特権階級はそれをしたがらず、他人にそれをさせる。とりわけ3K労働（きつい、汚い、危険な労働）、社会の根底を支えるそういう重要な労働は、日雇い労働者など社会の底辺の労働者に押し付けられてきたのだが、ロボットは人間に代わってそれをする。しかも、チャペックのロボットたちは、させられる労働によって階級が分けられ、ランク付けされるのである。

　ヒトラーが「国民社会主義ドイツ労働者党」を率いて登場したとき、ドイツ語の「労働者」(Arbeiter《アルバイター》)は、働くもの一般ではなく、「ブルーカラー」の労働者を意味する言葉だった。白い襟《カラー》のワイシャツ（カッターシャツ）を着た事務系・営業系の「ホワイトカラー」ではなく、汚れが目立たぬ紺色《ブルー》系統の作業服を着た肉体労働者である。ホワイトカラーは、「労働者」ではなく「勤《つと》め人《にん》」(die Angestellten《ディ アンゲシュテルテン》)と呼ばれた。当時のドイツでは、ホワイトカラーとブルーカラーとでは、ビアホールでも同じテーブルを一緒に囲むことは許されないくらい、肉体労働者に対する社会的差別が厳然として生きていた。ヒトラーは、この差別をなくすことを重要政策の一つに掲げたのである。彼は、ブルーカラーを「拳《こぶし》の労働者」(Arbeiter der Faust《アルバイター デァ ファウスト》)と呼び、ホワイトカラーを「額《ひたい》の労働者」(Arbeiter der Stirn《シュティルン》)と名付けて、どちらも「労働者」であること、両者が労働者の誇りをもって新しいドイツを共に築かなければならないことを、訴えたのだった。

　ナチスが積極的に関与し推進した「自発的労働奉仕」は、つまり、卑しまれた困難な肉体労働を、自発的に、自由意志で、主体的に引き受けるという精神を、若者たちに体得させる機会だったのである。そのボランティア精神は、彼らの立ち向かう仕事が困難であり、世人が厭うものであるがゆえに、輝きを発するのだ。——「ボランティア」とは、元来、そのような困難

資料⑥　「ボランティア」の語源と意味

(v.) = 動詞、(adj.) = 形容詞、(n.) = 名詞、(pl.) = 複数形

古典ラテン語

volo (v.)：望む、欲する、したい、選ぶ

← 印度ゲルマン祖語の uel〔ウエル〕から発している

voluntarius〔ウォルンターリウス〕(adj.)：自分の自由意志で行動するところの、自発的な
voluntas〔ウォルンタース〕(n.)：自由意志、自発性、欲求、選択

→ 派生的な意味
volo (n.)：志願兵、義勇兵
voluntarii (n. pl.)：志願兵・義勇兵たち

英語

voluntary〔ヴォランタリー〕(adj./n.)：自発的な、自由意志の／自発性、自由意志
volunteer〔ヴォランティーア〕(n.)：「ボランティア」、義勇兵

※ One volunteer is worth two pressed men.
（一人の volunteer は強制された人員二人分の値打ちがある）

※ volunteer ⇔ pressed man

を自発的に引き受ける精神の持主なのである。

「ボランティア」〈volunteer《ヴォランティーア》〉という英語は、フランス語の〈volontaire《ヴォロンテール》〉、イタリア語の〈volontario《ヴォロンタリオ》〉などとともに、古典ラテン語にその起源を持っている。ドイツ語では、それとは別の独自の表現、〈Freiwilliger《フライヴィリガー》（男性形）／Freiwillige《フライヴィリゲ》（女性形）〉が一般に用いられた。「自由意志で行なう人」という意味である。だが、ひとまずそれを別として、ここでは、「ボランティア」という語の起源と語義を、資料⑥に即して確かめておこう。

「ボランティア」という語は、もともとはラテン語の動詞〈volo《ウォロー》〉から出たものである。この動詞は、英語の〈will《ウィル》〉やドイツ語の〈wollen《ヴォレン》〉と同じように、印度ゲルマン祖語の〈uel〉を共通の語源とするもので、「望む、欲する、したい、選ぶ」などの主体的な意志と選択に関わる感情を表わす語だった。ラテン語の動詞〈volo〉から派生する形容詞、名詞

は、それぞれ記したとおりである。

　重要な点は、まずひとつには、この語が、「自発性」や「自由意志」を表わす言葉だったということである。強制された行為、不本意な行為、命令され指示に従ってする行為などは、この言葉の意味と矛盾し、この言葉の精神に反するのだ。

　だが、もうひとつの重要な点は、歴史の進展のなかで、この言葉は別の意味も持つようになる、ということである。それは、紀元前二一八年から二〇一年にかけて、古代ローマ共和国が「第二ポエニ戦争」と呼ばれる地中海沿岸全域を巻き込む大戦争を行なったとき、始まった。敵国カルタゴの将軍ハンニバルにちなんで「ハンニバル戦争」とも呼ばれるこの戦争で、ローマは、紀元前二一六年の「カンナエの戦い」に大敗を喫し、国家存亡の機に瀕した。この敗北からの挽回を期して、ローマは新しい制度を導入する。それは、ローマ軍に志願して戦う奴隷は奴隷の身分から解放される、という制度だった。そして、この奴隷が、〈volo《ウォロー》〉と呼ばれたのである。複数形としては、形容詞が名詞化した形の〈voluntarii《ウォルンタリイー》〉（自由意志で行なう人びと）が用いられた。「ボランティア」が「義勇兵」「志願兵」を意味するようになった始まりは、古代ローマのこの制度だったのだ。そして、「ボランティア」という語に含まれるこの意味は、現在に至るまでなお生き続けることになる。

　かつてのイギリス海軍の志願兵募集のキャッチフレーズは、「一人の volunteer は強制された人員二人分の値打ちがある」というものだった。「ボランティア」は、強制された人員（pressed man）の反意語なのである。強制されてする行為ではないからこそ、ボランティアの行為には、そしてそれをするボランティアには、大きな意味と価値があるのだ。——だが、ボランティアである義勇兵が自由意志で身を投じた軍隊には、強制だけが、指示され命令されてする行為だけが、待っていた。

制度化を支えた自発性

政権の座に就いたヒトラーが、ヴァイマル政府の「自発的労働奉仕」の制度を継承したとき、彼の思惑は的を射ていたのである。そのことを物語っているのが、この制度によって労働奉仕に従事した労働者の月別の人数、およびその労働日数の合計を表わす別掲の資料⑦である(55)。データのうち「従事者数」は、その月にボランティアとして応募し労働に従事した労働者の人数であり、毎日の従事者数を合計した一ヵ月の延べ人数ではない。すべての従事者の従事日数の総計は、各月の「合計従事日数」（七月以降は概数）として示されている。多少の増減はあるものの、各人が一ヵ月に二〇日程度、従事していたことがわかるだろう。

当初は失業者だけに限定されていた「自発的労働奉仕」の参加資格は、前述のように、制度開始の一年後、一九三二年七月一六日に改訂され、八月二日の施行規則によって、一八歳から二五歳までの青年であれば失業者以外でも参加できるようになった。データの数

資料⑦　「自発的労働奉仕」従事者の推移

年	月	従事者数	合計従事日数
1932	1	13,200	200,000
	2	18,800	344,000
	3	25,400	617,000
	4	38,000	636,000
	5	53,300	1,029,000
	6	70,400	1,452,000
	7	80,000	1,650,000
	8	97,000	2,000,000
	9	144,000	3,000,000
	10	253,000	5,000,000
	11	285,000	7,000,000
	12	241,700	4,600,000

値は、その翌月の九月から参加者が急増したことを示している。八月には九万七〇〇〇人だった従事者数は、九月には一挙に約一・五倍の一四万四〇〇〇人となった。さらに、同じく八月段階との比較で、一〇月には二・六倍、一一月には三倍近くに増加する。それまでも漸増傾向にあったとはいえ、この急増は、失業者ではない青年たち、純然たるボランティアたちが、労働奉仕に加わった結果と考えて間違いないだろう。実質的には、失業者の二倍に相当するボランティアたちが、この制度を担うことになったのだ。

このボランティアたちを、ヒトラーは、待っていたのである。このボランティアたちを先駆《さきが》けとして、自発的に、自由意志によって、進んで困難な労働に立ち向かう精神が、若者たちのなかに芽生え、次第に根を下ろし、拡大深化していくことを、彼は期待し、確信していた。

コンスタンティン・ヒーアルをナチ党の第二組織部長に任命し、「労働奉仕」制度の立案を開始した一九二九年以来、野党時代のヒトラーは、ヴァイマル政府による「自発的労働奉仕」の制度化に先立って、ナチ党独自の構想を進めていたのだった。政府による制度が始動して数ヵ月後の一九三一年秋にはすでに、首都ベルリンから東へ一〇〇キロほど離れたオーダー河畔のフランクフルト（フランクフルト・アン・デァ・オーダー）に近いチェチュノウという村で、ナチ党の「労働奉仕指導者講習会」が行なわれた。労働奉仕制度を実施するさいの指導者をあらかじめ養成する計画が実行に移されたのである。そして早くも三二年一月には、北ドイツのポンメルン州ハンマーシュタイン村に、最初の「労働奉仕宿営地」を建設し、同年末までに全国各地でその設営を進めた。

三二年夏に「自発的労働奉仕」への参加が失業者以外にも認められるようになったとき、ナチ党はすでに、労働奉仕従事者たちを統率する指導者《リーダー》と、労働奉仕従事者たちを独自に組織し共同で生活させるための自前の宿営地《キャンプ》を持っていたのだった。同じ一九三二年の五月に中部ドイツのアンハルト州で第一党となって州政府を握ったナチ党は、州政府の事業として労働奉仕を制度化したのである。さらに同年八月二〇日、そのアンハルト州の都市デッサウ近郊のグロース・キューナウで、ナチ党主催の「労働奉仕指導者講座」が開かれ、以後、同地で定期的に開催されるようになった。

ヒトラーが一九三三年一月三〇日に政権の座に就き、三月二三日に強行採決され翌日から施行された「全権委任法」によって独裁権力を握ったとき、ナチ党はすでに、ドイツ語で「労働奉仕」(Arbeitsdienst《アルバイツディーンスト》)と呼ばれるボランティア労働を、全国規模で展開する態勢を整え終わっていたのである。ヴァイマル政府が遺《のこ》した制度をそのまま受け継いだヒトラーは、この制度とともに、この制度によって生み出され育まれた十数万人のボランティア青年たちを、獲得する。彼らと彼らのボランティア精神を生かしながら、独自の労働奉仕制度を創出する構想が、実現への一歩を踏み出す時が来たのだ。その構想の核心は、「労働」というものについての世人の考えを根本から変えなければならない、そのために、すべてのドイツ国民がボランティア労働を体験しなければならない——というヒトラーの理想だった。

ヒトラーは、政権掌握の当初から、大失業状況を乗り越えるために「自発的労働奉仕」を活用する方針を立てていた。そしてその方針を、ナチス政権下で最初の「メーデー」となった五月一日に、全労働者とドイツ国民に向かって公言したのだった。労働者の祝祭日とされてきたこの日を、ナチス政府は、マルクス主義的社会主義の伝統を断ち切る好機としてとらえ、「メーデー」（Maifeiertag《マイファイアーターク》）の名称を廃止して、「国民的労働の日」（Tag《ターク》 der《デア》 nationalen《ナツィオナーレン》 Arbeit《アルバイト》）と改称した。この祝祭日を祝う政府主催の集会で、ヒトラーは長い演説を行ない、「労働供給による失業の解消」を、初めて具体策を提示しながら、あらためて公約したのだった。[56]

労働供給を我々は二つの大きなグループに分けています。まず最初は個別的な労働供給。これについてはまだ今年のうちに、ひとつの大きな仕事に着手することになっています。その仕事は、ドイツの建造物を、家屋を、改修するというもので、これによって数十万人に労働を与えることになるでしょう。我々はいまこの瞬間に、ここのこの場で、初めて、ドイツの民族民衆に呼びかけを行ないたい——ドイツ民族民衆よ！　労働供給という問題は遠い星の彼方で解決される、などと考えるな。きみ自身が、それを解決する手助けをしなければならない。きみが、分別と信頼にもとづいて、労働を与えてくれる可能性のあることは、すべてやらなければならない。自分の必要とするものを自分で作り出すことを躊躇せず、自分がいつかこしらえてもらわなければならないものを、こしらえてもらうためにただ待っている、などということをしない義務が、すべての個々人にあるのだ。〔……〕

これが、数百万人の個々人に向けられた呼びかけ、またもっとも手短に数百万人の人びとに労働を与えることができる呼びかけであります。我々はさらにその先として、大きな公共的な労働供給の可能性をいくつか、まだ今年のうちに実現すべく努力するでありましょう。我々は、我々が後世に委ねることを望まないひとつの計画《プログラム》を作成しています。我が道路建設の計画、数十億を要する巨大な課題です。我々は、これに対するさまざまな抵抗を排除して、この課題を大々的に開始するでしょう。我々はこれによって一連の公共的な労働への道を開くでしょう。そしてそれらの労働は、失業者の数をさらにますます減少させるための一助となるでしょう。

正式名を「帝国自動車専用道路」（Reichsaotobahn《ライヒスアウトバーン》）と称することになる高速道路網は、ヒトラーのこの演説のなかで初めて、失業解消の重要な決め手のひとつとしてその建設が公表されたのだった。この大規模プロジェクトを担う労働力として、ヒトラーは「自発的労働奉仕」の志願者を投入するのである。ヒトラーは、だがしかし、労働奉仕をただ単に失業解消との関連でのみ重視していたのではなかった。「労働」というものについてのドイツ国民の考えを根本から変えるという彼の理想が、「大きな公共的な労働供給」のためのこの国家プロジェクトの開始と、それによってますます促進される新たな労働奉仕制度の構想によって、実現への道を歩むことになったのである。

新たな労働奉仕制度の準備を進める途上で迎えた一九三四年のナチ党全国党大会にさいして、ヒトラーは九月五日、党籍とは無関係に特別参加した五万二〇〇〇人の労働奉仕従事者たちを前に演説を行なった。その演説のなかで、自分は労働というものに対する世人の考えを根本から変えるつもりであると述べ、さらにこう語ったのである、「こうした新しい労働概念と、こうした新しい労働観とに向けて、これからひとつの民族民衆全体を教育しようというのは、じつに大それた企てであります。我々はそれを敢えてやることにしたのだ。そして、我々はそれを成し遂げるだろう。諸君こそは、この仕事が失敗することなどあり得ないという最初の生き証人なのだ。／諸君と同じ学校を、全国民が修了するだろう！　まず最初に諸君の共同体を通過することのないドイツ人は、だれひとり、この民族民衆の共同体に加わるだけの成長を遂げることなどできないという時代が、やってくるだろう。」

ここでは、自発的に労働奉仕に従事する若者たちを誉め讃えるとともに、労働奉仕をすべてのドイツ国民に体験させるという計画を実現する決意が、熱意と確信を込めて表明されている。だが、労働奉仕と、奉仕としての労働、ひいてはまた労働そのものを、ヒトラーがこれほど重視し、これほど意欲的に重要政策の課題としたことには、どんな理由と意味があったのだろうか？――ヒトラー自身の発言に即して、それを確認しておこう。

ヒトラーは労働奉仕に何を見たのか？

一九三三年五月一日、従来の「メーデー」を廃して新しい祝祭日とされた「国民的労働の日」の演説で、ヒトラーは、古い居住地域の再開発や建物の建て替えなどのプロジェクトによって個別の失業者に労働奉仕の機会を与え、自動車専用高速道路（アウトバーン）の建設工事という大規模公共事業に大量の労働力を投入して失業を減らすことを公約した。だが、首都ベルリン郊外のテンペルホーフ原野《フェルト》（現在は空港になっている）で、晩の八時から、光と闇の照明効果が十二分に発揮されるなか、数十万人の聴衆を前にして行なわれたその演説は、失業解消の公約以外にも、きわめて注目すべき内容を含んでいた。新生ドイツの四四歳の首相は、その同じ演説のなかで、労働と労働奉仕についての彼の信念と目標を、熱を込めて語ったのである。

そして、きょうという この日の最後に、あるひとつの行為による未来への架け橋となるべきことがらを、記録に留めることにしたい。我々が初めて労働奉仕の義務化ということを公衆に披瀝したとき、死に絶えようとしているマルクス主義世界の代表者どもは、大きなわめき声を上げて、こう宣《のたま》わった、「これはプロレタリアートに対する新たな攻撃だ、労働に対する攻撃だ、労働者の生活に対する攻撃だ!」。いったいなぜ彼らはそんなことをやらかしたのか? 彼らはちゃんと知っていたのだ――それは決して労働に対する攻撃などではなく、ましてや労働者に対する攻撃ではない。そうではなく、ひとつのおぞましい偏見、というのはつまり、肉体労働は卑しいという偏見に対する攻撃に過ぎない、ということを。この偏見こそを、我々はドイツから根絶しようと欲《ほっ》しているのであります。我々のなかの何百万もの人間が肉体労働者たちの重要な意義について無理解なまま生きているような時代に、ドイツ民族民衆を労働奉仕義務によって教育し、肉体労働は恥ずべきことではなく、不名誉なことでもなく、それどころかむしろ、他のすべての行ないと同じように、それを忠実に、まじめな気持ちで果たす人間に名誉をもたらすのだという認識に至らしめることを、我々は欲しているのであります。

ひとりひとりのドイツ人すべてに、それが金持であろうが貧乏であろうが、学者の息子であろうが工場労働者の息子であろうが、一生に一度は肉体労働をするようにさせ、それによって肉体労働というものを知らしめ、自分自身がすでに前もって服従することを学んだがゆえに、将来はこの分野でも命令することもできるようにする、これこそが、あくまでも我々の断固たる決意なのであります。我々は、マルクス主義を外面的にだけ除去しようなどとは考えていない。そいつから、そいつが存在するための前提になっているものを剝奪する決意を、我々は固めているのだ。我々は、我々の後から来る世代のために、マルクス主義がもたらす精神的な錯乱をあらかじめなくしておくつもりなのだ。

頭脳労働者と肉体労働者は、決して対立するものであってはならない。だからこそ我々は、ともすれば個々人をとらえがちで、万力《まんりき》の前や機械の前や鋤《すき》の後ろに「しか」立てない仲間たちを上から見下《みくだ》すような、そういう思い上がった感覚を、根絶するのです。しかしながら、ドイツ人の誰もがこういう種類の労働を一度は知らなければならないだけではない。それとは逆に、肉体労働者は、精神的労働もまた必要であることを、知らなければならない。彼らにもまた、他者を見下し、自分のほうが優れていると思い上がる権利などなく、各人が大きな共同体のための心構えをしなければならないことを、教えなければならない。

我々は、今年こそ初めて、我々が労働奉仕と結びつけているこの大きな倫理的思想を、実現するでありましょう。〔以下略〕

ヒトラーが労働奉仕の義務化を構想したのは、まず第一に、ドイツ社会の社会通念となっている肉体労働と肉体労働者に対する差別を、すべてのドイツ人にみずから肉体労働を体験させることで、なくそうとしたからだった。だが、それと不可分に、それにもまして重要なことを、彼は意図していたのである。それは、労働をめぐる差別こそが階級闘争の原因になっている、という認識にもとづいて、階級闘争の原因そのものを根絶しようとする決意だった。一九世紀後半以来のマルクス主義に依拠する国際社会主義運動は、「万国のプロレタリア団結せよ！」のスローガンのもとに、プロレタリア、つまり自分の肉体労働以外には売るべきものを持たず、それ以外のいっさいの生産手段を持たない無産者たち、すなわち無産階級の、自己解放運動として展開されてきた。ナチスが現在のドイツの不幸の源泉と見なす「一一月の裏切り」、つまり一九一八年一一月に始まるドイツ革命も、このマルクス主義の労働者運動の脈絡のなかで起こったのだった。ナチスが「国民社会主義」を標榜したのは、同じドイツの国民を抑圧者と被抑圧者とに二分する「階級闘争」を根絶するためだったのだ。その根絶に向けた具体的な道を、ヒトラーは労働奉仕の義務化に見出したのである。

「労働奉仕」（Arbeitsdienst《アルバイツディーンスト》）というドイツ語の後半部、「奉仕《ディーンスト》」というのは、職務なり任務なりに服務することを表わす語として一般的に用いられるが、元来は、「下僕《しもべ》として仕《つか》えること」という意味である。社会的な主従関係のなかでの従属者の働きを言い表わす場合（「御主人さまにお仕えする」など）や、宗教的な「神への奉仕」と、そのひとつのありかたとしての慈善活動を言う場合が、この意味を明白に含んでいる。ヨーロッパ中世のキリスト教、カトリック教団の修道女や修道僧たちは、毎日何度かの定時の礼拝を行なった。これが「神への奉仕」（gotesdienst《ゴテスディエンスト》）と呼ばれた。宗教改革を経てプロテスタント教会が生まれたのち、奉仕は神への奉仕だけでなく、世俗的な奉仕、この世を共に生きる人びとへの慈善活動にも重きが置かれることになる。この延長線上に、現代語において「お客さまへのサービス」という意味で「奉仕」という言葉が使われるケースもある。だが、この言葉が無意識のうちに単なる職務従事の意味で用いられる場合でも、じつは社会的な従属関係を内包していることが少なくない。上官から部下への命令にもとづく「軍隊の服務《ディーンスト》」などが、その一例だろう。「お客さまへのサービス《ディーンスト》」にも、客と商人との社会的・経済的な上下関係が想定されている。

このように、「奉仕」は、元来の意味では、いずれの場合にも、自分を下位に置くへ、り、く、だ、り、や謙虚さの意味を含んだ語として用いられ、その意味では、私利私欲を捨て我意を殺して謙虚に自分の力を他者のために提供するボランティアの精神に、ふさわしい語彙だと言えるだろう。

その精神の自発的な謙虚さを、すべてのドイツ国民に植え付けるために、ヒトラーは労働奉仕の義務化を実現しようとしたのだった。軽んじられ侮蔑され差別されてきた肉体労働を、すべてのドイツ人に体験させることで、肉体労働とそれに従事する肉体労働者に対する差別感情と自己の優越感を払拭し、私利私欲を満たすためではなく全体のために自発的に奉仕する精神を、奉仕労働の体験を通じて青年たちに体得させようとしたのである。他方では、肉体労働者が、劣等意識と物質的な不利益とから解放されることによって、「拳《こぶし》の労働者」と「額《ひたい》の労働者」が双方から歩み寄り、こうして労働をめぐる差別が社会から一掃されて、国民を分断する階級差別がなくなり、階級闘争がその前提を失うことを、そしてその結果、ナチズムにとって不倶戴天《ふぐたいてん》の敵であるマルクス主義の革命運動が消滅して、民族民衆が一体となって生きるひとつの共同体が生まれることを、ヒトラーは実現すべき目標として公言し、その目標の実現に向けて歩を踏み出したのである。

ボランティア労働は、ヒトラーのこの構想によって、大失業状況という国家社会の危機を救うための一手段から、新しい国家社会をナチズムの理念にもとづいて創出するための重要な原動力へと、大きな転換を遂げることになった。

3　自発性とファシズム――労働奉仕が歩んだ道

労働奉仕の先行者たち

関東大震災は、近現代の日本における「ボランティア元年」をもたらした。だが、それと同じような画期的な始まりは、ドイツ近現代のボランティアの歴史には見られない。ドイツにおけるボランティア活動は、それ自体が目的ではなかった別のいくつかの活動のなかで、付随的に、あるいはその活動のひとつの結果として始まった。さらには、その別の活動を通じて社会的な課題や問題と関わる体験をした個人が、その体験の延長線上で、新しく始まったボランティア活動の主力メンバーになる、という経緯をたどった。そのような経緯のなかで一定の役割を果たすことになる最初のグループに、日本でもよく知られている「ワンダーフォーゲル」と「ボーイスカウト」がある。

先進工業国であり古くからの植民地支配国家だったイギリスやベルギーと比べれば、ドイツは大幅に遅れて近代化の道を歩んだ。イギリスで一七七〇年代に進行した産業革命（鉄と蒸気の第一次産業革命）がドイツに波及したのは、ようやく一八二〇年代になってからだった。それどころか、近代国民国家たる「ドイツ帝国」が、プロイセン王国主導の統一国家として成立するのは、一八七一年一月――日本の「明治維新」より三年後――のことである。だが、ドイツ帝国となってからの変化の速度はきわめて急激だった。

建国からわずか十数年後の一八八〇年代前半には、アフリカ大陸に「保護領」という名の四つの植民地（カメルーン、西南アフリカ、トーゴー、東アフリカ）を獲得し、オセアニア（東太平洋）ではパプア・ニューギニアのほぼ四分の一と、ミクロネシア（マーシャル、カロリン、マリアナ、パラウの諸群島）およびメラネシア（ビスマルク諸島）の島々を、相次いで支配下に置いた。さらに一八九八年には、中国山東半島の膠州を清《シン》国から租借して、事実上の植民地としたのである。先進国イギリスとのあいだで世界の制海権を争いながら進められたこの海外進出と並行して、国内における工業化と、それに伴う社会全体のいわゆる近代化と都市化が、やはり先進諸国に追い付き追い越す勢いで進められた。

「ワンダーフォーゲル」は、一八九〇年代にほとんど危機的とも言える様相を呈していた開発と工業化による自然破壊、人間生活の自然からの疎外に対して、それとは別の生きかたを模索する青年たちのひとつの試みとして生まれた。ベルリン郊外シュテーグリッツのギムナージウム（大学進学を前提とする九年制の高等中学校）を卒業したひとりの大学生が、後輩たちに呼びかけて小グループでの自然探索と徒歩旅行を始めたのは、一八九六年のことだった。それがたちまち反響を呼んで、全国各地に同様のグループが結成されたのである。同じころ、都市化の波に抗して、「自然に帰れ！」の合言葉が教育や文化の諸分野でも叫ばれ、自然のなかでの心身の鍛錬が重要視されるとともに、「田園都市」の構想や、都市の住空間に自然を取り入れる工夫などが、芸術家や建築家によっても模索されていた。こうしたなかで一九〇一年一一月、全国の徒歩旅行グループの代表たちが発祥の地のシュテーグリッツで総会を開き、統一団体を結成して、ドイツ語で渡り鳥を意味する「ワンダーフォーゲル」（Wandervogel《ヴァンダーフォーゲル》）という名称を決定したのだった。

一方、一九〇七年にイギリスで創立された「ボーイスカウト」は、二年後の一九〇九年にドイツの支部を持つことになった。だが、その新しいドイツ支部は本部と同じ名称ではなく、「道なき道を見つける人」、「開拓者」を意味するドイツ語の「プファートフィンダー」(Pfadfinder)を名乗ったのである。ワンダーフォーゲルよりさらに年少の少年たちをメンバーとして、年長のリーダーたちに統率されるこの団体も、野外でのキャンプや、自然観察、自然のなかでの自己鍛錬などを、主要な目的としていた。

プファートフィンダーも基本的には同様だったが、とりわけワンダーフォーゲルの諸団体は、比較的富裕な階層の子弟たちによって構成されており、政治的・社会的な意識の点では概して穏健、あるいは鈍感だった。徒歩旅行の途上、農家で宿を借り、お礼に農作業の手伝いをするという体験をしばしば重ねながら、それをすることの意味をさらに深く考えて、それを労働奉仕、つまりボランティア労働として自分たちの活動のテーマのひとつに取り入れ、積極的に労働の機会を求めるところまでは、大多数の団員の思いは及ばなかった。彼らと同年齢の圧倒的に多数の若者は、すでに工場労働者なり手工業の職人や徒弟なり農業労働者なりとして、肉体労働に従事していたのである。

だが、それにもかかわらず、これら二つの団体、とりわけワンダーフォーゲルは、そのあとにやってくるボランティアたちに、ある重要な影響を及ぼしたのだった。それは、自然と人間との関係のありかたという問題を、彼らの活動が提起していたからである。とりわけ、ドイツの大地《ボーデン》に根ざした農耕民族としてのドイツ人、ドイツの大地とドイツ人の血脈《ブルート》との結び付き——すなわち「血と土」(Blut und Boden《ブルート ウント ボーデン》)という右翼ドイツ民族主義のイデオロギーに、彼らの活動は大きな刺激《インパクト》を与えた。「自然に帰れ！」のロマン主義は、「ドイツの血と土を取り戻せ！」という民族主義と合流し、その民族主義に依拠するボランティア活動を生むのである。これが具体的な姿をとって現われるのは、第一次世界大戦とドイツの敗戦を経たのちの、一九二〇年代中葉のことだった。

それ以前の、のちに第一次世界大戦と呼ばれることになる欧洲大戦のなかで、ドイツの労働奉仕は、ひとつの大きな事例を、あるいはむしろ前例を、歴史に残すことになる。

一九一四年六月二八日、住民たちがオーストリアからの独立とセルビアへの帰属を求めていたボスニア・ヘルツェゴヴィナの首都サライェヴォで、オーストリア帝国の皇太子夫婦が、セルビア系の青年グループによって暗殺された。この事件に端を発して、オーストリアと隣国セルビアとの対立が深刻化し、ついに七月二八日、オーストリアがセルビアに宣戦布告する。こうして、セルビアを支援するロシア帝国、イギリスおよびフランスと、オーストリアを支持するドイツおよびトルコ帝国とのあいだで、「欧洲大戦」と称される戦争が勃発したのである。この大戦に、ドイツ帝国は八月一日に参戦した。それから二年四ヵ月を経た一九一六年一二月五日、長期化する戦争で軍需産業や食糧生産のための労働力の不足に悩んだドイツ政府は、ひとつの戦時特別法を公布し、即日施行する。

「祖国救援奉仕法」という名のその法律は、兵役に就いていない満一七歳から満六〇歳までの男性に、「祖国救援奉仕」(der《デァ》 vaterländische《ファーターレンディッシェ》 Hilfsdienst《ヒルフスディーンスト》) という名の過重労働を、「戦争が続くあいだ」課すことを定めたのである。官庁や軍需産業、農業・林業、病院関係、および戦争遂行と人民への食糧供給に関わる企業や職業に携わっているものは、すでに祖国救援奉仕を行なっているとみなされるが、それ以外の該当者は、救援奉仕を行なうむねを「自発的に」（freiwillig《フライヴィリッヒ》＝自由意志で）担当官庁に申告し、その指示に従って奉仕労働をしなければならない。つまり、現に何らかの職に就いて働いていても、それとは別に軍需企業や戦争関連の部署で労働奉仕をしなければならないのである。もし一定期間のうちに申告しない場合は、督促状が送られてくる。それでもこの法律に従わないものには、一年以下の禁錮刑と一万マルク以下の罰金、もしくはそのどちらか一方が科せられることになっていた。「自発的」とは言っても、事実上は労働奉仕が義務づけられたのだった。

四年三ヵ月に及ぶ戦争のすえに、一九一八年一一月九日、すでに全国各地で始まっていた即時停戦と皇帝の退位を要求する労働者や兵士たちの蜂起に呼応して、首都ベルリンでゼネストが決行され、労働者を中心とする民衆とそれに合流した兵士たちが全市を制圧した。「一一月革命」と呼ばれるこの革命によって、その日のうちにドイツ帝国は崩壊する。そして革命の臨時政府が樹立されると、革命政府は直ちに、まだ連合国側との休戦協定が成立して戦闘が終止する以前に、「祖国救援奉仕法」を廃止した。けれども、それは死ななかった。歴史上の一エピソードとして過去の彼方へ消え去るかわりに、十数年ののち、労働奉仕の義務化というヒトラー政府の重要政策として蘇るのである。

そこに至る途上で、二つの実践活動がドイツにおけるボランティアの歴史に登場する。そのひとつは、ドイツ革命に敵対し、それを軍事力によって殲滅《せんめつ》するために創設された「義勇軍団」という名のボランティア部隊だった。もうひとつは、革命の結果として生まれたヴァイマル共和国で、一九二〇年代の半ばから実践された「アルタマーネン」という名のボランティアたちによる運動である。そのどちらも、それらが存続した一時期だけでなく、それらが姿を消したのちも、その運動に参加したメンバーたちのその後の歩みをとおして、二〇世紀の歴史に大きな痕跡を残し、翳《かげ》を落とすことになったのだった。

「義勇軍団」というボランティア部隊

一九一八年一一月に始まるドイツ革命は、その勃発の当初から、革命の主体である民衆を代表する活動家や政治家たちのあいだに大きな対立を孕んでいた。その対立は、ついに現実となった革命を久しく待ちわびていた政治勢力、彼らが積み重ねてきた社会運動こそがこの革命を準備したその政治勢力の内部で、もっとも深刻に顕在化したのである。

対立は、どのような政治・経済・社会体制をこの革命によって建設するのか、という根本的な問題をめぐって生じた。民衆の蜂起によって崩壊したドイツ帝国（Das《ダス》 Deutsche《ドイッチェ》 Reich《ライヒ》）は、資本主義体制の立憲君主国だったが、君主制を廃して主権在民の共和国を樹立するという点では、革命勢力の意見は一致していた。しかし、企業連合体《コンツェルン》など独占企業を主軸とする私企業が生産と流通・販売・交易などの経済活動を支配する資本主義体制の国家社会にするのか、それとも、炭鉱・鉱山や鉄鋼業、発電、造船、鉄道車輛製造などの基幹産業と、公共交通機関・電気・上下水道・ガスなど生活上不可欠の基盤《インフラ》企業を「社会化」（国営化や公営化）する社会主義体制の構築を目指すのかで、多数派の「ドイツ社会民主党」（ＳＰＤ《エスペーデー》）と、大戦中にそこから分裂して結党された少数派の「ドイツ独立社会民主党」（ＵＳＰＤ《ウーエスペーデー》）とのあいだで決定的な対立があった。

多数派ＳＰＤは、一部の基盤《インフラ》企業の公有化には同意したが、大資本家・大企業主たちの協力が得られなければ国民への食糧供給が困難となる、という理由で、資本主義体制の維持を主張した。それに対してＵＳＰＤは、党内右派の一部を除き、基本的に社会主義への移行を支持していた。とりわけその内部の左翼反対派である「スパルタクス同盟」（Spartakusbund《スパルタクスブント》）と「革命的オプロイテ」（Revolutionäre《レヴォルツィオネーレ》 Obleute《オプロイテ》）のメンバーたちは、断固として社会主義体制を主張し、新しい革命ドイツの国名も「ドイツ社会主義共和国」とすることを要求した。

もうひとつの、さらに決定的な対立は、新しい共和国の政治制度、すなわち主権者である人民が主権を行使するための行政・立法・司法の制度をどのようなものにするかをめぐって生じた。多数派のＳＰＤは、カトリック政党の「中央党」（Zentrum《ツェントゥルム》）や、自由主義《リベラル》派諸政党の合同によって新たに生まれた「ドイツ民主党」（ＤＤＰ）なども抱き込んで、議会制民主主義の政治形態を主張した。そして、新しい憲法を制定するための国民議会の選挙を直ちに行なうべきだとした。それによって実質的に議会制の政治が始まるのである。これに対して、ＵＳＰＤ、とりわけその左派のスパルタクスとオプロイテは、直接民主主義にもっとも近い政治形態として「レーテ」（Räte）制度を強く主張した。

「レーテ」とは、一九一七年に勃発したロシア革命のなかで革命の執行権力として組織された「ソヴィエト」（совет）に対応するドイツ語で、日本語では「評議会」と訳される。各職場や各地域など、個々の民衆にとってもっとも身近な労働や生活の場で、よく知った同僚や隣人のなかから自分たちの代表を選ぶ。それが「評議員」（Rat《ラート》、その複数形がRäte《レーテ》）となって職場や地域の「評議会《レーテ》」を構成し、自分たちの現場に関わる問題を討議・決定し執行する。より広範囲な課題については、職場・地域のレーテによって選ばれた代表たちが次の段階のレーテを構成して、そこで討議と決定と執行が行なわれる。国会の議決を受けて政府が行政を行なうのではなく、民衆が自分の足許《あしもと》から積み上げて順次構成するレーテの最終段階である全国レーテ、最高評議会が、共和国の政治の最高権力を担うのである。権力者や職業的政治家に生活と運命を委ねるのではなく、民衆みずからが政治の主体となる、という自治と共同性の理念を実現するための機関であるレーテは、行政権だけではなく立法権と司法権をも掌握し行使する。

レーテ革命派、つまり、当面の革命権力としてだけではなく、革命によって徐々に形成されていく新しい国家社会の政治・社会機構としてレーテ制度を主張するものたちは、当然ながら、基本的に資本主義体制の廃絶と社会主義社会の建設を目標に掲げていた。首都ベルリンでの蜂起の翌日、一一月一〇日に、ベルリン労働者・兵士レーテの総会で選ばれた「人民代理委員評議会」という名の臨時革命政府は、議会制民主主義派のＳＰＤと、レーテ派あるいはそれに近いＵＳＰＤとの、党幹部それぞれ三名によって構成された。その段階では、議会制かレーテ制かという問題は未決定のまま保留することが合意されていた。だが、臨時政府の一員に選ばれたＳＰＤ党首フリードリヒ・エーベルトは、密かに帝国陸軍の最高首脳部と密約を結んで、レーテ革命派を軍事力によって殲滅する方針を固めたのである。

ところが、旧帝国軍隊は、最高首脳部は無傷のまま延命していたが、実働部隊はほとんど機能麻痺に陥っていた。兵士たちの多くは、兵士レーテを結成して革命に参加するか、敗戦の混乱のなかで勝手に郷里に帰るかしていたからである。他方では、敗戦と革命によって自己の存立基盤が失われる危機に直面した高級職業軍人たちのなかから、部下たちを糾合して配下の部隊を再編成し、この私的な軍事力によって革命に敵対する行動を開始するものたちが現われていた。SPDのエーベルトは、これらの反革命的な高級職業軍人たちを利用した。敗戦後の失業状況のなかで生活の道に窮していた旧将校・下士官や復員兵士たち、大学・ギムナージウムを中退して志願兵として大戦に従軍したすえに、いまでは路頭に迷っている若者たちを、「義勇兵《ヴォランティーア》」として採用し、高級職業軍人たちの私兵部隊を拡充増強する政策を、実行に移したのである。

こうして、文字通りのボランティアたちによって構成された「義勇軍団《フライコール》」（Freikorps）と呼ばれる非正規部隊が、ごく短期間のうちに全国各地にさまざまな規模で誕生した。SPDが実権を握った臨時政府は、これらの義勇軍団を配下に置いて、数次にわたる軍事行動と、一九年一月の首都ベルリンでの一週間にわたる市街戦のすえ、軍事力によってレーテ派の抵抗を鎮圧した。

さらに、各地で反政府の革命闘争を継続するレーテ革命派の労働者・市民を殲滅するために、臨時政府は「志願制人民防衛軍の設立のための法律」を施行し、全国で志願兵の募集が促進された。その結果、最大時には、大小の義勇軍団およそ二〇〇の部隊を構成する将兵たちは、四〇万人に及んだとされている。ベルリンでの市街戦ののち、レーテ革命派のもっとも代表的な人物であるローザ・ルクセンブルクとカール・リープクネヒトを逮捕拘禁し殺害したのも、義勇軍団の将兵たちだった。

一八年一一月九日のレーテ革命派のベルリンでの蜂起と、その前後に全国各地でその地方の旧君主権力を打倒した民衆の闘いでは、武力衝突によって生命を落とした犠牲者は、全国でも五〇人を遥かに下回っていた。だが、その後の革命過程で義勇軍団を主力とするベルリン政府

レーテ革命派を鎮圧するために出動した義勇軍団

Richard Wiegand: *„Wer hat uns verraten...“ Die Sozialdemokratie in der Novemberrevolution*（1974. Berlin: Oberbaumverlag）より。

の軍隊によって殺されたレーテ革命派の民衆は、バイエルンとブレーメンの「レーテ共和国」を打倒した軍事作戦の犠牲者も含めて、およそ二〇〇〇人に達した。

こうして、一九年一月一九日、これら義勇軍団を主軸とする軍隊が首都を占領し、全国に戒厳令が敷かれるなかで、臨時政府は国民議会選挙を強行する。そして、この選挙によって誕生した議会で「ヴァイマル憲法」と通称される憲法が採択され、共和制の「ドイツ国」（Das《ダス》 Deutsche《ドイッチェ》 Reich《ライヒ》）、いわゆるヴァイマル共和国が発足するのである。

義勇軍団は、レーテ革命派や、バイエルン、ブレーメンなどでベルリンの中央政府に抗して樹立されたレーテ共和国を鎮圧するベルリン政府軍の主力として、ドイツ革命の趨勢を決定したばかりではない。ドイツの敗戦後、ロシア革命に呼応して革命政権が樹立されたバルト海沿岸諸国、リトアニアとエストニアとラトヴィアの革命を打倒するために、反ソヴィエト革命の干渉戦争を行なっていた戦勝国イギリスの別働隊として、一部の義勇軍団がその地に派遣された。さらに、撤退命令に抗して、革命政権と反革命軍との内戦が続くロシアへ転戦し、反革命の「白軍」と共にソヴィエト政権の「赤軍」と戦った部隊もあった。「自由《フライ》（な意志による）軍団《コール》」を意味する義勇軍団《フライコール》の義勇兵《ボランティア》たちは、自国の革命を殲滅したばかりでなく、他国の民衆の自由と自治と自己決定権をも蹂躙《じゅうりん》したのである。

だが、一九年六月二八日に締結された「ヴェルサイユ条約」は、ドイツの兵力を陸軍一〇万人、海軍一万五〇〇〇人に削減することを定めていた。厖大な数の義勇軍団将兵たちを将来は正規のドイツ国防軍に受け入れるという政府の見通しは、まったく実現不可能となった。二〇年三月に義勇軍団の軍事力を使って決行された反共和国の「カップ・クーデター」は、それに対する最後の抵抗だった。労働者・市民のゼネストと武装反撃によって数日で頓挫したこのクーデターののち、政府は、連合国側の要求に沿って、義勇軍団の解消を促進しようとする。しかし計画は進まず、連合国は当初の期限を半年延長した二一年六月三〇日を最後の日限と定めて、実行を強く迫った。こうして、隊員たちのその後の進路の見通しがないまま、義勇軍解体は避けられないことになったのである。政府の措置によって国防軍に編入されたごく一部を除き、多くの義勇兵は解散を余儀なくされた。いくつかの部隊は、名称を変え、別の業務の看板を掲げて生き延びた。

それらのひとつに、「技術救急隊」（Technische《テヒニッシェ》 Nothilfe《ノートヒルフェ》＝TN《テーエヌ》）がある。その前身は、多くの義勇軍団を擁していたことで有名な「近衛騎兵・狙撃兵師団」に属する小規模な義勇軍団「技術部隊」（Technische《テヒニッシェ》 Abteilung《アプタイルング》＝ＴＡ《テーアー》）だったが、その特殊な機械技術を生かして、工場などの機械が故障したときに緊急出動して修理する一種のボランティア団体に衣替えしたのである。だがそのじつは、労働者のストライキによる機械停止のさいに、スト破りの役割を与えられ、あるいは、いわゆるテロによって基盤《インフラ》企業の機械施設に支障を来たす場合などのための緊急要員として活用された。彼らは、反革命の志を、専門の技術力を生かして持続したのだった。ナチス時代も自立集団として三九年の開戦まで活動を続けたこのグループは、戦後の西ドイツで一私人によって組織され、のちに政府内務省の一機関となる「技術救援事業団」（Technische《テヒニッシェ》 Hilfswerk《ヒルフスヴェルク》＝ＴＨＷ《テーハーヴェー》）のモデルになったとされている。——しかし、解散を余儀なくされたのちも四散しなかった部隊の多くは、種々の企業を偽装した右翼国粋主義の秘密結社として延命することになる。

　義勇軍団の将兵たちにとって最後の活動の舞台となったのは、チェコと国境を接する旧ドイツ領、上部《オーバー》シュレージエン（シロンスク、シレジア）だった。そこではポーランド人とドイツ人の人口が拮抗しているため、戦後の帰属が住民投票によって決められることになっていた。そして二一年三月の住民投票の結果、ドイツ帰属派が多数を占めたのだった。だが、この結果に抗してポーランド系住民がポーランドへの帰属を求めて武装蜂起し、ドイツ系住民とのあいだで内戦状態となった。これを見て、義勇軍団の諸部隊が現地に遠征し、数ヵ月にわたる激戦のすえ、ポーランド系住民の蜂起を鎮圧したのである。

　この戦闘を最後に、反革命の軍事組織としての義勇軍団は歴史の舞台から姿を消すことになる。しかし、偽装した秘密結社のメンバーとなって生き続けた義勇軍団兵士たちは、活動を終えたわけではなかった。彼らのうちの何人かは、二一年八月から翌年六月にかけて、共和国の政治家たちに対する相次ぐ暗殺を実行した。前財務相マティアス・エルツベルガー（射殺）、元・首相フィリップ・シャイデマン（薬物、未遂）、ドイツ共産党幹部エルンスト・テールマン（爆弾、未遂）、現・外相ヴァルター・ラーテナウ（射殺）らが、その標的とされ、ドイツのみならず全世界に衝撃を与えたのだった。

義勇軍団が解体され、志願して入隊した将兵たちが行き場を失ったとき、その将兵たちを、隊員として、あるいは軍事訓練を指導する幹部として、もっとも多く受け入れたのが、二一年八月にヒトラーによって創設されたナチ党の武装組織、「突撃隊」（ＳＡ《エスアー》）だった。この受け入れによって、あるいは別の経路をたどって、ＳＡやナチ党と何らかの重要な関係を持つようになった義勇軍団の出身者は、少なくなかった。彼らのうちから、その関係によって歴史に鮮やかな足跡を残すことになる人物たちを、挙げておこう[57]。

• マルティン・ボルマン（Martin Bormann, 1900.6.17～45.5.2）　一九二七年ナチ党に入党し、副総統ルードルフ・ヘスの秘書となって頭角を現わす。四一年以後は党事務局長、ヒトラーの秘書長として権勢を振るう。ヒトラーの死後、地下壕を脱出して行方不明となり、ニュルンベルク裁判は死刑を宣告したが、脱出直後の自殺が一九七三年に確認された。
• レオナルド・コンティ（Leonardo Conti, 1900.8.24～45.10.6）　カップ・クーデターに参加後、ＳＡに入隊。ナチ政権下では医師として重用され、ベルリン五輪の医療班を指揮。「帝国医師指導者」（全国医師会長）となる。敗戦後、連合軍に逮捕され自殺。

・ハンス・フランク（Hans Frank, 1900.5.23〜46.10.16）　二三年一〇月ナチ党に入党。のちに「帝国法律指導者」の称号を受け、第二次大戦中は、占領ののち「帝国総督領」とされたポーランドの「総督」となる。ニュルンベルク裁判で絞首刑に処せられた。
・ルードルフ・ヘス（Rudolf *Heß*, 1894.4.26〜1987.8.17）　二〇年に入党、二三年ミュンヒェン・クーデターに参加した。のち副総統となったが、大戦中に単独で和平交渉のため英国に飛び、捕虜となる。最後の在獄ナチ戦犯として九三歳のとき獄中自殺。
・ルードルフ・ヘス（Rudolf *Höß*, 1900.11.25〜1947.4.16）　二二年にナチ党入党、三四年からは親衛隊（SS《エスエス》）で活動し、四〇年五月からアウシュヴィッツ強制収容所長となる。戦後、英軍に逮捕され、ポーランドの法廷で裁かれて、同収容所で絞首刑に処せられた。
・コンスタンティン・ヒーアル（Konstantin Hierl, 1875.2.24〜1955.9.23）　第一次大戦中は参謀本部付きの将校だった。戦後は小規模な義勇軍団を率いて戦った。のち国防軍に復帰したが解雇され、二七年にナチ党に入党、ヒトラーの信頼を得て労働奉仕制度の立案に携わる。
・ハインリヒ・ヒムラー（Heinrich Himmler, 1900.10.7〜45.5.23）　大学進学前に志願兵となったが、前線に赴くまでに敗戦を迎え、義勇軍団に入隊した。ミュンヒェン・クーデターに参加。のちに親衛隊（SS）全国指導者・国家警察長官となる。敗戦後自殺。
・マルティン・ニーメラー（Martin Niemöller, 1892.1.14〜1984.3.6）　潜水艦部隊の司令官として敗戦を迎え、義勇軍団に加わる。その後は牧師の道を歩み、ナチス時代の三八年から終戦まで強制収容所に囚われて、反ナチス抵抗の神話的人物となった。
・エルンスト・レーム（Ernst Röhm, 1887.11.28〜1934.7.1）　大戦の歴戦の英雄だったが、敗戦後は義勇軍団の将校。党の最初期からのヒトラーの戦友としてＳＡの実権を握った彼は、三四年夏の「長いナイフの夜」と呼ばれる粛清でヒトラーに殺された。

- エルンスト・フォン・ザーロモン（Ernst von Salomon, 1902.9.25〜72.8.9）　義勇軍団兵士としてバルト諸国に遠征。カップ・クーデターに参加し、さらにラーテナウ暗殺に加わる。五年の刑ののち、義勇軍団の体験を記した小説によって著名な作家となった。
- アルベルト・レーオ・シュラーゲター（Albert Leo Schlageter, 1894.8.12〜1923.5.26）　学業途中で志願兵として従軍し、戦後は義勇軍団に加わり国内各地とバルト諸国を転戦。二三年一月にルール地方を占領したフランス軍に抵抗して鉄道を爆破し、銃殺された。ヒトラーは彼の決起に呼応してミュンヒェン・クーデターを決行する。
- グレーゴル・シュトラッサー（Gregor Strasser, 1892.5.31〜1934.6.30）　将校として第一次大戦の敗戦を迎え、義勇軍団の隊長となる。最初期のナチ党に入党し、二四年以来ナチ党の国会議員。党内でヒトラーに対抗する勢力を持ち、「長いナイフの夜」で殺された。
- オットー・シュトラッサー（Otto Strasser, 1897.9.10〜1974.8.27）　グレーゴルの弟。二五年にナチ党に入党したが、重工業の社会化を主張し、大資本家との協調路線のヒトラーと対立した。三〇年七月に離党、ナチス政権時代は亡命して批判活動を続けた。

ファシズムの扉の前で――「ルール闘争」と「アルタマーネン」

レーテ革命派を義勇軍団の武力によって殲滅しながら一九一九年八月に成立したヴァイマル共和国は、二三年一月、大きな危機に見舞われた。ヴェルサイユ条約が定めた賠償の支払いをドイツが怠っている、という理由で、戦勝国のフランスとベルギーが、ドイツ最大の鉱工業地帯であるルール地方を軍事占領したのである。

これに対してドイツ政府は、国民に「消極的抵抗」を呼びかけた。公務員が占領軍の命令に従わないこと、住民が食料品や宿泊施設を占領軍に提供しないことを求める一方、積極的抵抗、つまり実力による反撃を行なわないよう命じたのである。しかし、かつて義勇軍団に身を投じた若者たちは、右翼愛国主義諸団体のメンバーたちと共に、政府の呼びかけに抗して積極的な抵抗行動を決行する。「ルール闘争」と呼ばれるその行動によって、彼らは、今度こそ、政府や権力者たちの下働きではない自発的な行為を、主体的に開始したのだった。その行動は、それによって占領国側がドイツに対する態度を硬化させ、ふたたび戦争状態となって、革命の結果として生まれた共和国ドイツが崩壊することを意図していた、という見方もある。

ルール地方は、フランスとの国境近くを流れるライン河がオランダ領に入る手前で、その沿岸一帯に広がる地域である。積極的抵抗を実行に移した彼らは、ライン河に浮かぶ船舶を何隻も沈没させて、占領軍の艦船が河を航行できないようにするなどの妨害やテロ活動を続けた。そしてついに、三月一五日の深夜、ルールの炭鉱から接収した石炭をフランスへ運ぶライン河沿いの鉄道の線路が、ある一ヵ所で爆破されたのである。

爆破による損傷は軽微で実害はほとんどなかったが、ドイツ側の国を挙げての反発と抵抗に悩まされていたフランス軍は、実行犯の追及に全力を挙げた。そして、事件から三週間あまりのちには、主犯と目される二八歳のアルベルト・レーオ・シュラーゲターが、フランス憲兵によって逮捕された。義勇軍団の義勇兵《ボランティア》として、国内の民衆の革命闘争を弾圧し、バルト諸国でソヴィエト革命と戦った経歴を持つ彼は、義勇軍団の解散後、その後継組織の秘密結社に加わって反共和国活動を続けていた。鉄道爆破は、彼をリーダーとする一〇人ほどのチームが担当したのだった。フランスの軍事法廷は、五月九日、主犯のシュラーゲターに死刑、他のメンバーたちには一五年から二〇年の重労働という判決を下した。死刑判決に対して、ドイツ国内からは激しい怒りと抗議が噴出し、国際的にもフランスの姿勢に疑問と批判の声が上がった。しかし、フランスは強硬姿勢を貫き、五月二六日未明、デュッセルドルフ郊外のフランス軍駐屯地でシュラーゲターの銃殺刑を執行した。

だが、この処刑は、その後の世界の歴史を変えたのである。シュラーゲターは、一躍、ドイツの国民的英雄となった。ヴェルサイユ条約の重圧のもとで沈滞し閉塞していたドイツの国民感情は、彼の犠牲的愛国行為によって励まされ、昂揚させられた。とりわけヒトラーのナチ党は、この空気を的確につかんだ。ただちに声明を発して、シュラーゲターがナチ党員であること、二二年半ばに入党し、その党員番号は六一番であることを、公表した。もちろん、これに対しては、現在に至るまで、さまざまな疑念が示されている。最終的な事実は未定だが、残存する党員名簿などから推測すれば、ナチ党そのものではなくそのいわば分党——ナチ党が禁止されたときなどのために作られた——に所属していた、という説が有力なようだ。だが、問題はそのことではない。シュラーゲターの遺産を受け継ぎ、もっとも有効に生かしたのがヒトラーだったということが、重要なのである。

ナチ党はその当時、まだ南ドイツのバイエルン州だけを活動の地盤とする一地方政党に過ぎなかった。もちろん、二〇年六月に行なわれたヴァイマル憲法下で最初の国会選挙に候補者を立てることなど、論外だった。シュラーゲターの処刑を、ヒトラーは、全国政党への跳躍台とした。シュラーゲターの遺志を受け継ぐのは自分とナチ党であり、彼の途絶した行為を貫徹するのは自分たちであることを、ヒトラーは全国民に向かって宣言したのである。そして、シュラーゲターの死から五ヵ月半ののち、それは実行に移された。

一九二三年一一月八日夜、ヒトラーとその同志たちは、バイエルン州の首都ミュンヒェンで武装蜂起した。州政府を握る右翼政治家グスタフ・フォン・カールが加担を拒否したため、この「ミュンヒェン・クーデター」は当初から挫折が決定づけられていた。だが、翌九日の朝に新ドイツ政府の樹立を宣言することが、重要だったのだ。その日は、彼らが「一一月の裏切り」と呼ぶドイツ革命勃発の、五周年記念日だったのである。決起者たちが市内を行進したとき、さきに名を記した義勇軍団出身者たちのうち、のちにＳＳ全国指導者・国家警察長官となる二三歳のハインリヒ・ヒムラーは、ナチ党の鉤十字《ハーケンクロイツ》の旗を掲げる旗手たちのひとりだった。警官隊の発砲によって、武装した二〇〇〇人の隊列は総崩れとなり、一六人の死者を残してクーデターは終わった。ヒトラーは逃亡して知人宅に身を隠したが、逮捕され、禁錮五年の刑に服すことになる。翌年末に恩赦で釈放されるまでの獄中で、これも義勇軍団出身者で後年の副総統、ルードルフ・ヘス（Heß）に書き取らせた口述筆記の著述が、彼の唯一の著書、『我が闘争』だった。

ドイツで最初のラジオ本放送が、ベルリン放送局でわずか一〇日前に始まったばかりだった。ヒトラーのクーデターは、電波に乗ってリアルタイムでベルリンとその周辺に伝えられた。ヒトラーとナチ党は、バイエルンからドイツ全国に躍り出たのである。翌年五月の国会議員選挙では、党が禁止されヒトラーが獄中にあったにもかかわらず、別の極右政党の軒を借りて、ナチ党は九人の党員を国会に送り込んだ。

同じ二四年の九月一日、フランスとベルギーによるルール占領は、国際的な批判が高まるなかで、ついに解除された。一方、ちょうどミュンヒェン・クーデターと同じ時期に破局的な状況にあったドイツ通貨マルクの大暴落と、その結果としての超インフレは、クーデターから一週間後の一一月一五日に発行された臨時通貨「レンテン・マルク」によって、奇跡的とも言われる鎮静に向かった。二四年一〇月からは新しい通貨「ライヒス・マルク」が発行され、通貨は安定に向かう。こうして敗戦後の危機をようやく脱したドイツは、「相対的安定期」と称される一九二〇年代中葉の一時期へと移行する。

それとほぼ時を同じくした二四年四月のある日、ドイツ中部ザクセン地方の一旧貴族の農場に、数名の青年たちが住み込んで、農業労働を始めた。それに続いて、全国各地で同様のグループの約八〇人が活動を開始した。彼らは、ドイツ語で「ボランティア」を意味する「自由意志で行なう人たち」(die《ディ》 Freiwilligen《フライヴィリゲン》 =複数形)を自称し、自分たちの労働を「自発的労働奉仕」(freiwilliger《フライヴィリガー》 Arbeitsdienst《アルバイツディーンスト》)と呼んだ。いずれもみな、その前年秋に創立された「アルタム同盟」(Bund《ブント》 Artam《アルタム》)という集団のメンバーで、「アルタマーネン」(Artamanen)と名乗っていた。「土を耕すものたち」を意味する古代ゲルマン語だと言われたが、信憑性は薄い。世界大戦下の「祖国救援奉仕」が、労働奉仕への参加を「自由意志で」(freiwillig《フライヴィリッヒ》 に)申告することになっていながら、実質的には義務制だったのとは対照的に、アルタマーネンたちは、まったく自由意志でこの活動を始めた実質的なボランティアだった。二年後の二六年には、彼らが働く農場は六五に達し、ボランティアとしてこの試みに参加したものの総数は、六五〇人を数えるまでになった。

農場主から受け取る賃金は、月額三六ライヒス・マルク（以下、「マルク」と略記）程度だった。年額にすれば四三二マルクである。独身の農業労働者の契約賃金の基準は、例えばザクセンでは、一九二七年の時点で年額七〇〇マルク程度だったから、その六割ほどに過ぎなかったわけだ。ましてや、同年輩の工場労働者の賃金とは比べものにならなかった。例えば金属加工労働者の場合、同じ時期の基準賃金は、熟練工なら週給四八マルク、年収にすれば二五〇〇マルクに近かった。未熟練工でも週給三三マルク、年収は一七〇〇マルクを超えていた(58)。過酷な労働の点では工場労働者に引けを取らなかったにもかかわらず、アルタマーネンたちは、ボランティアとして農業労働に携わることを選んだのだった。そうすることに重要な意義を見出していたのである。

彼らのうちには、そのわずかな賃金のなかから一定額を共同で積み立てて、未墾の荒れ地や耕作をやめて放置されている畑地を購入し、そこに入植して、開拓の段階から農業を始めるグループも、少なくなかった。自分たちの共有の土地となったそこを、豊饒な農地に変え、土と共に生きながら、農業によって自給自足の生活を営むことが、彼らの目標だったのだ。アルタマーネンたちは、遠い祖先のゲルマン人たちが生きたとされるような、大地に根ざした農耕の日々を生きようとしたのだった。しかも、単独で、あるいは一家族で生きるのではなく、古代ゲルマンの共同体のように、同じゲルマン民族の血でつながる共同体を構成しながら。——アルタマーネンたちのボランティア活動が最盛期に達した一九二九年には、入植地を含む農場は三〇〇ヵ所、活動者は約三〇〇〇〇人に及んで、女性たちも徐々に加わるようになっていた。

一九二〇年代のドイツは、青年運動の歴史のなかで「同盟《ブント》時代」(die《ディ》 bündische《ビュンディッシェ》 Zeit《ツァイト》) と呼ばれるほど、多種多様な青年同盟が数多く輩出した一時代だった。極右の民族主義団体から、国際共産主義運動の一翼を担う「青年インターナショナル」のドイツ支部に至るまで、さまざまな社会分野でさまざまな課題や理念に即して活動したそれらの同盟は、いずれもみな、職業や学業の余暇をその活動の時間に充てていた。だが、唯一の例外が「アルタム同盟」だった。そのメンバーであるアルタマーネンたちは、毎日二四時間を、しかも共同で生活しながら、ボランティア活動に費やしたのである。

ここに至るまでに彼らがたどった道は多様だったが、ワンダーフォーゲル、プファートフィンダー（ボーイスカウト）、あるいは種々の民族主義的な青少年団体で青少年の時代を過ごした体験を持つものが、多数を占めていた。彼らは、かつて自分が漠然と自然から求めていたことを、いまはもっと意識的に、自分の力で、生活そのものとして、自然のなかで実現しようとしたのだった。彼らのうちには、のちに「エコロジー農法」と呼ばれることになるような、自然との共生を重視した農業、無農薬有機農法を追求するものたちもいた。

そして、やはり少なくなかったのが、かつて彼らが自由意志で身を投じた義勇軍団《フライコール》の過去を持つ青年たちだった。彼らもまた、かつて自分たちがそのために戦った理念が、別の形で、しかもいっそう現実性を帯びて、この活動のなかで実現を待っていることを、実感したのである。

二四年一〇月から二七年七月まで「アルタム同盟」の会長だった一九〇二年八月生まれのフリードリヒ・シュミットは、二五年に発表された「アルタマーネン運動の二年間——自発的労働奉仕」と題する文章で、「アルタマーネンは何をしようとしているのか?」と問うて、以下のように記している[59]。

一、ポーランド人出稼ぎ労働者の撃退、我が国国境地域の空白領域の穴埋め。

二、都市から撤退することによって、失業状態を緩和し、ぜひとも必要な都市の大量人口の農村への移行の先駆けとなり、食糧の生産を高めること。すなわち、我が国の経済のために新たな発展の基盤を構築すること。

三、究極の大きな目標として、ひとつの自助組織の創出、入植者にふさわしい存在への個々人の自己形成、アルタマーネン運動を経験するものが多数になることによるさまざまな価値の創出。さまざまな事業共同体を基盤にしながら、南ドイツおよび西ドイツの無資産の農民たちの助力を得て国境地域農民集団を創出することを目標にした入植運動の先駆けとなること。

ドイツ東北部のポーランドとの国境に近い地方は、例年、農繁期になると季節労働者として出稼ぎにやってくるポーランド人たちによって、いわば埋め尽くされるのである。これを抑止し、駆逐する役割を、アルタマーネンたちは自発的にみずからに課したのだった。そして、日本の「満蒙開拓青少年義勇軍」の少年ボランティアたちが国策によって入植地を定められ、国家によって暗黙のうちに与えられた任務――国境を外敵から身をもって防衛するという任務を、このアルタマーネンたちは、みずからそれらの地域への入植運動の先駆けとなることで、自発的に引き受けようとしたのである。その彼らにとっては、大地と自然に根ざした農業によって生きる自立した共同体を創出する、というアルタマーネンたちの共通の基本理念は、ドイツの大地とドイツ民族の血を異民族による脅威から護り、ドイツ人の民族共同体を拡充強化するために自分たちがその尖兵になる、という目標として具体化されたのだった。

のちの歴史を先取りして言えば、アルタマーネンたちの思想と体験は、数年後にやってくるヒトラーの「第三帝国」に大きな影響を及ぼした。その活動を体験した人物たちが、第三帝国で大きな役割を演じることになったからである。

初期の運動で会長として重要な任務を果たしたフリードリヒ・シュミットは、前掲の文章を発表したのとほぼ同じ時期に、ナチ党員となり、SA（突撃隊）にも入隊した。のちにSS（親衛隊）に移り、三九年にはSS旅団長となった。政治家としては、ヴュルテンベルク州議会議員を経て、三三年三月、大統領緊急命令のもとでの選挙で国会議員となった。三七年には、ナチ党の党学校の校長に任命され、党員の教育に責任を持つことになる。

アルタマーネン体験を「第三帝国」に持ち込み、そこで生かした人物たちのうちには、リヒャルト・ヴァルター・ダレー、ハインリヒ・ヒムラー、ルードルフ・ヘス（Höß）らがいた。彼らはいずれも、反革命の義勇軍団を戦後の出発点としていた。

一八九五年七月生まれのリヒャルト・ヴァルター・ダレーは、アルタマーネン体験ののち、一九三〇年にナチ党に入党した。「帝国農民指導者」という称号を与えられ、三三年六月末にヒトラー政府の食糧・農業大臣に任命された。四二年に権力の座から遠ざけられるまで、彼は第三帝国の農業と食糧政策の最高責任者だった。ナチズムのもっとも重要な標語でありイデオロギー的なキーワードである「血と土」という概念は、一九三〇年に出版された彼の著書、『血と土から生まれる新貴族』(*Neuadel*《ノイアーデル》 *aus*《アウス》 *Blut*《ブルート》 *und*《ウント》 *Boden*《ボーデン》)を主要な拠り所としている。ドイツ人の血とドイツの大地によって育まれる農民を、新しいドイツの新しい貴族として位置づけるダレーのイデオロギーは、ドイツの農本主義者である彼のアルタマーネン体験を抜きにしては、確立され得なかっただろう。

敗戦後に、実用技術を学ぶための実科大学で農業経済学を学んだハインリヒ・ヒムラーは、義勇軍団のひとつに加わっていたときヒトラーの運動を知ってナチ党に入党し、ミュンヒェン・クーデターに参加してからも、農業に対する強い関心をいだきつづけた。そして、最初期の「アルタム同盟」に加盟して、二五年には同盟のバイエルン大管区長に任命されたのである。その彼が、アルタマーネンたちのうちでも、ドイツの大地に根ざしたドイツ民族の血の営みとしての農業、という理念の信奉者のひとりだったことは、言うまでもないだろう。

彼が二九年にその全国指導者に任じられたナチ党のSS(親衛隊)は、その名のとおり、党幹部の身辺警護のためにSA(突撃隊)から分離して創設された組織だったが、のちに党のエリート集団となり、強制収容所・絶滅収容所の管理運営、看守の任務もSSが掌握した。ヒムラーが三六年からその長官を併任したドイツ国家警察(Deutsche《ドイッチェ》 Polizei《ポリツァイ》)は、あらゆる警察部門を配下に置き、国民の安全を守るよりもむしろ、非国民や反社会分子やユダヤ人たち、ロマ民族たちを抹殺するために、あまりにも大きな役割を果たした。

SSの高官となった元アルタマーネンのルードルフ・ヘス(Höß)が所長(正式には「司令官」と呼ばれた)に任ぜられたアウシュヴィッツ強制収容所には、アウシュヴィッツ・ビルケナウという名称の絶滅収容所が併設されていた。ガス室その他の施設での大量虐殺は、ここで行なわれたのである。強制労働キャンプであるアウシュヴィッツ収容所には、まだビルケナウに移送されない囚人たちが耕作する農園があった。そこでは主として、薬草（ハーブ）が栽培されていた。ドイツ国民に、自然と大地の恵みである健康飲料を供給するためだった。もちろん、完全な有機栽培だった。有機肥料は、殺された人間たちが遺して行ったのである。

「アルタム同盟」は、内部の意見対立による何度かの分裂を経ながら、一二年にわたって活動を続けた。その活動期間に、合計で二万五〇〇〇人から三万人がボランティアとして農業に従事したとされている。ナチスが国家権力を握り、党の下部組織の諸団体を除くほとんどすべての団体や組織が解散させられたとき、「アルタム同盟」はその対象から除外された。組織と構成員を温存したまま、ナチ党の青年組織「ヒトラー青年団《ユーゲント》」に吸収されたのだった。(60)

Ⅳ　ボランティア国家としての「第三帝国」——結束と排除の総活躍社会

略年表 Ⅳ

1919. 1 .18	イタリアのB・ムッソリーニ、「戦闘ファッシ」を結成
1922.10.31	イタリア、ムッソリーニのファシスタ党政権成立
1926. 7 . 3	ナチ党の下部組織「ヒトラー青年団（ユーゲント）」結成
1930. 9 .14	世界恐慌第2年の国会選挙、ナチ党が第2党に躍進
1931. 6 . 5	ドイツ政府、失業者の「自発的労働奉仕」を制度化
秋	ナチ党、チェチュノウで初の「労働奉仕指導者講習会」を開催
1932. 2 .15	ドイツの完全失業率、労働力人口の44.4%に達する
7 .16	「自発的労働奉仕令」改定、失業者以外も労働奉仕参加可に
8 .20	ナチ党、アンハルト州で「労働奉仕指導者講座」を開設
1933. 1 .30	ヒトラー内閣成立
2 .27	国会議事堂放火事件　→2 .28 大統領緊急命令、批判派を弾圧
3 .13	「国民啓発宣伝省」を設置、大臣はJ・ゲッベルス
3 .22	ミュンヒェン近郊のダッハウに最初の「強制収容所」を開設
3 .23	「全権委任法」強行成立、ヒトラー政府・ナチ党の独裁へ
5 . 1	メーデーを「国民的労働の日」（祝日）とする
5 .10	「ドイツ労働戦線」（DAF）発足、R・ライが指導者に
6 .16	プロイセン州教育科学相B・ルスト、大学生の労働奉仕義務を訓令
6 .27	「帝国自動車専用道路（アウトバーン）建設のための法律」公布
9 .13	ヒトラーとゲッベルス、「冬季救援事業」の呼びかけを行なう
9 .23	「アウトバーン」建設工事開始、ヒトラーが鍬入れ式を行なう
10. 1	最初の「一鍋日曜日」、全国で展開
11.27	労働戦線の下部組織として「歓喜力行団」（KdF）結成
1934. 8 . 2	大統領ヒンデンブルク死亡　→ヒトラー、「総統」に
1935. 3 .16	ドイツ政府、徴兵制復活を宣言　→5 .21「兵役法」施行
6 .26	「帝国労働奉仕法」公布・施行、当初は男子のみに適用
9 .15	「ニュルンベルク法」制定、ユダヤ人から基本的人権を剝奪
1936. 4 . 1	女子も任意で「帝国労働奉仕」に参加できるようになる
11.25	「日独防共協定」調印　→40. 9 .27「日独伊三国同盟」調印
1938. 5 .31	ヒトラー、「西部防御壁」建造を命令　→労働奉仕隊を投入
1939. 9 . 1	ドイツ、ポーランドに侵攻　→第2次世界大戦へ
9 . 4	女子にも「帝国労働奉仕」義務を課す
10.26	ポーランドのユダヤ人男性に強制労働　→40. 1 .13 女子にも
1941. 6 .22	ドイツ軍、ソ連侵攻　→43. 2 . 2 スターリングラードで敗退
1944.末	ドイツ国内労働者総数の20.8%が外国人（捕虜を含む）

1　国民だれもがボランティアとなる

束縛か結束か？——ファシズム再考

一九三三年一月三〇日にヒトラーが大統領によって首相に任命されたとき、彼の率いるナチ党は、国会の第一党だったとはいえ、議席総数五八四のうちの一九六議席しか占めていなかった。ナチズムの理念に基づく国家社会を建設するためには、まず、現行のヴァイマル憲法に替わる新しい憲法の制定が不可避だったが、憲法改定のために必要な三分の二の議席はおろか、過半数にもほど遠い少数与党だったのだ。右派諸勢力の連立によって成立したヒトラー内閣には、首相以外の一一人の大臣のうち、ナチ党員はわずか二名しか入閣できなかった。——それから二ヵ月たらずのうちに起こった事態は、その後のドイツの運命と人類の悲劇を予示するものだった、と言っても過言ではないだろう。

入閣したナチ党幹部のひとりは、内務大臣のポストに就いたヴィルヘルム・フリックだった。内相の最大の任務は、治安の維持、つまり反政府活動や民衆の不穏な動きを取り締まり抑止することである。ヒトラーは、この重要なポストをしっかりと確保したのだった。ヒトラー・ドイツの崩壊後、ナチス戦犯を裁いたニュルンベルク裁判によって、フリックは絞首刑に処せられることになる。

ナチ党から入閣したもうひとりは、ヘルマン・ゲーリングだった。彼は、特定の省を担当しない無任所相に任命されたが、これは逆に、どんな案件でも臨機応変に彼の担当にできることを意味している。しかもゲーリングは、ナチ党が第一党になった三二年夏以来、国会議長であり、入閣後も引き続きこの職に留まった。憲法はそれを禁じていなかったのである。ヒトラーは、首相として行政府を握っただけではなく、ゲーリングによって立法府をも掣肘《せいちゅう》することができたのだった。ヒトラー・ドイツでヒトラーに次ぐ権力者と目されることになるゲーリングは、戦後のニュルンベルク裁判で死刑を宣告されたが、戦犯たちの処刑が開始される二時間前に、獄中で自殺する。

この二人の閣僚とともに、ヒトラーは直ちに行動を開始した。内閣発足の翌々日、二月一日に、国会を解散したのである。選挙は三月五日に行なわれることになった。もちろん、この選挙で大勝して政権基盤を固めることが目的だった。他方、ナチ党と鋭く対立して反ファシズムの旗幟《きし》を鮮明にしていたドイツ共産党（ＫＰＤ）も、同じく反ナチスのドイツ社会民主党（ＳＰＤ）、ドイツ民主党（ＤＤＰ）その他の諸党も、この選挙でナチ党を追い落とすために、激しい選挙戦を展開することになる。だが、ナチスの手法は迅速かつ巧妙狡猾だった。街頭を制圧したＳＡ（突撃隊）によって反対党の選挙運動を妨害し、相手を挑発して、相手側の稚拙さや無力さを選挙民に印象づけたばかりではない。二月二七日夜に起こった国会議事堂放火炎上事件を利用して、ＫＰＤを始めとする反対派の活動を完全に封殺したのだった。

ヴァイマル憲法は、その第四八条で、「大統領は、ドイツ国において公共の安寧と秩序が著しく破壊されもしくは危険にさらされるときは、公共の安寧と秩序の回復のために要する措置を、必要な場合は武力を用いて、講じることができる」としていた。そしてこの目的のために、「思想信条・表現の自由」、「集会の自由」、「団体・結社の自由」その他の基本的人権を保障した憲法の諸条項を失効させる権限を、大統領に与えていた。「大統領緊急命令条項」と呼ばれ、憲法に本来あってはならない例外条項たる緊急事態条項の代表例とされるこの第四八条は、かつてレーテ革命派を義勇軍団の武力によって鎮圧しながらこの憲法を制定した当時の、政府と国民議会の不安と恐怖を反映していたのである。

この例外条項は、すでにヴァイマル時代に、政治的行き詰まりを打開し、あるいは反政府活動を封じるために、しばしば発動されていた。そもそも、ヒトラーが国会の議決なしに大統領によって指名されたのも、諸政党の対立のため国会での首相選出が困難になった状況を打開する方策として、大統領が首相を指名する「大統領内閣」の制度を、三〇年三月に大統領緊急命令によって設けたことの結果だった。国会議事堂放火事件の翌日、ヒトラーの要求に従ったヒンデンブルク大統領は、「民衆および国家の保全のための大統領緊急命令」を公布し、即日施行した。

国会議事堂放火事件そのものが、じつはゲーリングを首謀者とするナチスによる陰謀だったことが、のちにほぼ確定されている。ヒトラー政府と警察は、この放火事件をドイツ共産党（ＫＰＤ）の仕業であると断定し、ＫＰＤを始めとする反対勢力・批判勢力を一挙に殲滅するために、それを全力で活用したのだった。

この事件を直接のきっかけとした二月二八日の大統領緊急命令は、大統領や政府または州政府の構成員の殺害を企て、もしくはその殺害を教唆または提議し、またはそれを受け入れ、もしくは謀議したものは、死刑または終身刑もしくは一五年以下の懲役刑に処せられることを定めていた。「企て」、「教唆」、「提議」、「謀議」など、すべて実行以前の言動が対象であり、事実の証拠なしに嫌疑をかけ、あるいは事件をでっち上げることはきわめて容易なのだ。これによってKPDはすべての活動を禁止され、立候補者を含む幹部に逮捕状が出された。三月三日には党委員長のテールマンが逮捕されて、KPDは壊滅状態に追い込まれる。その他の諸政党も、この政治的テロルのもとでの選挙戦を強いられた。

それにもかかわらず、三月五日の選挙の結果、ナチ党は、得票率四三・九%で、六四七議席中の二八八議席しか得ることができなかったのである。非合法状態を強いられ、候補者が選挙運動を行なう余地もなかったKPDは、得票率一二・三%、八一議席を獲得していた。かつて「ヴァイマル連合」と呼ばれた護憲派のSPD、中央党《ツェントゥルム》、DDPの獲得議席は、それぞれ一二〇、七四、五で、KPDを加えたこれら四党だけで、改憲を阻止するための三分の一を大きく上回る二八〇議席に達していた。たとえ右翼民族派の他党と連携しても、ヒトラーの意図する憲法改定は不可能となったのだった。

だが、彼はこの窮地を打開し、独裁権力を手中にしたのである。三月二一日に新しい国会が開会され、二三日の本会議で、政府によって提出された「民衆および帝国の苦難を除去するための法律」案の審議と採決が行なわれた。「全権委任法」と通称されるこの法律は、①国会での審議・議決なしに政府が法律を制定・施行することができる、②国家予算も国会で決定するのではなく政府が決定し執行する、③外国との条約も政府が締結し国会での批准を要しない、そしてそれどころか、④政府によって決定される法律は「憲法に違反することができる」――というものだった。憲法を変えないまま、立法府である国会を有名無実にし、憲法をまったく反《ほ》古《ご》同然にして、政府に文字通り独裁的な権限を与えるのである。しかも、法案の審議入りの当日にその採決が行なわれた。

　依然として少数与党であるナチ党だけの賛成ではこの法律が通るはずはなかった。しかも、明らかに現行憲法に抵触するそれは、議員総数の三分の二の出席と、出席議員の三分の二の賛成とを必要とした。そこで、すでに開会前に、非合法化された共産党の当選者から議員資格を剥奪することが決められた。これによって、議席総数は五六六であるとされた。それでもＳＰＤなどの反対党が欠席戦術を取れば三分の二という定足数に達しなくなることを見越して、議長のゲーリングは、無断欠席議員はいずれそのうち出席するものとして出席扱いにする、と決めたのである。彼はまた、議長席から双眼鏡で議席の議員たちを監視し、彼らの動向を牽制した。カトリック政党の中央党は、急遽ヒトラーとのあいだで党首会談を行ない、この法律を実際に運用するにあたっては中央党と協議する、という約束を与えられて、最終的に賛成票を投じた。その結果、四四一対九四で法案は可決された。反対はＳＰＤただ一党だった。そのＳＰＤの議員のうち、出席できなかった二六名は、すでに逮捕され、あるいは国外に亡命していた。

　こうして独裁権を握ったヒトラーは、望みどおりの法律を自由に制定することができるようになったのである。同じ年の七月には、ナチ党以外のすべての政党を廃止する法律が施行された。党利党略のためにヒトラーに屈従し、「全権委任法」の成立を許した宗教政党の中央党《ツェントゥルム》も、もちろん消滅した。ナチス・ドイツの崩壊後に旧・中央党が中心となって結成されたのが、現在ドイツの政府与党、「キリスト教民主同盟」（ＣＤＵ《ツェーデーウー》）である。国会放火事件を口実にして施行された大統領緊急命令は、全権委任法の制定後もそのまま存置され、「第三帝国」の崩壊に至るまで、ナチス政府によるテロルの重要な法的根拠としての役割を果たすことになる。

ヒトラーは合法的に政権の座に就いた——と言うとき、首相となった彼が国会議長ゲーリングと共謀して行なったこの政治のひとこまを、忘れてはならないだろう。そしてこの手法こそは、ファシズムという言葉が思い起こさせる強権政治の、ひとつの姿に他ならない。

しかし、私たちがファシズムをイメージするとき、このような明らかに強権的な、法を逸脱することを辞さない暴虐そのものの姿だけを思い描くとすれば、それはファシズムを見誤り、過小に評価することになるだろう。この姿は、ファシズムが暴力《ゲヴァルト》によって私たちを束縛するときの姿なのである。だが、ファシズムの権力は、そのような暴力的束縛によって私たちを支配するだけではない。しばしば「柔らかいファシズム」という概念でも言い表わされるもうひとつの姿がある。それは、私たち自身が、しかも自発的に、ファシズムを構成する主体のひとりとなる、という側面からファシズムを見たときの姿である。その姿は、自由意志で、しかも一致団結して、結束を固めながらひとつの共同体を作る私たち自身の姿なのだ。その両方の姿のどちらもがファシズムであり、そのどちらか一方が欠けてもファシズムは機能し得ない。

「ファシズム」という概念は、イタリアのファシスト政治家ベニート・ムッソリーニとの関連で日本でもよく知られているように、イタリア語の〈fascio《ファッショ》〉に由来している。日本やドイツと同じく遅れて統一国民国家として出発したイタリア王国では、ドイツ帝国と同様に急激な工業化が進められた。しかしそれは、ドイツの場合のような国家の興隆をもたらさなかった。簡略化して言えば、貧富の差はますます大きくなり、都市の下層労働者も、農村の貧農も、生活がいっそう苦しくなるばかりだった。労働者運動は過激化し、農民もその埒外ではなかった。北部の工業地帯だけではなく南部の農業地帯でも、長期にわたる闘争が続発した。そして、一八七〇年の国家統一から二〇年を経た一八九一年、南部のシチリア島に、「労働者ファッシ」(Fasci dei Lavoratori《ファッシ デイ ラヴォラトーリ》)という名の過激な農業改革運動の組織が誕生する。〈fasci《ファッシ》〉は〈fascio《ファッショ》〉の複数形である。ムッソリーニが、イタリアの革新を目指して一九一九年に「闘争ファッシ」(Fasci《ファッシ》 di Combattimento《ディ コンバッティメント》)を結成し、さらに二一年にそれを「国民ファシスタ党」(Partito Nazionale《パルティート ナツィオナーレ》 Fascista《ファシスタ》)へと発展させたとき、彼はシチリア民衆の革命運動の名を受け継いだのである。

〈fascio《ファッショ》〉というイタリア語は、「束《たば》」を意味する。この語は、もともとは古典ラテン語の〈fascis《ファスキス》〉に由来するもので、薪《たきぎ》などにするための「小枝の束」という意味だった。その〈fascis〉は、〈fascia《ファスキア》〉という名詞から派生したものだとされている。このラテン語は、「細長い布切れ、紐、帯、バンド」などを意味した。現在のイタリア語にも、この語はそのままの形で、同じ意味を持つ名詞〈fascia《ファッシア》〉として残っている。つまり、そういう帯状のもので小枝を束ねたものが「ファッショ」の元来の意味なのである。シチリア島で「労働者ファッシ」を結成した農民たちは、バンドでしっかりと括《くく》られた小枝の束のイメージによって、自分たちの強固な団結を表現し確認したのだった。この場合の「ファッショ」が、強権力による束縛ではなく、自分たち自身による結束を意味していることは、言うまでもない。

「アルタマーネン」が仲間たちと共に困難な農業労働に身を投じ、その共同労働をとおしてひとつの共同体を創出しようとしたとき、彼らのそのボランティア活動は、他者による束縛を望んだのではなく、自分たち自身の結束を力の源泉にしようとしたに違いない。ボランティアたちの行為が共同で行なわれるとすれば、その共同性を支えるのは、結束であって束縛ではない。束縛は、原理的に、自発性とは矛盾するからである。——ファシズムは、ボランティア活動のその自発性と結束を不可欠の構成要因としながら、束縛に満ちた国家社会を実現したのだった。

「冬季救援事業」と「一鍋日曜日」

「全権委任法」を強行採決して独裁権力を手中にする日からちょうど一〇日前の一九三三年三月一三日、ヒトラー政府はひとつの新しい省庁を設置した。「民衆啓発・宣伝省」がそれである。この省の大臣には、すでに三年前から党の全国宣伝部長として手腕を発揮していたヨーゼフ・ゲッベルスが任命された。一八九七年一〇月生まれのゲッベルスは、一九二一年にナチ党に入党して以来、のちに「長いナイフの夜」の粛清によって殺される党内極右派のグレーゴル・シュトラッサーに近い位置にいたが、次第にヒトラーの政治手腕に魅惑されて彼に接近し、ヒトラーもゲッベルスを高く評価して、彼を重用するようになったのだった。民衆啓発・宣伝省は、最初から最後までゲッベルスの配下に置かれ、大臣である彼の指揮のもとに、「第三帝国」にとって決定的に重要な役割を果たすことになる。その最初期の仕事のひとつが、三三年の秋に開始された。

三三年九月一三日、ヒトラーとゲッベルスは、「飢えと寒さに立ち向かう冬季救援事業」の開始を国民に呼びかけた。失業者や貧困家庭の暮らしがいっそう苦しさを増す冬の季節を乗り切るために、一〇月初めから翌年の三月末までを「冬季救援事業」の期間として、国民のすべてが自発的にその事業に参加しよう——という呼びかけだった。その日、ベルリンの民衆啓発・宣伝省で挙行された事業開始の式典で、ヒトラーは次のような式辞を述べた。(61)

みなさん！　何年ものあいだ我々は国内において、国際的なマルクス主義的連帯の思想と闘ってきました。我々は、この国際的な連帯と称するものを、真の国民的な態度の敵としか見なしませんでした。そんなものは、存在し得る唯一まともな連帯から、すなわち血によって永遠にその根拠を与えられる連帯から、人びとを引き離す幻影に過ぎなかったのです。

しかし、こうした観念はそれとは別の観念によって置き換えるのでなければ除去できないこともまた、我々にはつねに明らかでした。それゆえ、いまこの偉大な救援行動の上には、その標語《モットー》として、「国民的連帯」という一語が掲げられていなければならないのです。我々は、わが民族民衆の内部にあった国際的、マルクス主義的連帯を打ち破りましたが、それは、何百万ものドイツの労働者に、それに替わる別の、より良い連帯を与えるためでした。それは、我々自身の民族民衆の連帯であり、幸せな日々においてばかりでなく悪しき日々においても分かち難く結び合わされているということ、幸せを恵まれているものたちとだけでなく不幸せに付きまとわれているものたちとも結び合わされている、ということであります。

我々がこの国民的連帯という思想を正しくとらえるなら、それは犠牲という思想でしかあり得ません。すなわち、もしも誰や彼やが、自分の負担は重すぎるとか、自分はいつも与えるばかりじゃないか、などと言うのなら、こう答えてやればいいだけです、「それこそはつまり真の国民的連帯の意味なのだ」と。もらうことに、真の国民的連帯は意味を見出すことなどできないのです。

わが民族民衆の一部が、全員に共同責任のあるさまざまな事情によって困窮に陥っているとき、そして、運命によってそれをまぬがれた別のひとりが、他者がやむなく陥ったその困窮の一部を、自由意志でみずから引き受けるという心構えがあるというとき、それは、言ってみれば、他者の困窮をいまより軽減するために、わが民族民衆の一部にわざわざ意図して何らかの困窮を背負い込ませるということであります。そのような犠牲を引き受ける心構えが大きければ大きいほど、それだけ速やかに、他者の困窮を和らげることができるであありましょう。

自分が与えるということは、そもそも、これを与えることが自分にとって犠牲であるという場合にのみ、真の民族共同体を作り上げるという意味での価値を持つ、ということを、誰しもが理解しなくてはなりません。

このやりかたが各人にとってひとつの犠牲を意味せざるを得ない、ということを民族民衆のすべてが把握したとき、このやりかたからは、物質的な困窮の緩和が萌《きざ》してくるばかりでなく、さらにはそれよりももっと途轍もないものが生まれ出るでありましょう。そこから育ってくるのは、この民族共同体は空虚な概念ではなく、現実に生きているものなのだ、という確信であります。我々は、困難な国民闘争のなかで、このような共同体を、以前にも増して必要としているのです。もしもドイツが幸運に恵まれていたとしたら、ひょっとすると、この共同体の重要な意義を、いくらか過小に評価することもできたかもしれない。しかし、我々が困難な時代を耐えなければならないとすれば、その時代を乗り越えることができるのはわが民族民衆がただひとつの鋼鉄の塊《かたまり》のように一致団結するときだけであるということを、我々ははっきりと知らなければならないのであります。

ヒトラーとゲッベルスの呼びかけによる「冬季救援事業」（Winterhilfswerk《ヴィンターヒルフスヴェルク》）は、私たちがボランティア活動として思い描くことができるさまざまな形態で展開された。「ヒトラー青年団」や「ドイツ女子青年団」、「少国民団」などの団員たちや街区《ブロック》（町内）の住民たちが、街頭に立って、あるいは戸別訪問によって募金を集めた。燃料の石炭や衣類や食料品や金銭が、各家庭から拠出された。それを集めて担当部署に引き渡す仕事もボランティアが受け持った。飲食店や小売店のレジの横には、釣銭カンパのためにさまざまなデザインの拠金箱が置かれた。さらに、労働者や勤め人は、賃金や給与のうちからカンパ分を差し引いて支給される、という形でこの運動に参加した。寄付された現金とともに、食品や物品は一部はそのまま現物で、一部は換金して、困窮者に所定の支給額が届けられた。

三四年三月末に事業が終了したのち、四月一七日に、ヒトラーは冬季救援事業の大管区《ガウ》指導者、つまり各支部責任者を首相官邸に招き、謝辞を述べた。そのなかで彼は、欧洲大戦前のドイツ帝国が飛行船ツェッペリン号を建造するために国民から寄付を募ったときにはわずか七〇〇万マルクしか集まらなかったのに、「我々は、貧しくなったドイツにいながら、たった一冬で三億二〇〇〇万マルクを拠出した。この途轍もない金額は、ただ単にひとつの行為それ自体であるだけでなく、わが民族民衆のなかに生きている犠牲心の表現でもある」と語ったのだった。じっさいには、拠出額はヒトラーが示した数値をかなり上回っていることが、のちに明らかになった。

大量失業状況による深刻な貧窮を救うという意味以外のもっと大きな意味をヒトラーに確信させた冬季救援事業は、翌年以降も継続されることになった。そして、三九年九月にドイツが第二次世界大戦を開始したことで四〇年三月に事業が終わるまでの七年間に、国民を挙げてのこのボランティア活動によって、総額三一億七〇〇〇万マルクに上る金品が拠出された。これは、一九三四年から三五年にかけての年度の一年分のドイツの国家予算、六四億五八二八万マルクの四九％に相当する額である。これによって、七年間で延べ六三〇〇万人の生活困窮者たちが、その恩恵を蒙《こうむ》ることになったのだった。この人数は、当時のドイツの人口とほぼ等しい。つまり、毎年、国民の七人に一人が、冬季救援事業の恩恵を蒙っていたのである。受給者の家族を含めれば、この数値はさらに大きくなるわけだが、統計上示された拠出額と受給者数の数値は、資料⑧、資料⑨のとおりである。[62]

「冬季救援事業」は、もうひとつ、きわめてユニークなボランティア活動を含んでいた。これもヒトラーとゲッベルスの呼びかけによって、「一鍋日曜日《ひとなべアイントプフゾンターク》」という企画が実施されたのである。それは、毎月の第一日曜日を「一鍋日曜日」（Eintopfsonntag《アイントプフゾンターク》）と定め、その日には、ひとつの鍋で調理した一品料理、「一鍋料理」（Eintopfgericht《アイントプフゲリヒト》）だけを食べることにして、平素の主餐（昼食）の献立に要する経費との差額分を、冬季救援事業のために寄付しよう、というものだった。羊肉や豚の肩肉などの安い肉類と蕪《かぶら》やジャガイモなどを一緒に煮込んで味付けをしただけの一鍋料理は、標準で一人当たりが五〇プフェニヒ（〇・五マルク）程度、平素の料理の半額程度で済むとされ、四～五人の家族なら二～三マルク程度を拠金することができるのだった。

第一日曜日に当たる三三年一〇月一日から、早速この「一鍋日曜日」が実行に移された。ヒ資料⑧　「ドイツ民族民衆の冬季救援事業」
金額＝1000ライヒス・マルク（RM）

拠出品目＼年度	1933/34	1934/35	1935/36	1936/37	1937/38	1938/39	1939/40
寄付金	184,272	204,809	234,855	294,310	297,318	436,310	631,575
うち：給料・賃金から	48,928	88,827	62,711	69,331	80,555	104,976	131,257
「一鍋日曜日」で	25,129	29,581	31,967	33,737	34,742	50,462	81,560
街頭募金で	11,211	14,182	25,857	40,165	42,376	87,069	132,594
物品拠出	126,978	110,454	92,132	92,778	101,972	113,803	45,923
経費節減分＊	46,836	52,152	37,512	28,063	19,698	16,239	3,219
総額	358,136	367,425	364,499	415,151	418,988	566,352	680,717
前年度から繰り越し	——	8,136	15,068	7,623	14,451	＊＊16270	＊＊29021
運用可能総額	358,136	375,561	379,567	422,774	433,439	582,622	709,738

＊購入品の値引き・運搬費サービス等による　　＊＊未換金物品の在庫
（1933/34年度と1934/35年度の「拠出品目」と「総額」の数値が合っていないが、典拠『ドイツ国統計年鑑』のままとした。）

資料⑨　「冬季救援事業」による受給者数（人）

年　度	1933/34	1934/35	1935/36	1936/37	1937/38	1938/39	1939/40
受給者数	16,617,681	13,866,571	12,909,469	10,711,526	8,931,456	7,961,812	5,995,627
人口1000人当たりの人数	253	211	194	161	134	104	75
うち　独居者	（不明）	（不明）	884,283	997,498	1,186,984	1,257,372	1,096,138

「一鍋日曜日」――宣伝写真のために「一鍋料理」を食べてみせるゲッベルスとヒトラー
Zentner/Bedürftig: *Das große Lexikon des Dritten Reiches*（註57-①）より。

トラーとゲッベルスを始めとするナチ党幹部たちが一緒に一鍋料理を食べる場面の写真や映画が、広く流布された。以後、毎月のこの日曜日には、各家庭でだけでなく、レストランや飲食店でも、「一鍋料理」だけが提供されることになる。客たちは、普段のメニューとの差額分を、冬季救援事業のためにカンパするのである。罰則があるわけではなく、各自の自由意志に委ねられたボランティア行為だったが、資料⑧のデータが示すとおり、この「一鍋日曜日」によるカンパは、寄付総額のうちで毎年つねに一割を超えるほど、かなりの割合を占めた。

もちろん、すべての国民が喜んで冬季救援事業に参加したわけではない。三月五日の国会議員選挙の結果からも明らかなように、過半数の有権者はナチス政権を支持していなかったのである。政治的立場からだけではなく、そもそものようなボランティア活動そのものをいかがわしいと感じる人びとも、少なくなかっただろう。だが、ヒトラーとゲッベルスは、国民が自発的に、つまり自由意志で、この活動に参加することが重要であると考えていた。冬季救援事業は、いまはまだ自発的にそれに加わろうとしない国民たちからも、自発性を引き出さなくてはならないのである。——この社会の現実によって不幸を余儀なくされている同胞を助けるために、我々は結束してその現実に立ち向かわなければならないのだ。結束を固めるためには、誰もが犠牲を払わなければならないのだ。このことを繰り返し強調することで、国民たちの自発性を誘発する努力が重ねられた。だが、それは、自発性が強制に転じる道すじでもあったのである。

第三年目の「冬季救援事業」の開始式典が三五年一〇月四日に開かれたとき、ヒトラーは式辞のなかで、「一鍋料理」に言及しながら、この事業の意義を以下のように強調したのだった。(63)

さてそこで、こう言うことができるのではないでしょうか——経済がすべてを解決し得るわけではないとすれば、なぜあなたがたはそれを国家によって解決してもらおうとするのか？　国家とはいったい何か？　同胞たる民族民衆よ、きみが国家なのだ！　きみがこのごく自然な義務を果たすよう、国家がきみを強いるべきではない。そうではなく、きみが、民族共同体に対していだくきみの感情に、自分自身で生きた表現を与えるべきなのだ。きみが、歩み寄って、自発的に、犠牲を捧げなければならないのだ！——うんそうか、しかしそれにしても厄介《やっかい》だな、この募金というやつは——などと言ってはいけない。きみはかつて一度も飢えというものを知ったことがないのだ。そうでなければ、飢えがどんなに厄介なものか、きみにはわかるだろう。自分の食べるものがないということがどういうことを意味するか、きみは体験したことがない。ましてや、自分がもっとも愛しているものたちに何ひとつ食べるものを与えることができないということが、何を意味するか！

　そしてまた別のものが、こう言うとしたら、どうでしょう？――しかしねえ、あなた、わかってくださいよ、この一鍋日曜日、そりゃあわたしだって、いくらか出したいですよ。しかしわたしの胃袋が、わたしの胃袋のやつが、しょっちゅう文句を言いやがるんでね。わたしにはこんなことは理解できないが、それでもまあ一〇プフェニヒ出しておきましょう。そうではないのだ、我が友よ、我々はこのすべてを意図して仕組んだのだ。これを理解していないきみにとってこそ、ためになるのだ――我々がきみをこういうやりかたで少なくとも一度はきみの民族民衆のもとへ連れ戻すとしたら。きみがひょっとすると月に一度それを引き受けるかもしれない一鍋料理、その一鍋料理に冬の間中ずっとありつけるだけで幸せであるような、きみの同胞たる何百万人もの民族民衆のもとへ連れ戻すとしたら。我々は、意図してこれをしたのであり、決してこれをやめないでしょう。それどころか逆に、我々は確信しているのです、きょうのこの日がドイツ国民の名誉の日であることを、そしてまた、そこから逃げるようなやつは、我が民族民衆にとって、節操なき有害物であることを。

〔……〕

　できることなら喜んで出したいんですがねえ、などと言ってはいけない！　たとえ自分の懐《ふところ》が寂しくても、きみは与えるべきなのだ。なぜなら、きみは他者のために犠牲を捧げるべきだからだ。我々は、ひょっとすると、別のやりかたができたのではあるまいか。いや、そうではない。我々は全世界と民族民衆に、我々ドイツ人が共同体という言葉をひとつの空虚な決まり文句と捉えているのではないということ、この言葉は我々にとって現実にひとつの内面的な義務を含んでいるのだということを、示そうとしているのです。

「冬季救援運動」は、このスピーチのなかでもヒトラー自身が言っているように、「自発的に」つまり「自由意志で」参加すべきものだった。だが、この同じスピーチはすでに、自発的な参加を拒みあるいは躊躇するものたちを、「わが民族民衆にとって、節操なき有害物である」と断じていたのである。ドイツのボランティアたちの道は、自発性から強制への曲がり角を、まさに曲がろうとしていた。

結束から束縛へ——「帝国労働奉仕法」の制定

ヴァイマル時代末期に始まり、ヒトラー政府によって継承された「自発的労働奉仕」の制度は、これによって自動車専用道路《アウトバーン》を建設するための労働力を調達するなど、失業解消と経済再建のための重要な機能を果たしながら、一九三五年五月に至るまで存続していた。ヒトラー政権第一年目の暮れ、三三年一二月の従事者数は約二三万二〇〇〇人、彼らの一ヵ月の就業日数の総計は六一六万六〇〇〇日に及んだ。翌三四年一二月には、従事者は男性が二二万九一六六人、女性は九二八五人というデータが残されている。三五年五月の時点でもなお、全国で約二一万三〇〇〇人あまりが自発的労働奉仕を続けていた[64]。

だが、そのころ、労働奉仕をめぐる事態は大きく移り変わりつつあったのである。既述のとおり、ヒトラーのナチ党は、失業者以外の青年たちが「自発的労働奉仕」を行なうことを奨励したが、政権獲得後、それを単なる奨励にとどめておかなかった。全権委任法によって独裁権力を掌握し、当初の連立内閣からナチ党の単独政権になると、自発的労働奉仕はその性質を著しく変え始める。その変質の最初期は、日本におけるのと同様に、しかし日本におけるより五年早く、教育行政当局によって主導された。

ヒトラーの首相就任から四ヵ月半、全権委任法採決から三ヵ月たらず後の三三年六月一六日、プロイセン州文化大臣ベルンハルト・ルストが、大学生に自発的労働奉仕への参加を義務づける方針を明らかにしたのである。ルストはさらに、翌三四年の三月二九日に公布され四月一日に施行されたプロイセン州の法律「農村学年法」によって、八年制の義務教育を終えた都市在住の少年少女に、そのあと一年間の「農村学年」(Landjahr《ラントヤール》)を義務づけることを決定した。一四歳ないし一五歳の少年少女が、実質的には四月一五日から一二月一五日までの八ヵ月間を、農村に設営された宿舎に住み込んで共同生活をしながら、農作業に携わるのである。

作業は無報酬の労働奉仕だった。法律は、「学校を卒業した都会の若者たちの郷土および民族民衆たちとの結び付きと、健全な農民層が有する民族的な価値に対する理解とを深めるため、州政府は以下の法律を定めた」という前文のあと、とりわけその第六条で、「農村学年の間に児童たちは国民社会主義国家の諸原理に従って教育される。彼らの健康は、農業労働およびあらゆる種類の肉体訓練によって促進される」としていた[65]。ひとつの州の法律とはいえ、首都べルリンを含み、政治的にも文化的にも全国的な比重の大きいこの州のこの制度は、単なる一州でのエピソードにはとどまらなかった。ほどなく、ヴュルテンベルク、ザクセンなど六つの州も、この制度を採用することになる。

義務教育年限を終えた生徒たちの大多数がそのまま就職するその当時において、「農村学年法」には、就職を一年遅らせるという目的もあったとされている。ヒトラー政権になってから失業は着実に減少していたとはいえ、三四年六月の時点ではなお一四・三%に及んでいた。労働力人口を少しでも減らすことによって、失業率を下げなければならなかったのだ。しかし、法律の前文と第六条が謳《うた》う目的と理念には、偽りはなかっただろう。この法律は、ひとつの一貫した施策のひとこまだったからである。

この法律を制定したベルンハルト・ルストは、それから一ヵ月後の三四年五月一日、中央政府の一省として新たに設置された「科学・教育・民衆教養省」、すなわち日本のかつての文部省、現在の文部科学省に相当する省の、大臣に任命される。そして、「農村学年法」にもその一端が反映されている肉体労働と労働奉仕に関するかねてからの教育方針を、全国規模で実行に移した。高等中学校（Gymnasium）《ギムナージウム》の修了生は、大学に入学する前に、二〇週間の労働奉仕を義務として課せられることになったのである。ギムナージウムは、義務教育課程の前半の四年を終えると入学できる九年制の中等教育機関で、大学進学を主たる目的としていた。しかし、この労働奉仕の義務を果たさないものは、その課程を修了し卒業試験（大学入学資格試験）に合格しても、大学入学資格を失うことになった。

これと並行して、教育の分野以外でも、労働奉仕の義務化が進められた。三三年五月に従来のすべての労働組合を禁止して労使協調の全国単一の労働者組織として設立された「ドイツ労働戦線」と、農業経営者の全国単一組織としてこれまた三三年三月に新たに設立された「食糧生産身分団」との幹部を志望するものにも、同様の労働奉仕義務が課せられることになった。

三四年七月一一日、労働奉仕制度についての立案に携わってきた労働次官のコンスタンティン・ヒーアルが、「自発的労働奉仕担当国家委員」に任命された。「国家委員」(Reichskommissar《ライヒスコミッサール》)とは、既存の省庁では掌握できない特別の業務のためにナチス政府が設けた役職で、各省の大臣に相当する。それと同時に、「自発的労働奉仕」の所轄官庁が、従来の労働省から内務省に移された。労働奉仕は、労働の分野だけに関わるものではなくなり、ましてや失業対策としての意味だけを持つものではなくなったのである。

それから半年を経た三五年二月二六日、「労働手帳の導入に関する法律」が制定され、四月一日から施行されることになった。この法律によって、すべての雇用主は、「労働手帳」(Arbeitsbuch《アルバイツブーフ》)の交付を受けこれを所持していないものを雇用することを禁じられた。各人の職歴はすべて、この手帳に記録されることになっていた。

この法律が公布されてから一八日後の三月一六日、旧ドイツ帝国の陸軍記念日に、ドイツ政府は、ヴェルサイユ条約によって禁止されていた一般兵役義務(徴兵制)の復活を発表した。これと同時に、ヴェルサイユ条約がドイツに課した軍備制限を破棄する、という宣言がなされた。五月二一日、政府によって「兵役法」が公布され、即日施行された。これによって、男性は満二〇歳で一年間の兵役義務に服することになった。ドイツの歴史における最初の戦後民主主義は、ヴァイマル時代の終わりとともに実質的な終止符を打たれたのち、ここに最終的な終焉を迎えたのだった。新たな戦前が始まったのである。

こうした施策と連動するように、三五年六月二六日、「帝国労働奉仕法」という法律が公布され、即日施行された。全二七条から成る法律のうち、その理念と適用対象に関する二ヵ条を示しておこう。

第一条

1 帝国労働奉仕は、ドイツ民族民衆に課せられる名誉の奉仕である。

2 すべてのドイツ人青年男女は、帝国労働奉仕によってみずからの民族民衆に奉仕する義務を負っている。

3 帝国労働奉仕は、国民社会主義の精神に則って、ドイツの若者を民族共同体と真の労働観へと導き、とりわけ肉体労働に対するふさわしい敬意へと導く教育を為すべきものである。

4 帝国労働奉仕は、公益に資する労働を行なうものとする。

第三条

1 総統たる帝国首相は、毎年召集されるべき奉仕義務者の数を決定し、奉仕の期間を定める。

2 奉仕義務は、早くとも満一八歳以後に始まり、遅くとも満二五歳に達するまでに終了するものとする。

3　労働奉仕義務者は、原則として、満一九歳に達する年度に帝国労働奉仕に召集されるものとする。それ以前の時点でも自由意志により労働奉仕に参加することができる。

4　三〇日以上の禁錮刑については、労働奉仕義務者および自由意志による労働奉仕者は、奉仕終了後に服役するものとする。ただし、第一六条により帝国労働奉仕から除名された者を除く。

第三条4項が言及している第一六条の除名規定とは、奉仕義務の参加手続きが終了したのちに不適格であることが判明した場合に参加が取り消されることを規定した条項である。それに該当するのは、懲役刑の前科がある者、不名誉な行為のためにナチ党を除名された者、反国家的行為によって処罰された前科がある者と、「アーリア人の血統ではない者、もしくは非アーリア人の血統を持つ人物と結婚している者」とされていた。「アーリア人」とは、ナチズムの人種理論が優等人種たるドイツ人の血統に付けた名称であり、「非アーリア人」とは、それ以外の人種、とりわけユダヤ人を始めとして、黒人や黄色人種など劣等人種を呼ぶ名称である。義務化された労働奉仕を「ドイツ民族民衆に課せられる名誉の奉仕」とするこの制度からは、犯罪者とともに、そのような劣等人種は排除されなければならなかったのだ。

「帝国労働奉仕法」の制定から二ヵ月半後の三五年九月一〇日、バイエルン州のニュルンベルクで、ナチ党の第七回全国党大会が開会を迎えた。一週間の会期で挙行され、「自由の党大会」という名称を掲げたこの党大会に合わせて、ニュルンベルクで国会が開かれ、九月一五日に、一般に「ニュルンベルク法」と呼ばれる三つの法律が制定された。「ドイツ人の血とドイツ人の名誉を保護するための法律」を中軸とするそれらは、以下のようなことを定めていた。――①ユダヤ人とドイツ人もしくはそれと同系の血統を持つ国家成員との結婚の禁止。これに違反する婚姻は、外国でなされたものも含めて無効とする。②ユダヤ人とドイツ人もしくはそれと同系の血統を持つ国家成員との婚外交渉の禁止。③ユダヤ人が四五歳以下のドイツ人もしくはそれと同系の血統を持つ女性の国家成員を家事使用人として働かせることを禁止。④ユダヤ人によるドイツ国旗掲揚の禁止。

同年一一月一四日の「帝国公民法に関する政令第一号」は、ユダヤ人について、①ユダヤ人は帝国公民ではあり得ない、②政治上の選挙権は与えられない、③公職に就くことはできない、と定め、「ユダヤ人」とは何かについても具体的に定義した。それによって、以下のいずれかに該当するものがユダヤ人とされた。――①祖父母のうち少なくとも三人が完全ユダヤ人であるもの。②祖父母のうち一人だけがユダヤ人でも、本人がユダヤ教に入っていれば、完全ユダヤ人と見なされる。③帝国公民であって、祖父母のうち二人が完全ユダヤ人である混血児でも、次の各項に該当するものはユダヤ人と見なされる。(a)帝国公民法の公布以前にユダヤ教に入り、またはそれ以後に入ったもの。(b)同法の公布以前にユダヤ人と結婚し、またはそれ以後に結婚したもの。(c)ユダヤ人との結婚によって生まれたもの。(d)ユダヤ人との婚外交渉によって生まれたもの。

「冬季救援事業」をつうじてヒトラーが繰り返し呼びかけた連帯――階級闘争による国民相互の対立と分裂を前提としたマルクス主義の国際主義的な連帯ではなく、たとえ貧しい一鍋料理でも一冬のあいだそれにありつけるだけで幸せだという同胞のために、自発的に（自由意志によって）身銭を切るような連帯、その自発的な行為によって空理空論ではない生きた共同体が生まれるような、国民相互の強い結束にもとづく連帯――それは、まず「国民」からユダヤ人を排除することによって、実現されようとしたのである。

法律によって根拠づけられたこの排除は、個々人の自発的な（自由意志による）勤労奉仕が、同じく法律によって、「ドイツ民族民衆に課せられる名誉の奉仕」として国民の義務とされることと、時期を同じくし軌を一にして、実行に移された。制度化された労働奉仕もまた、「冬季救援運動」の呼びかけと同じように、みずからの民族民衆のために奉仕することを青年たちに求めていた。しかも、ユダヤ人をそこから排除することで、民族民衆たる国民の団結をいっそう固めようとしたのだった。けれどもその団結は、もはや自発的な結束ではなく、復活された兵役義務とともに、国民にとっての束縛にほかならなかった。

ドイツ国民は、その束縛を、嬉々として受け入れたのである。

2　「帝国労働奉仕」の日々――数字と証言

世界が注目した労働奉仕制度

「帝国労働奉仕」（Reichsarbeitsdienst《ライヒスアルバイツディーンスト》）は、青年にそれを義務づける法律が制定された年の秋、三五年一〇月から、第一期の六ヵ月が開始された。参加するのはさしあたり男子だけとされていた。法律が定めるとおり、「総統《フューラー》たる帝国首相」のヒトラーが、今回の動員人数を二〇万人と決定した。ヒトラーは、三四年八月二日に大統領ヒンデンブルクが八六歳で死んだあと、大統領と首相とを兼ねる「国家元首」となっていた。賛否を問う国民投票で八九・九％の賛成を得て、この地位に就いたのである。そして、それまでは「指導者・先導者」を意味するナチ党内での党首の呼称に過ぎなかった「フューラー」（Führer）という名称を、国家と国民の指導者という意味を込めて自分の公的な称号としたのだった。日本語で「総統」と訳されているのがそれである。

「自発的労働奉仕担当国家委員」で「帝国労働指導者」だったコンスタンティン・ヒーアルは、「帝国労働奉仕」が開始された一〇月一日、「帝国労働奉仕指導者」（Reichsarbeitsdienstführer《ライヒスアルバイツディーンストフューラー》）という称号を与えられ、この制度を統括する最高責任者となった。

――ここで「帝国」と訳した〈Reich《ライヒ》〉というドイツ語は、英語の〈reach《リーチ》〉（力が届く範囲）と語源を同じくし、もともとは政治権力の及ぶ範囲を意味する語である。旧「ドイツ帝国」も、そのあとに誕生したヴァイマル共和国と通称される「ドイツ国」も、その国名はいずれも同じ〈Das Deutsche Reich《ダスドイッチェライヒ》〉だった。ヴァイマル時代には、〈Reich〉という語は、「州」（Land《ラント》）との対比で「国」、「全国」の意味で使われた。一方、ドイツの歴史上、ドイツ人による最初の統一国家とされる「神聖ローマ帝国」（九六二～一八〇六年）と、その崩壊後の分裂状態のすえにプロイセン王国によって建国された「ドイツ帝国」（一八七一～一九一八年）とが、いずれも君主制の文字通りの「帝国」だったので、これらをそれぞれ「第一帝国」、「第二帝国」と呼ぶのが通例になっていた。ヴァイマル体制の打倒を目指したヒトラーは、そのあとにドイツ史上三番目の帝国、「第三帝国」を打ち立てることを、最大の目標として掲げていたのである。〈Reich〉はまた、

「帝国労働奉仕」のひとこま
Das Werk des Reichsarbeitsdienstes in den Haushaltsjahren 1935 und 1936（註68）より。

キリスト教では「みくに」、つまり神の国を意味し、中世キリスト教の「三位一体」説によれば、「父の国」と「子の国」のあとに来る三番目の「精霊の国」によって救済が成就されるとされていた。ヒトラーは、みずからが建設する「第三帝国」（Das《ダス》 Dritte《ドゥリッテ》 Reich《ライヒ》）でドイツ民族の自己解放と永遠の救済を実現するはずだったのである。それゆえ、本書では、一般に「国」あるい「全国」と訳すことができる場合でも、「第三帝国」における制度や役職などに関しては必要に応じて「帝国」という表記を用いることにしたい。

「帝国労働奉仕」は、その制度の発足と同時に、世界各国の大きな関心を呼んだ。一定年齢層のすべての国民にそれが義務づけられることに加え、とりわけ男子の場合、年齢的にそのあとの兵役義務と直結していることもあって、その軍事上の意味が問題視されたのである。さきに言及した東京府社会事業主事・下松桂馬の一九三七年の著書『独逸労働奉仕制度』がその背表紙に「平和の武装」というサブ・タイトルを付したのも、こうした関心のありかたと無関係ではなかった。だがもちろん、関心は軍事的な側面だけにとどまらず、社会事業、青年教育、労働問題、農業政策、土木建設、等々、あらゆる政治的・社会的領域に関連する重要な実例として、注目されたのである。

日本の「東亜研究所」という研究機関が四三年二月に印刷配布した『ドイツに於ける労働奉仕制度　第一部（未定稿）』という資料冊子[66]は、この制度に注目して詳細に研究した成果の中間報告書である。「東亜研究所」は、三八年九月に「企画院」という政府機関の外郭団体として設立された研究機構で、首相の近衛文麿が初代の総裁を務めていた。企画院は、支那事変開始後の三七年一〇月に、戦時統制経済推進・物資動員など戦争遂行にとって重要な政策の実行のために設置された内閣直属の総合国策機関である。その外郭団体である「東亜研究所」の任務は、名称のとおり中国や東アジアに関する研究だったが、例外的にドイツの労働奉仕制度を研究テーマとしたのだった。その冊子は、ドイツにおける労働奉仕制度の歴史的背景について説明するなかで、以下のように述べている。

ゲルマン民族は農本の民である。その生活する地方は耕作すれば収穫を得られる土地ではあるが、始めから肥沃の土地ではなく、人力によつて耕作を可能にしなければならぬ程度の土地である。開墾、開拓し、排水工事を施し又は灌漑して始めて収穫を期し得る土地が多いのである。

農地としてのエルベ河の東方は貧弱である。デンマルク又はフランスと比較することは出来ない。ドイツ国土の中には沼地、砂地の地方が多いのである。この瘠せたる土地から起つて強いドイツの力が生れたのである。プロイセンは瘠地ブランデンブルク地方の貧困の間から生れた強大な国家である。

優良の耕地は大なる労働力の結果出来上る。単に鍬を以て土地の表面を耕せばよいと云ふのではない。築溝其他の大工事を必要とする。集団的土木工事を必要とする。そこに共同労働、労働協同体、民族僚友の精神が養はれたのである。

ゲルマン民族の住める地方の冬の気候は相当厳しい。燃料及食物を冬のためにも保存しなければならなかつた。自然と闘ひ、自然を征服せんと云ふ精神が養はれた。

又、他の民族に対する地位も民族的闘争心を争ふ条件を具へてゐた。四周の敵に脅かされ、食ふか食はれるかの境遇に在つた。ドイツ民族史は対外戦闘史である。

故に今日のドイツ「帝国労働奉仕」も亦この民族的建国の事情と固く結びついてゐる。それは極めて国民精神的、対外的、対外競争的の自覚の上に立ち、作業の種類は主として大地の開墾、開拓、新地獲得、耕地の改善である。

耕地は不足し、而も国境を突破して遠く肥沃の地を占領すると云ふ希望は薄く、云はば包囲されたる状態の下にあつて、しかも増産を期さなければならぬと云ふ事情は古代より近世まで続き第一次世界大戦の前数十年間は海外植民、輸出増進の大勢に乗つて一時眼を国外に投ずるに至つたが、大戦敗北の結果は以前よりも峻烈に土地の不足を感じさせた《（ママ）》国内開拓、国内植民の絶対的必要に迫られた。この絶対的要求が建国以来の要求と一致して、そこに徹底的の労働奉仕制が国民社会主義政府に依つて実現されたのである。

〔漢字を新字体にし、誤植と思われる箇所を指摘したほかは、すべて原文のまま。〕

盟邦ドイツに対する批判などあり得ない時代に、しかも日本政府の意に沿った研究機構によって書かれた文章である、という点を忘れてはならないとしても、ここに記されていることは、客観的に見て間違ってはいない。とりわけ、あの「アルタマーネン」たちがなぜ農業労働に身を投じ、辺境の地に入植（植民）しようとしたのか、しかも共同労働によってそれを実践しようとしたのか、その彼らの思いと彼らの姿が、この記述からはありありと浮かび上がってくる。彼らはまさに、重要かつ不可欠だが困難に満ちた社会的課題の遂行に、自由意志をもって身を投じたのだった。それは、自分がやらねばならぬと決意したボランティア精神が、共同労働の結束を武器として現実に立ち向かう姿だったのだ。そして、その同じ姿が、今度は「国民社会主義政府に依つて実現された」帝国労働奉仕というひとつの制度のなかで、新たに蘇ったのである。

では、帝国労働奉仕の従事者は、具体的にどのような労働に携わったのだろうか？　東亜研究所の冊子は、これについても的確に報告している。

作業の様態は土地の状況と相関連する。排水、給水の施設築造、河川堤防の構築、植林、道路等の建設であり、其他適当なる応急処置労働である。

一、主たる作業（農林地の改良と獲得）

主たる作業は耕地の改良、沼地及荒地の開拓である。

イ、排水

ドイツの耕地の三分の一に近い面積は湿地即ち水分過剰地である。故に排水の作業は最も重要である。〔……〕排水の工事は小運河、排水溝の築造、地中に排水管を敷設することである。

ロ、給水
給水溝の築造。
ハ、氾濫防止
河川の整理、河岸の工事、堤防築造。
ニ、土地境界整理
土地の所有関係が交叉せるため、その管理耕作に余分の費用を必要とし、産額低下せる地域に関し、所有関係を整理し、同一農家の耕地を一ケ所にまとめる。これに関する作業は新しき道路を建設し、溝を掘る等の工事である。
ホ、農業経済道路建設
農村と農村との連絡、農村と都会との連絡を確保する道路の築造。
ヘ、森林の改良及び増大
森林地の排水、貧地及雑木林に新しく植林する作業。沼地及荒蕪地を開拓して植林する作業。特に森林地道路の建設が重要視される。又樹脂の採収は労働奉仕軍の労働によつて始めて大々的に開始され、ドイツは樹脂に関しては自給を期待してゐる。
ト、海岸の新地獲得
海中より新地を獲得する労働は海中浅瀬に於ける築堤作業である。一定の線に添ふて堤防を築くこと、同時に退潮の時に海水が去つた沼地に立ち、膝まで没し、鋤にて沼土を切つて一方に積み、溝を造り、次第に水分を排除して、その上に草の根のついた土を置き、次第にこれを陸にするのである。既にかゝる土地に農民が住むやうになり、農村が生れつゝある。

二、其他の作業

イ、収穫応急応援

人手不足又は天候状況により急速に収穫を必要とする場合に労働奉仕青年はこれに出動する。

ロ、災害防護

森林火災、沼沢地火災、風雨害、洪水、崖崩れ等の場合に応急救護、防護工事、排除工事に出動する。

ハ、野外集合所建設、古跡発掘、冬季救援協力、自動車道建設、水泳場及運動場建設、広場建設等に関与することもある。

労働奉仕の組織と成果

「帝国労働奉仕法」はその第九条で、「女子青年の労働奉仕義務についての諸規定は、別個の規則が定められるまで留保される」として、当面は女子に労働奉仕義務を課さないことになっていた。しかし、法律制定の翌日に公布された施行規則には、「帝国労働指導者は、自由意志による女性の労働奉仕のために、女子青年の労働奉仕義務を準備するうえで望ましい措置を講ずるものとする」という一項が盛り込まれた。その結果、翌三六年四月一日からは、女子も自由意志によって（自発的に）これに参加できることになる。「ヒトラー青年団《ユーゲント》」の下部組織である「ドイツ少女同盟」などでこれまでにも「奉仕活動」（Dienst《ディーンスト》）と呼ばれるボランティア活動をしてきた体験を持つ女子青年たちのなかには、少数ながら、自発的に労働奉仕に参加するものもあった。男子についても、法律は、一七歳以上であれば自由意志で参加できると定めていた。自発性を生かし触発することは、政府にとって、制度化による強制を妨げるものではなかったのである。

開始当初から三六年一〇月までの一年間は二〇万人とされた動員人数は、そのあと二三万人に増加され、さらに三七年一〇月からは二七万五〇〇〇人、三八年一〇月からは三〇万人に増大することになる。全国から動員されたこれらの若者たちは、さながら軍隊組織、あるいはナチ党の全国組織と同様に、上位下達のピラミッド型の組織構成の一員となった。――「帝国労働指導者」に直属する「帝国本部」(Reichsleitung《ライヒスライトゥング》)が、管理運営の最高機関として帝国労働奉仕を統括した。この中央本部の下に、全国で三〇の「労働大管区」(Arbeitsgau《アルバイツガウ》)、つまり支部が置かれていた。各大管区は、六ないし九の「労働奉仕団」(Arbeitsdienstgruppe《アルバイツディーンストグルッペ》)を擁した。三七年二月一日の時点で、全国の労働奉仕団は一八三を数えた。それらは、それぞれ五ないし八の「帝国労働奉仕隊」(Reichsarbeitsdienstabteilung《ライヒスアルバイツディーンストアプタイルング》)から成っていた。同じく三七年二月一日の時点で、全国の帝国労働奉仕隊の数は一二六〇だった。ひとつの奉仕隊は、平均して一八〇人程度の隊員によって構成されていたわけである。これは、軍隊の基準単位である「中隊」とほぼ同じ規模と言える。

他方、自由意志で参加する女子は、当初の定員が一万人とされ、三六年九月に二万六〇〇〇人に増やされた。女子については男子とは別の組織が構成された。全国を一三の「地区」(Bezirk《ベツィルク》)に分け、それぞれに「地区女性指導者」(Bezirksführerin《ベツィルクスフューレリン》)を置いて責任者とする。そして各地区は二ないし四の「営舎団」（Lagergruppe《ラーガーグルッペ》）から成った。三六年一〇月の段階で、営舎団は全国で三二七、それぞれの団員は指導部の役員も含めて四〇人程度だった。全国の合計は約一万三〇〇〇人、この時点で定員のほぼ半数だったことがわかる。

「帝国労働奉仕本部」を構成する八つの部局のひとつである「教育・教養局」の監査役、ヴィル・デッカーは、一九三七年に公刊した『ドイツの労働奉仕——帝国労働奉仕の目標・成果・組織』[67]と題する啓発・宣伝冊子のなかで、三五年から三六年にかけての一年間に帝国労働奉仕が達成した成果について記しているが、それを要約すれば以下のようになる。

1. 全部で二八〇〇の農家から成る五万六〇〇〇ヘクタールの耕地が、恒常化していた氾濫による被害から免れるようになった。ここで築堤と河川改修によって得られた増収分は、約一〇％に上る。
2. 過湿耕地一四万ヘクタールの排水工事がなされた。これによって地温が上昇し、土地の酸性化と冬の寒さによる種子の枯死とが防止できるようになった。排水が完了した草地や牧場では、高度のたんぱく質を含有する高価値の草類が生育する可能性が生まれたが、これは、農家が営む牛乳、食肉、脂肪の生産においてその生産性を向上させるための条件に他ならない。排水路改修、敷地内排水、地下埋設管での排水による生産性向上は約二〇％に上る。
3. 遺産の分配によって細分化されていた所有地二万五〇〇〇ヘクタールが、緊密なつながりを持った経営体にまとめられ、道路によって結ばれ、排水工事を施されて、これらの改修工事の完成によって約一〇％の増収を見込める土地として、集約的に経営することが可能となった。

4．七万ヘクタールの耕地が、ベルリンからナポリまでの距離に相当する総計一四〇〇キロの産業道路の敷設によって、集約経営の可能性を開かれた。

5．六〇〇〇戸の個人住宅が、基礎工事用の穴掘りと道路建設によって支援を受けた。

6．四〇〇〇ヘクタールの新しい山林地に植林がなされた。一万二〇〇〇ヘクタールが、植林と手入れと間伐によって収益向上につながることになった。

7．二万五〇〇〇ヘクタールの山林が一二〇〇キロの林道によって結ばれた。それに加えて、ドイツの狩猟鳥獣を保護するために、三〇〇キロの狩猟区の柵が作られた。

帝国労働奉仕のうち、農林業関連の土木工事によってだけでも、一年間でこれだけの成果が収められたことを報告した著者デッカーは、さらに、これらの労働の結果として得られる利益は、農業分野で達成される増産分だけに限っても、以下のような巨額なものになる、と記している。

ジャガイモの場合	増産分＝六五〇万マルク
ライ麦 〃	増産分＝五三〇万 〃
バター 〃	増産分＝四四〇万 〃
脱脂乳 〃	増産分＝三六〇万 〃

食肉　〃　　　　　　　増産分＝一二〇万　〃

これらを合計すれば二一〇〇万マルクに相当する。デッカーは言及していないが、この金額は、同じ三五年から三六年にかけての「冬季救援事業」で集められた義捐《ぎえん》金・救援物資の合計額、三億六七〇〇万マルクの五・七％に相当する。金額としては些少であるように思われるかもしれないが、労働奉仕の成果は一年限りではなく、毎年この増産額をもたらすのである。また、同時期の三五年度と翌三六年度の帝国労働奉仕について「帝国労働奉仕本部」の「労働管理局」が刊行した公式の報告書、『一九三五年度および三六年度の両会計年度における帝国労働奉仕の事業』(68)は、デッカーとは別の角度から、労働奉仕の経済的効果について次のように説明している。

土地改良の分野における膨大な経験は、期待できる増収分についてのかなり正確な算定を可能にする。一九三五年度および三六年度の両会計年度に帝国労働奉仕によって行なわれたすべての土地改良労働のこうした価値ある経験にもとづけば、この二年間に投入された土地改良労働の成果として、以下のような毎年繰り返し生じる価値の増収がもたらされるのである。すなわち――

排水のための労働によって　　約一六三〇万マルク
氾濫防止のための労働　〃　　　三八〇万　〃

土壌改善のための労働〃　　六〇〇万〃
移設工事〃　　八〇万〃
経済道路の建設〃　　二〇〇万〃
その他の土地改良労働〃　　七〇万〃

つまり、土地改良のための労働だけでも、毎年繰り返し生じる増収分は、ほとんど三〇〇〇万マルクにも及ぶのである。

この数字は、帝国労働奉仕に携わるのが二三万人の男子だった時期のものである。この翌年からその人数は二七万五〇〇〇人、さらにその一年後からは三〇万人に増員される。しかも、これら二冊の資料によって挙げられているのは、農業と林業に関わる成果のみであって、たとえば「帝国自動車専用道路」(Reichsautobahn《ライヒスアウトバーン》)と呼ばれた高速道路網の長期にわたる建設工事や、国防・軍事に関わる土木工事の成果は含まれていない。また、同じ農林業に関わる工事でも、新たに荒地や沼地を開拓・開墾して入植可能な土地を創出する大規模な開発工事などには、言及されていない。帝国労働奉仕が生み出した新たな価値は、これらの数値を大幅に上回る莫大な額に達したはずである。

労働奉仕従事者に対しては、一人当たり月額二・一四マルクの経費が配分された。これは、制服・制帽・靴の支給、食費、水光熱費、衣服の洗濯代など、必要経費として使われる。それ以外に、一日に二五プフェニヒ(〇・二五マルク)、週に一・七五マルクが各人に小遣い銭として支給された。これによって、衣服の繕いのための針と糸、靴墨、個人の嗜好品などを買い、ときには一杯のビールも飲むことができた。もちろん、節約して貯金するものもあった。いずれにせよ、月額にすれば一人当たり合計一〇マルク弱を、国家は支出するのである。

『ドイツ国統計年鑑』のデータによれば、一九三六年三月の時点で、たとえば見習い期間を終えて一人前になった金属加工工場の労働者の実質賃金は、週給で四一・六四マルクだった。見習い工でも三二・二八マルクを稼ぐことができた。月額にすれば、それぞれ約一七八マルクと一三八マルクになる。年齢的に見て本来その程度の賃金が支払われなければならない労働に対して、国家は一〇マルク弱しか支給せず、一人当たり月額一六八マルクないし一二八マルクを節減できたことになる。帝国労働奉仕の従事者数を、もっとも少なかった時期の二〇万人としても、その総額は毎月三三六〇万マルクないし二五六〇万マルクに上る。年額にすれば、約四億ないし三億マルク、じつに一年の国家予算の六・二％から四・七％にも相当する額の賃金を支払うことなく、国家は大規模なプロジェクトを実施することができたのである。

ヴァイマル時代末期の大量失業状況に対処する応急措置として開始され、ヒトラー政府によって継承された「自発的労働奉仕」は、こうして、国家経済を支える重要な社会制度にまで行き着いたのだった。自発性は義務に変わり、困難ゆえに忌避され侮蔑された肉体労働は、「国民社会主義ドイツ労働者党」の政府によって、国民すべてが共に担うものとなった。国民社会主義を標榜するその国家は、明らかに、ドイツ国民によるこの義務労働を国家の経済基盤の重要なひとつとして、成り立つことになる。

だが、国民にとってのこの強制的な義務を、すべての国民たちが強制として、自発性あるいは自由意志の抑圧や抹殺として、受け止めたわけではなかったのだ。

労働奉仕の辛苦と歓喜

RAD《エルアーデー》という略称で呼ばれた帝国労働奉仕（Reichsarbeitsdienst《ライヒスアルバイツディーンスト》）は、各奉仕隊の労働現場の近くに設営された帝国労働奉仕営舎（RAD《エルアーデー》-Lager《ラーガー》）に全員が寝泊りして共同生活をしながら、決められたスケジュールに従って実施された。労働奉仕隊の毎日の日課は、下記のように定められていた。[69]

A．月曜日から金曜日まで

1．早朝勤務（二時間）

5時00分　当直者のラッパまたは角笛《つのぶえ》の合図で起床。当直者による営舎旗の掲揚。
5時00分～20分　起床、集合、朝の体操。
5時20分～6時00分　ベッドの整頓、営舎の清掃、洗顔、着衣。
6時00分～20分　朝食に集合、朝食、後片付け。
6時20分～　医師の診察が受けられる。
6時20分～35分　早朝授業。スローガンを提示して、またスローガンのテーマとは無関係なテーマについて。
6時35分～45分　出動前の休憩。
6時45分～7時00分　労働服と装備を着けて朝の点呼。

2. **労働**（七時間）

7時00分　朝の点呼の終了を告げるラッパまたは角笛の合図、労働に向けて出発、隊指導者（隊長）は自分の前を通過する隊員たちを「かしら、右」（ドイツ語では「眼を右へ」〔Augen《アウゲン》 rechts《レヒツ》〕という）で行進させる。そのあとすぐ隊列は「朝の歌」一番を歌う。

7時00分〜14時00分　工事現場での労働。中途で三〇分の休憩と、休憩の開始および終了時の隊列行進。労働終了はラッパないし角笛で告げられる。隊列を組んで歌いながら撤退行進。

14時00分　隊列の接近がラッパまたは角笛で告げられたのち、営舎に入場行進。隊指導者の前を「かしら、右」で通過行進。

3. **昼食と昼休み**（二時間）

14時00分〜16時00分　身体を洗う、三〇分の食事時間、靴磨き、ベッドの整頓、など。時間配分は隊指導者に一任されているが、最短でも五五分のベッドでの休息が必須とされた。

4. **午後の勤務**（三時間）

16時00分〜17時00分　身体鍛錬と秩序を身に付けるための訓練。

17時15分〜18時25分　隊指導者の裁量による勤務（報告書の作成、衣服の繕い、靴磨き、入浴など）。

18時25分〜19時00分　午後の授業。週二回は労働奉仕に関する授業、週三回は国の政治についての授業。

5．夕食と晩の余暇（三時間）

19時00分〜19時15分　休憩と夕食のための集合。

19時15分〜　夕食と晩の余暇。夕食後、外出するもの以外の営舎メンバーは、営舎で個人的な好みに応じた晩の余暇を過ごすことができる。週に二回は、すべての営舎所属員が隊指導者の指揮のもとに全員で晩の余暇を過ごす。

22時00分　ラッパまたは角笛による門限の合図。営舎旗を降ろす。水曜日の門限は22時30分。

6．夜間休息（七時間）

22時00分〜5時00分　営舎全体の完全な夜間休息。

B．土曜日

5時00分〜14時20分　月〜金曜日と同じ。

14時20分〜15時00分　昼食、そのさい夕食（冷たい簡易食）が渡される。

15時00分〜17時00分　隊指導者の裁量による勤務。

17時00分〜24時00分　自由時間。営舎所属員は、そうしたければ外出してもよい。

24時00分　ラッパまたは角笛による門限の合図。営舎旗を降ろす。

C．日曜日

0時00分〜7時30分　営舎全体の完全な夜間休息。

7時30分　起床。

23時00分　ラッパまたは角笛による門限の合図。営舎旗を降ろす。

ほとんど分刻みに近いような時間配分による過密スケジュールであることがわかるだろう。しかも、個人で過ごせる時間は、平日にはまったくと言ってもよいほど残されていない。夕食後の余暇も、ひとりではない。一九歳から二五歳までの若者たちは、のちにその一部が強制収容所に転用されたバラック建ての窮屈な営舎で、同室者たちと四六時中顔を突き合わせ肌を接しあって、半年間を過ごすのである。しかも、労働は文字通りの重労働で、動力を備えた機械はおろか、道具や工具が整備されているわけでもなく、シャベル（スコップ）と一輪車（猫車《ねこぐるま》）、それに土木工事の種類や規模によっては手で押すトロッコ（レールの上を押して移動させる箱型の運搬車）が、使える道具のほぼすべてだった。工場で機械を前にした肉体労働に携わっている若年労働者にとってさえも、土地改良の土木作業や山林での労働は過重だった。ましてやホワイトカラーの事務職員や店員、さらには学生にとっては、労働奉仕の日々はまさに想像を絶する体験だっただろう。それが六ヵ月のあいだ、逃れようもなく続くのである。

それにもかかわらず、体験者たちが残したさまざまな証言は、義務としての労働奉仕が自分の人間形成にとって貴重な半年間だった、という認識の点で、ほぼ共通している。入営当初の当惑や反発は、自分が泥と汗にまみれて文字通り大地と格闘し、その成果を自分で実感するにつれて、次第に甘い疲労と充実感と自信とに変わっていく。そして苦しさを共有する仲間たちとの連帯感が生まれ、窮屈な営舎がひとつの共同体として実感されるようになるのである。

ヘルムート・クノルという青年は、労働奉仕期間の完了後に自分の体験を漫画に描いた。彼の作品からは、その半年間に生じたこのような変化が、ユーモラスに顔をのぞかせている。この漫画は、別の二人による解説的な詩を添えて、一九三六年に出版された。そのいくつかの場面を、ここで紹介しておこう。[70]

それぞれまったく無関係に暮らしている四人の青年たちのところに、ある日、もちろん別々に、帝国労働奉仕の召集令状が配達される。ぐうたらな社長の跡取り息子ベンノ、農業に従事しているので自分は関係ないと思っているヨッヘン、書類作りに没頭する書記見習いのフリッツ、ローマ法を研究している大学生エードゥアルトである。彼らは、驚き慌てるが、それぞれ不本意ながら、仕方なしに召集に応じ、不安で蒼ざめた顔をして出頭する。図1は、所定の手続きと健康診断を終えた四人が、初めて「帝国労働奉仕隊」の営舎に到着したときの場面である。章のタイトルは、《すべて始めは難しい》。彼らはいずれもだらしない恰好で、隊指導者からたしなめられている。漫画の下の詩――《隊に到着してみれば／いとも親切に迎えられ／「頭をちゃんと上げて！　手をポケットから出す！」／「その髪型はなんだ？　タバコの灰がついとるぞ！」／「ここで勉強せにゃならんことが山ほどあるからな」／聞いて四人はびっくり仰天》。

まだ夜がようやく白み始めたばかりの冷気のなかで、当直者の起床の合図が鳴り響く。図2は、二段ベッドでまだ寝ぼけ眼《まなこ》の二人である。《家では六時でもまだ寝てるよなあ／下のやつ、アタマをベッドにぶつけやがった》。寝床から出るか出ないかのうちに外へ追い出され、夜露に濡れた草地で裸《はだか》のまま体操をさせられる。朝食は、「イー・ゲー・ファルベン」を塗ったパン、ときたままチーズ、それに紅茶だけだ。「イー・ゲー・ファルベン」とはマーガリンのことである。

Aller Anfang ist schwer
In der Abteilung angekommen,
hat man sie freundlich aufgenommen.
„Hoch mit dem Kopf! Hand aus der Tasche!"
„Der Haarschnitt?! Zigarettenasche!"
„Es gibt noch viel zu lernen hier."
Verdattert hören es die Vier.

図 1

Zuhause schläft man noch um 6.
Wer unten liegt, stößt sich den Kopf.

図２

これを開発製造した化学工業会社の名前を取って、こう呼ばれていた。もちろんこの漫画には描かれていないが、化学工業会社の「ＩＧ《イーゲー》染料《ファルベン》」は、絶滅収容所のガス室で使われた毒ガス、ツィクロンＢ《ベー》の製造元でもある。朝食を済ませると、揃いの労働服でシャベルを担ぎ、西も東もわからぬまま現場へ行進する。長い角材を運べと言われ、散々手こずったすえに、ようやく休憩時間となり、四人は地面に腰を下ろす。ところが、地面が小さな山形に盛り上がっているところを見つけて大学生のエードゥアルトがそこに坐ると、それは大きな蟻塚だった。下半身を無数の蟻に刺されて、彼は池に飛び込み、今度は蟹のハサミで尻をはさまれる。

　こうして次第に労働に慣れながら日を送り、あるとき、沼地の排水工事に取り掛かる。ところが排水のために埋める土

Fritz soll den „Böschungshobel" holen, jedoch – er läßt sich nicht verkohlen.

図3

管が、どうしても水平になってくれない（図3）。そこで、《フリッツは「斜面掘削機を取ってこい」と言われるが／どっこい彼はその手にゃ乗らぬ》。もちろん、そんな機械はないのである。シャベルで底の泥を掘り取って、排水管が平らになるようにするしかない。ぐしょ濡れになり泥だらけになって何時間も悪戦苦闘した結果は、土管がすっかり泥の底に姿を消してしまい、どうにもならなくなっただけだった。現場監督は、「まったく技術なしでは、そりゃあ、うまく行きっこないさ」と言う。

仲間がトロッコで運んできた土をシャベルですくって窪地を埋める作業をしていたとき、社長の息子ベンノは、遠くを自転車で行き来する女の子に恋してしまう。夢中で見とれていた彼は、トロッコを横倒しにしてぶちまけられる土に埋ま

Das Mittagessen, das schmeckt „prima",
das macht die Arbeit und das Klima.

図４

り、やっとのことで這い出ることができたのだった。その日の昼食（主餐）は、ことのほか美味である（図４）。《昼食、このうまさは「最高《プリマ》」さ／こいつが労働とやる気との素《もと》なのさ》。四人のそれぞれの思いが吹き出しで描かれている。向かって左の人物から――書記見習いフリッツ《これは何という料理なのかな？》、農民ヨッヘン《すばらしくうまい！》、社長の息子ベンノ《調理法、知りたい！》、大学生エードゥアルト《神々の召し上がる食事だ！》。その次のひとこまには、作者のこういうコメントが書かれている、《調理法は、簡単に言えばこうなのさ、「空腹は最高の調味料！」》。

　彼らは次第に変化する。起床ラッパを聴くか聴かないかのうちに、ベッドから跳び出し、あっという間に準備を終える。労働中も進んで困難な作業に立ち向かう。

Parole - Heimat

4 Arbeitsmänner ziehn ins Land,
die Sonne hat sie braun gebrannt.
Sie schreiten straff in Reih und Glied,
mit gleichem Schritt mit gleichem Lied.
Ein halbes Jahr liegt hinter ihnen;
sie durften ihrem Volke dienen.
Der Spaten, der sie oft gedrückt,
kommt mit, von Blumen reich geschmückt.

図5

シャベルを振るう彼らの顔は、歓喜に輝くようになる。こうして、へまを重ねた悪戦苦闘の半年が、ついに終わる。政治教育もしっかり受けた四人は、《合言葉――郷里へ》という章で、労働奉仕隊から郷里へ帰って行く（図5）。《四人の労働奉仕隊員は郷里へ向かう／太陽は彼らを褐色に焼いた／整然と並んで足取り確かに／同じ歩調で歌声合わせ／半年間をあとにして／民族民衆に奉仕することを許された彼ら／しばしば重荷となった彼らのシャベルも／花で飾られ一緒に帰る》。

この場面に描かれた彼らは、初めて労働奉仕隊の宿舎に着いたときの姿とは、似ても似つかぬ若者になっている。顔も手もこんがりと褐色に焼けて、健全そのものであることが、画面で強調されている。――もちろん、「褐色に焼ける」には別の意味も込められているのである。ナチスは、反対する側からは「褐色のペスト」と呼ばれた。SAの制服の色から来た呼称だった。ナチス自身も、「褐色《ブラウン》」という色を誇りにした。《太陽は彼らを褐色に焼いた》という一節から、当時の読者は、彼らがナチズムの理念を文字通り体得したことを読み取ったに違いない[71]。

3　ボランティアの日々、ホロコーストへの道

「労働の美」と「歓喜力行団」

労働者の祝日である「メーデー」が「国民的労働の日」と改名されたその翌日の一九三三年五月二日、SS（親衛隊）とSA（突撃隊）の隊員たちが、ドイツ最大の労働組合組織「ドイツ

労働組合総同盟」（ADGB《アーデーゲーベー》）と、同じく最大の事務系職員組合「自由職員総同盟」（AfA-Bund《アーエフアーブント》）の本部および全国のすべての支部を占拠し、幹部全員を「保護検束」した。組合の資金は押収され、組合が運営する労働信用金庫は封鎖された。すでに二ヵ月前からヒトラーによって「ドイツ的労働保護委員会」なるものの委員長に任命されていたローベルト・ライが、それら以外のすべての労働組合に対しても禁止と解散を命じ、「我々は本日をもって国民革命の第二期に足を踏み入れた」と宣言した。ヒトラーはかねてから、自分の首相就任の日を「国民決起の日」、ナチ党による政権掌握を「国民革命」と呼んでいたのである。

　五月一〇日、ヒトラーは、自分が労働者と農民の庇護者であることを力説しながら、労働者と雇い主の労使双方が全員加盟を義務づけられる単一の労働組織、「ドイツ労働戦線」（Deutsche《ドイッチェ》 Arbeitsfront《アルバイツフロント》）の設立を布告した。そしてその「指導者《フューラー》」にローベルト・ライを任命する。ライはただちに六〇名の参事を指名し、即日、第一回の参事会が開催された。労働組合によって自分たちの権利を獲得し防衛してきたドイツの全労働者の運命は、ナチスに忠実な、あるいはナチスそのものであるこれら六〇名の参事たちによって握られたのである。

　その同じ五月一〇日、ベルリンのオペラ座前広場と全国のほとんどすべての大学の構内で、「非ドイツ的精神」を体現するとされた二万点（二万冊ではなく）以上の書籍が、学生や教授や図書館員たちによって焚書《ふんしょ》に付された。その本と著者との罪状を大声で唱え、シュプレヒコールで反復しながら、マルクス、フロイトから、エーリヒ・ケストナー、トーマス・マン、B・トラーヴェンなど現代作家に至るまでが、火に投じられた。ナチ党中央機関誌『フェルキッシャー・ベオーバハター』（民族の監視兵）は、焼かれた本の重量は一万ツェントナー（約四五四トン）に上る、と報じた[72]。

この同じ五月一〇日に起こった二つの出来事は、「第三帝国」の前途を予告するものだった。けれども、多くの「国民」たちにとって、焚書はまだ他人事だった。わざわざ進み出て自分で本を火に投じることもしなかったが、焼かれる側に身を置いて考えることも、ほとんどの人びとはしなかった。一方、「ドイツ労働戦線」（ＤＡＦ《デーアーエフ》）は、強制的に加入させられたすべての国民の日常生活に、たちまち影響を及ぼしはじめる。

当初、その影響は、加入者たちの意思とは関わりのないところで始まった。発足の時点では、ドイツ労働戦線は「四本の柱」によって構成される、とされていた。すなわち、①労働者（ブルーカラーの肉体労働者）、②勤め人（ホワイトカラーの事務職員・商店員など）、③経営者（雇用主）、④手工業者・職人や自営業者――である。これら各階層が相対的に自立性を持って、それぞれの利害を調整しながら、最善の労働環境と労使の協調を実現することが、この組織の目的とされていたのだった。ところが、発足してまだ一〇日も経たない五月一九日、「労働管理官法」という法律が制定され、労働省に「労働管理官」（Treuhändler《トロイヘンドゥラー》 der《デァ》 Arbeit《アルバイト》）という官職が置かれて、労使間の調整や賃金協定などに関するすべての権限を掌握することになったのである。

こうして、従来の労働組合が労働者の権利を護り要求を生かすために果たしてきた役割は、「ドイツ労働戦線」からは奪われた。そして、発足して半年後の三三年一一月には、組織構成者は、四本の柱ではなく「すべての働くドイツ人」ということにされ、三四年初めには、組織全体がナチ党と同様の縦割りの中央集権的組織構成に改編される。そして、ナチ党とまったく同じ「大管区」（Gau《ガウ》）、「管区」（Kreis《クライス》）、「地方支部」（Ortsgruppe《オルツグルッペ》）という名称が各段階の組織に与えられた。加入者が所属する末端組織は、「職場細胞」(Betriebszelle)《ベトゥリーブスツェレ》 および「町内細胞」(Straßenzelle)《シュトゥラーセンツェレ》 と呼ばれた。

三四年一〇月二四日、ヒトラーは「ドイツ労働戦線の本質と目的、および任務」に関する「総統命令」(政令) を発し、「ドイツ労働戦線は、頭脳および筋肉による生産に従事する全ドイツ人の組織である」(第一条) と規定したうえで、「ドイツ労働戦線は国民社会主義ドイツ労働者党の一構成組織である」ことを明示した (第三条)。三三年一二月一日の法律で、国家と党とは一体であるとされていたのが、その根拠だった。三三年七月一四日の「政党禁止法」によって唯一の政党となっていたナチ党は、それどころか、国家と同等の政治権力を与えられていたのである。こうして「ドイツ労働戦線」は、三五年三月二九日、最終的に党内の一組織としてナチ党に吸収されることになる。

働くものの権利と要求を実現するという従来の労働組合の役割とは縁遠いものとなったドイツ労働戦線は、しかし、それによって存在意義を喪失したのではなかった。まったく新たな、しかもきわめて重要な役割を、この厖大な組織は担うことになったのである。しかもその役割は、働くものが携わる労働の時間と空間の範囲を超えて、その範囲外、つまり労働以外の私生活や余暇の領域にまで及んで行くものだった。そして、労働戦線によって展開される新しい事業のどれもが、構成員たちの各人やグループの意欲的な自発性、そのボランティア精神を、触発し生かすものだったのである。

各職場には、それぞれの自発性に委ねる形で「労働協同体」(Arbeitsgemeinschaft)《アルバイツゲマインシャフト》 が組織され、労働者の再教育や技術向上のための労働者たち自身による相互扶助態勢が進められた。共に働く仲間を、自発的に援助するためである。労働戦線はまた、労働者の専門技術の向上を目的として、三四年から開戦前の三九年まで、毎年春に、「帝国職業競技会」（Reichsberufswettkampf《ライヒスベルーフスヴェットカンプフ》）を開催した。労働種目別の競技で予選を勝ち抜いて全国大会で優勝したものは、表彰式でヒトラー自身から握手の激励を受けることができるのである。「ドイツ労働戦線中央事務局」が刊行した浩瀚《こうかん》な事業報告書『勝利の基盤――一九三三年から四〇年までのドイツ労働戦線の全事業』(73)によれば、全国の参加者は、以下のような多数に上った（三七年までは概数）。

年度	男性	女性	合計
一九三四年	三三万四〇〇〇名	一六万六〇〇〇名	五〇万　　　名
一九三五年	五〇万　　　名	二五万　　　名	七五万　　　名
一九三六年	七七万五〇〇〇名	二六万一〇〇〇名	一〇三万六〇〇〇名
一九三七年	一一六万五五〇〇名	七一万七五〇〇名	一八八万三〇〇〇名
一九三八年	一八二万一六一二名	七四万四五六九名	二七〇万二九三三名
一九三九年	二四五万二〇六一名	一一三万九六八　名	三五八万三〇二九名

労働の能率を高め、生産性を向上させることを目的としたこの競技は、働くものたち自身の労働意欲を自発的に引き出すうえで、大きな役割を果たした。それと同じように労働の現場と直接関わる企画として労働戦線が推進したものに、「労働の美」（Schönheit《シェーンハイト》 der《デア》 Arbeit《アルバイト》）という運動がある。一口で言えば、職場の労働環境を良くする運動である。薄暗い室内の照明や採光を改

善したり、通風や換気を良くしたり、便所、洗面所、食堂などを清潔にしたり、窓辺や机に花を飾ったり、あるいは休憩時間には、そろって体操や軽い運動をしたり、職場の音楽サークルがミニ・コンサートを行なったりすることが、全国で実行された。

「清潔な職場に清潔な人間あり」という標語を掲げたこの運動は、すべて、その職場の労働者の自発的な創意工夫に委ねられた。問題点を指摘し改善策を提案し、決定された改善策を率先して実行するものは、意欲的な労働者と目された。自分の労働が何を生産し、その製品がどういう社会的な役割を果たすのか、自分の労働に見合った賃金と待遇を自分は受けているのか、労務管理が労働者の利益になっているのか、等々の疑問をいだき、それを職場の仲間と語り合う代わりに、人びとは、職場を美しくして飾り立て、働く自分自身を身ぎれいにして磨き立てることに、無報酬の労力を進んで傾けたのだった。

「労働の美」の運動を管理運営した組織は、ドイツ労働戦線の傘下で最大規模の活動部門である「喜びを通じて力を」(Kraft《クラフト》 durch《ドゥルヒ》 Freude《フロイデ》) という運動団体に属していた。正式名称を「国民社会主義共同体・喜びを通じて力を」というこの運動組織は、ドイツ労働戦線の活動にとってもっとも重要な役割を果たした団体だったが、同時代の日本では「歓喜力行団」という訳語を与えられていた。きわめて巧妙かつ適切な訳語なので、ここでもそれを用いることにしたい。——三三年一一月二七日に設置されたこの「歓喜力行団」は、その日から、「労働の美」部門の活動を開始したのだった。だが、それは、歓喜力行団のきわめて広範囲な活動のうちのひとつでしかなかった。歓喜力行団の主たる仕事は、労働現場そのものと関わることよりは、労働以外の領域にあったからである。

それは、余暇の組織化を任務とする団体だったのだ。労働時間内の労働現場ではなく、勤務時間後のいわゆるアフター・ファイブの時間帯や週末の休日が、「歓喜力行団」の本質的な活動領域だった。各種のスポーツ同好会、野外リクリエーション・クラブ、文化活動団体などが、それの下部組織として全国で組織された。さらには、演劇会、音楽会、美術展、映画会などが、歓喜力行団の主催で開かれた。労働者は、家族ともども、文化・芸術に親しみ、健康を維持増進する機会に、階級の差別なく、肉体労働者と頭脳労働者の区別なしに、恵まれることになったのである。たとえば一九三八年に歓喜力行団が全国で開催した音楽会、美術展その他の文化的催しは、一一万四四三四回に及び、参加者数は延べ五四五六万八四六七人に上った。単純計算すれば、老若男女を合わせた国民の一〇人に九人が、一年に一度はこれらの催しに参加したことになる。「歓喜力行団」の活動を通じて、「ドイツ労働戦線」は、働くものの労働時間だけでなく、自由時間である余暇までも管理下に置き、彼らの全生活と心情や精神を善導することに成功したのだった。

「歓喜力行団」そのものが、もともとはイタリア・ファシズムの重要な運動体、「ドーポ・ラヴォーロ」(Dopo Lavoro ＝労働のあとで)に範を取ったものだった。ヒトラーは、ドイツのナチズムがイタリア・ファシズムの亜流、あるいはドイツ的な一形態と見られることに常々強い反発を示していたが、労働そのものではなく労働後の余暇を組織し操作するというイタリア・ファッショの政策からは、そのすべてを学び取り、さらに発展深化させたのである。ナチズムの「歓喜力行団」がイタリア・ファッショの「ドーポ・ラヴォーロ」を凌駕したことを見せつけたのは、豪華な旅行プランだった。(74)

「歓喜力行団」の大型客船「ローベルト・ライ号」
Peter Reichel: *Der schöne Schein des Dritten Reiches*（1991. München, Wien: Carl Hanser Verlag）より。

「歓喜力行団」のイベントでもっとも大きな人気を集めたのは、旅行やハイキングの企画だった。特別休暇を与えられての遠距離国内旅行、とりわけ大型客船での海洋旅行は、いつか実現したい夢として、憧れの的となった。これらに参加する特権は、平素の労働業績や、「労働の美」に対する積極性、「冬季救援事業」のカンパやボランティア活動をも含む歓喜力行団の行事への貢献度などによって、与えられるのである。労働においても余暇においても、行動や創意工夫の自発性、さまざまなボランティア精神は、与えられる特権への道なのだ。

歓喜力行団は、最大の憧れの的である海洋旅行のための大型客船を、最終的には一二隻、保有することになる。最大の「コロンブス」号は総トン数三万二〇〇〇トン、次いで大きい「ローベルト・ライ」号は総トン数二万七二八八トン、収容人員はそれぞれ一六九三人と一六〇〇人だった。一九三八年には、一三万一六二三人の選ばれた労働者とその家族が、ノルウェーのフィヨルドや、イタリア巡航や、アフリカ沿岸や、大西洋のマデイラ諸島への船旅を満喫したのだった。たとえば、イタリア半島巡航の船旅は、一二日間の旅程で一人当たり一四〇マルク（旅行中の小遣《こづか》い銭《せん》込み）、ほぼ一ヵ月の給料の半額程度だった。——彼らは、二番目に大きい客船の名前にもなっている労働戦線指導者のローベルト・ライ博士が、戦後のニュルンベルク裁判でＡ級戦犯として訴追され、裁判開始の前に獄中で自殺することになるとは、もちろん知るはずもなかった。ローベルト・ライは、着ていたジャンパーのファスナーを取り外して独房の便器の給水管に掛け、それで縊死したのである。

ヒトラーは本当に失業をなくした！——その二

ドイツ労働戦線は、「歓喜力行団」によるこれらの活動以外にも、「ドイツ労働銀行」と「ドイツ労働保険会社」を経営し、「歓喜力行車」購入の積立《つみたて》口座を主宰していた。「歓喜力行車」（Kraft《クラフト》 durch《ドゥルヒ》 Freude《フロイデ》–Wagen《ヴァーゲン》 略称＝KdF《カーデーエフ》–Wagen《ヴァーゲン》）とは、ヒトラーの発案で、歓喜力行団に加入している労働者のために開発されつつあった自家用自動車である。通称で「フォルクスヴァーゲン」（民族民衆車）とも呼ばれたこの自動車は、価格が九九〇マルク、労働者にも買える乗用車として、製造計画決定とともに希望者が募集され、週に五マルクの積立が開始されたのだった。一九三七年の時点で、たとえば金属加工労働者の税込み週給は、熟練工で五一・二五マルクだった。積立金の五マルクといえば、賃金の手取り額の一割を超える。それでも、最終的には三三万六〇〇〇人が積立に加入したのだった。

けれども、誰ひとりこの自家用車を持ったものはいなかった。積立開始の翌年に戦争が始まり、完成した「歓喜力行車」はすべて将校用の軍用車となったからである。敗戦後にあらためて「フォルクスヴァーゲン」（Volkswagen）として一般向けに発売されたこの大衆車は、一九六一年になってようやく、戦前の積立者には約一五％引きの割引価格で売られることになる。

一九三九年九月一日午前四時四五分、ドイツ軍はポーランド国境を突破して進撃し、第二次世界大戦を開始した。ドイツ各地の兵営から送られた軍隊の多くが、主として労働奉仕によって建造されたアウトバーンを通って、短時間で国境に到達した。建設開始の当初から、この自動車専用道路が非常のさいには軍事道路となることは、公表されていたのである。

その三日後、九月四日に、法改定によって、一八歳から二五歳までの女子にも六ヵ月の帝国労働奉仕の義務が課せられることになった。男子の定員は三五万人となり、それに一〇万人の女子が加わることになったのである。──戦争を開始する一ヵ月前、三九年七月の失業率は、二・七％にまで減少していた。ヒトラーは、本当に失業をなくしたのだった。現役兵以外の兵役適齢者も相次いで召集される状況のなかで、たちまちドイツの労働力は底をつき、一挙にマイナスに転じた。労働奉仕制度は、いまや、失業対策事業ではなかった。まったく反対に、それは、不足している労働力を補うための手段となったのだ。

女子の労働奉仕隊員たちに与えられた労働の場は、主として以下の三部門だった。①新たに開拓された入植地で入植者を支援する。②農村における補助労働。③都市部での病人の介護・児童の世話その他の社会事業。

これらのうち、もっとも多くの女子労働奉仕隊員が派遣されたのは農村だった。青年と中年の男たちは戦争に動員され、農作業は女性と老人によって支えられなければならなかったので

「帝国労働奉仕」のひとこま

Gustav V. Estorff: *Daß die Arbeit Freude werde!*（註71-③）より。

ある。農村で彼女たちを待っていたのは、農作業の手伝いだけではなかった。男たちの分まで働かなければならない農家の女性を助けて、炊事や洗濯、育児や家畜の世話も手伝わなければならなかった。男子の土木作業の場合と同じように、現場の近くに建造された営舎に合宿して、一定時間だけ受け持ちの農家で働くのだが、男子の場合と違うのは、現地の農民たちとじかに接しながら労働することだった。

　駐日ドイツ大使館に勤務していたと思われる森三郎という著者が一九四一年九月に上梓した『麦の穂の乙女——独逸女性の勤労奉仕に就いて』と題する一冊[75]には、その半分近くのページを費やして、農村での労働奉仕に従事したひとりの女性隊員の手記が翻訳紹介されている。時期的には開戦前の自由意志による参加の段階でのものと推測されるが、労働奉仕に進んで携わった女子青年の心情を物語る資料として興味深い。義務制となっても、労働奉仕隊の仲間たちを先導していくのは、このような積極的な先輩ボランティアたちだったからだ。手記のなかから、いくつかの箇所を抜粋して紹介しよう。

第一日

昨日はまだ、これから繰りひろげられる生活に対していろんな疑問を持つてゐた。大きな鎖の中の一つの環の様に、私をしつかりと結びつけた組織に対する数々の疑問、それにまた、私は一体任務を全部果すことが出来るのだらうかと云ふ、自身に対する疑問、などである。私は今日はもうその任務の中にあるのだ。私はこの任務を、快活に勇気をもつて果さねばならないのであり、また、果すことだらうと思ふ。何故と云つて、私達はこの任務に、組織体として働きかけるものだから。

昨日までは私はまだいろいろに「何故」とか「何のために」とか疑ふことも出来た。もつともだからといつて躊躇も足踏もした訳ではない。そしてまた私は大勢の仲間の中に入り込み、ちよつとも他人行儀な感じももたない。私は着物を着換えてみんなの前に出た瞬間、何か改つた感じになつた。今やもう私達の間には表面上は何の差別もない。だがこれは、単に服装が同じであることによるものでもなし、私達が「新しく」感ずる場所とか環境のせゐでもない。それは、精神であり、単純で明瞭で確固たる生活形態なのであり、これが私達をしつかりと握み、もう私達を離れないものなのだ。即ち、協同の労働、協同の経験、そして協同の意志がそれである。私達みんなが一つの大きな全体を構成する部分にすぎないこと、このことが私達にこの労働をさせるのであり、そのために私達は、この営舎の協同生活から、将来国民の協同生活が生れるのだと云ふことを、決して忘れないやうになるのである。

五月の第一日曜日

私達の直ぐそばを一人の老農夫が列に並んでついて来た。〔……〕私達は何度も私達みんなが〔ラジオで〕総統の演説を聞いてる広場を見渡した。彼も同じやうに賛成してうなづき、その顔は輝いてゐた。〔……〕

ドイツに奉仕する？　だが一体このドイツとは何だらう。私達の生活の初めから、最後の瞬間まで私達をとりまき、その特質を私達が背負つてる。そしてこのドイツに私達は生育し、私達の運命の深い、深い奥までが結びつけられてゐる。それは単なるヨーロッパの地図にあるドイツではない。それは私達が見ることも摑むことも出来ない。だがそれでもしつかりととらへることの出来るものなのである。

この疑ひは実に沢山、私達の間で言葉にも出、心にも湧いたものなのである。今日こそ私は知つた。私達がドイツなのだ。身内に我国民の遺産が息づいてる私達全部、ドイツの血が流れてゐて、唯一つの運命、唯一つの意志、現在では唯一人の総統がその上にあり、唯一の戒律が、繁栄と破滅の何れかに私達を鍛えるやうな事態にある私達全部、これがドイツなのだ。全ての人が例外なく、瞬時と雖《いえど》もかうした存在の以外には行き得ないのであり、瞬時と雖も、奉仕と犠牲を怠ることが出来ないのだ。このことが私達の労働を単なる義務の履行以上のものにするのである。この事は、ドイツと云ふ偉大な世の中に生育する幸福であり、この労働の内容と目的と意義を意味するものである。

総統の演説に続いてドイツ国歌が響き渡つた。老いも若きも、上手も下手も声を揃へて合唱した。みんな厳粛な顔をした。儀式は済んだ。

労働奉仕の意義とは？

新しい朝が来た。また私達は旗の下に立つ。――みんなの眼が真直に旗を凝《みつ》めてゐる――みんなの顔には、意志と張切つた力が漲《みなぎ》つてゐる。この時私の眼前に、私達の毎日の労働が浮んで来る。――協同と孤独の経験、真剣さと歓びの経験、簡単に云つて毎日の凡ゆる生活が。新しい仕事への命令や、それからまた、いろんな労働の内面に立入つたあれこれの考が。

この時私には、この労働は新しい人間をつくるものであり、これこそ意義深きものであり、人間をつくるものこそ、建設に協力し得るものである。と云ふことがはつきりと意識された。

私達は此処で、力強い、真の人生の善い点を全部、擱むことが出来るのだ。克己心、自律、不動の信念等。そして人生の凡《あら》ゆる困苦を克服する強い意志を。よしんば困苦がいかに大であり、いかに酷烈であらうとも。

「各人の真の自由とは、協同の運命の法則に各人が服従することを云ふ！」

嘗《か》つて旗への誓でかう云つたことがある。

単に義務的に労働奉仕に参加する人もあるが、これは確に悪いことではないが、真の内的体験と愉快な創造に必要な歓びを欠いてゐる。総統が範を垂れてるやうな、己を空《むな》しうして援助しようとする希望こそ、貴いものなのである。

だが最も貴重なのは、力と勇気を根本的に獲得することであり、これを私達は将来の人生の戦に於て示さねばならないのである。——即ち、真のドイツ人となること、これである。

社会への奉仕に対して凡ゆる力を内的に整へ、集中するこのこと、——全人生にとつて尽きない力の源——これこそ労働奉仕の意味するものである。

この手記を収載した森三郎の著書に『麦の穂の乙女』という表題が付けられているのは、麦の穂が帝国労働奉仕の重要なシンボルだからである。帝国労働奉仕の公式のロゴ・マークは、中央に立てた一本のシャベルを両側からそれぞれ一本の麦の穂が支えている図柄だった。女子労働奉仕団の団旗はこれとは違い、中央にはシャベルではなく鉤十字《ハーケンクロイツ》が描かれ、それを両側からそれぞれ一本の麦の穂が抱きつつむように支える、というものだった。いずれにせよ、麦の穂は農業の象徴であり、食糧増産の象徴だったのだ。

「麦の穂の乙女」のひとりであるこの手記の筆者は、十代の終わりに近い年齢の女子青年である。言葉の端々《はしばし》から語りかけてくるのは、彼女自身の肉声というよりは、これまでに学校や「ドイツ少女同盟」で教え込まれたことの反復であり、再確認でしかない。四分の三世紀の距離を置いて、その後の歴史を知ったうえでこれを読むものには、これは疑うべくもない。けれ

労働奉仕の宿営地では、毎朝、隊旗の掲揚が行なわれる（写真は女子奉仕団）
Spaten und Ähre（註71-⑩）より。

ども、だからこの言葉は真実ではない、建て前に過ぎない、ということにはならないのである。ナチスが領導した自発的労働奉仕は、そして制度化された帝国労働奉仕は、少年少女が教え込まれたナチズムの教義をことごとに想起させ、反復・反芻させ、辛苦と疲労のなかでその正しさを身体的に納得させる役割を果たしたのだ。イデオロギーは労働奉仕によって文字通り血肉化されたのである。労働奉仕の日々に協同の経験だけではなく孤独の経験をも味わった感受性豊かなこの筆者の場合には、なおのことだろう。

ナチ党の下部組織だった「ドイツ少女同盟」（Bund Deutscher Mädel《ブント ドイッチャー メーデル》）はその母体である「ヒトラー青年団」（Hitlerjugend《ヒトラーユーゲント》）と同じく、三六年一二月一日の法律によって、一定の年齢層がすべて入団を義務づけられる国家組織に変えられた。これによって、一〇歳から一四歳の少年は「少国民団」（Jungvolk《ユングフォルク》）に、同年齢の少女は「ドイツ少女同盟」に、一五歳から一八歳の青少年は「ヒトラー青年団」に、入団を義務づけられることになった。ワンダーフォーゲルやプファートフィンダー（ボーイスカウト）、そしてマルクス主義的社会主義運動の青年組織をモデルにして設立されたナチ党のこれらの青少年組織は、各自が自由意志で参加した任意団体から、強制的に加入させられる組織へと変質したのだった。

こうして、男子の場合は、「ヒトラー青年団」での活動がそのまま「帝国労働奉仕」に直結され、さらに二〇歳からの兵役と連続する体制が整ったのである。自発性から制度化への道は、労働奉仕を重要なひとこまとして、貫通したのだ。その最後の一行程が、女子の労働奉仕の義務化だった。ヒトラーが本当に失業をなくした状況のなかで、それは残された切り札のひとつだったのである。

強制収容所から絶滅収容所へ

国の統計局によって一八八一年以来刊行されてきた『ドイツ（帝）国統計年鑑』の最後の号となる一九四一／四二年版（四三年刊行）は、一九三三年から四一年までの失業者数の推移を、その実数で示している。資料⑩は、示されたデータのうち、各年の年平均、および最後のデータとなっている四一年五月の数値を再掲したものである。

　この数字が、失業をなくすというヒトラーの公約の結果だった。別の資料では、一九三八年の時点ですでに、被雇用者（自営業以外）の失業率が一・九％にまで減じていたことが示されている[76]。少なくとも二〇世紀前半においてどの国家社会も実現しなかったようなこの低失業率は、何を意味するだろうか？——戦争のために兵役適齢者を軍隊に動員すれば、失業者がゼロになるどころか、必要な労働力が大幅に不足する、ということに他ならない。

　軍需物資の製造も食糧の生産も、労働力の不足によって破綻するのである。ドイツは、ヴァイマル時代末期の大失業状況を、「自発的労働奉仕」というボランティア労働によって乗り切り、そのボランティア労働を引き継いで積極的に推進したヒトラー政府によって、ついに失業の解消と戦争のための資本蓄積に成功した。その果てに、このままではそもそも戦争遂行など不可能なほどの、労働力不足に陥ったのだった。

　帝国労働奉仕の制度は、兵役前の青年男子と、兵役義務のない青年女子とによって、その労働力不足

資料⑩　1933年から1941年までの失業者数の推移

	年平均
1933年	4,804,428
1934年	2,718,309
1935年	2,151,039
1936年	1,592,655
1937年	912,312
1938年	429,461
1939年	118,915
1940年	51,846
1941年5月	43,725

をある程度まで補う役割を果たした。それでも、その総数は五〇万人に届かなかったのである。その彼らが、「麦の穂の乙女」の手記にもあるような「真のドイツ人」になるための労働奉仕に励んでいたとき、彼らの知らない現実が同じドイツの大地の上で進行していたのだった。『ドイツ国統計年鑑』の一九三八年版（三九年刊行）は、「一九三八年四月一日から一九三九年三月三一日までの期間に労働配置管理機関による労働許可票と自由付与証明書を取得した外国人被雇用労働者」のデータを掲載している。なぜこのようなデータがこの時点で掲載されたのか？――ドイツが、一九三八年三月一三日にオーストリアを併合し、九月三〇日には、英仏独伊のいわゆるミュンヒェン協定によってチェコ西部のズデーテン地方を併合したからである。

東に向かってのドイツの侵攻が、さしあたっては武力を行使することなくすでに開始されていたのだ。そして、ドイツによって侵食された自国から、職を求める人びとがドイツへ殺到したのだった。統計年鑑は、その一年間に雇用された外国人の人数が、労働者＝二三万〇四九七人、事務員・店員などの職員＝一万四五五三人、合計＝二四万五〇五〇人に達したことを示している。

この時点ですでに、帝国労働奉仕に携わるドイツ人青年たちの半数に及ぶ外国人によって、ドイツは自国の労働を支えていたのである。そして、『ドイツ国統計年鑑』一九四一／四二年版によれば、戦争第三年目の四一年一月三一日現在の外国人労働者数は、じつに一三〇万六六九四五人（うち女性＝二六万九四七〇人）に達した。ドイツ軍によって次々と占領された東欧・南欧諸国からの労働者である。

三九年九月一日の戦争開始と、ドイツ軍の急進撃は、それらの地域からの出稼ぎ労働者以外にも、新たな大量の労働力をドイツにもたらした。『ドイツ国統計年鑑』の同じ四一／四二年版には、「一九四〇年における戦争捕虜の労働配置」と題して、二月から一二月までの各月に、農業、林業、土地改良工事、鉱山、建設業、およびその他の労働に従事させられた戦争捕虜の人数が記録されている（資料⑪）。「労働の意図に応じて」労働させたむねが記されているが、いずれにせよ、八月以降は一〇〇万ないしそれを大幅に超える厖大な人数の捕虜が、ドイツの基幹産業の労働を担ったのだった。

帝国労働奉仕の体験がドイツ人としての自覚と責任感を自分に与えてくれたことを実感し、民族同胞のために生きることを心に誓った若者たちの思いとは裏腹に、現実には、ドイツを支えているのはドイツ人の労働ではなかったのだ。彼らは、この現実を見ないまま、男子は「ヒトラー青年団」から「帝国労働奉仕」へ、そして「兵役義務」へ――女子は「ドイツ少女同盟」から、もはや女子については六ヵ月の期限が無限に延長されることになった「帝国労働奉仕」へと、敷かれたレールの上を歩んで行った。

資料⑪　1940年における戦争捕虜の労働配置

	人　数
2月	294,393
3月	290,690
4月	287,348
5月	288,266
6月	393,712
7月	698,965
8月	983,582
9月	1,125,158
10月	1,169,431
11月	1,195,409
12月	1,178,668

そして、彼らがもはや直視すべくもなかった現実は、このあと、急速度で進行する。「電撃戦」によって一ヵ月たらずでポーランドを制圧したドイツは、スターリン独裁体制のソ連とのあいだでポーランドの分割を行ない、その半分を支配下に置いた。そしてただちに、「自発的に」ドイツへ労働者として出

稼ぎに行くものを募集した。わずか一五年前、アルタマーネンたちは、ポーランド人の出稼ぎ労働者を駆逐するために、自発的に国境地帯に入植したのだった。さきに挙げた四一年一月三一日現在のドイツにおける外国人労働者一三〇万六九四五人のうち、七九万八一〇一人（うち女性＝一八万五三二九人）が、募集に応じた「旧ポーランド」からの労働者だった。

ドイツがソ連と分割したポーランドのうち、ドイツの支配地域には、ポーランドの人口三三〇〇万人のうち三三〇万人を占めたユダヤ人のほぼ三分の二、約二〇〇万人が生活していた。ナチス・ドイツは、ドイツが占領したポーランドのうちの半分を「総督領」と命名し、ユダヤ人はすべてこの地域に移送したうえで、そのユダヤ人を隔離することから始めた。各都市にゲットー（Getto＝隔離地区）を造り、そこにユダヤ人を強制移住させたのである。

だがそれは始まりに過ぎなかった。ポーランド占領から一ヵ月後の三九年一〇月二六日、一四歳から六〇歳までのユダヤ人男性に強制労働を課すという法令が布告された。当初はゲットー内で行なわれた強制労働は、やがて、郊外に設営された作業場に毎日ゲットーから通って行なわれるようになり、さらには、ゲットーから出て、郊外の営舎《ラーガー》、つまり労働キャンプで生活しながら続けられるようになる。翌四〇年一月一三日には、強制労働は男性だけでなく女性も含む一四歳から六〇歳までのすべてのユダヤ人に課せられることになった。

こうして「総督領」の各地に恒常的な強制収容所（Konzentrationslager《コンツェントラツィオーンスラーガー》 略称＝ＫＺ《カーツェット》）が次々と設営された。それはたちまちポーランドの領域を越えて、その数は、ナチス・ドイツ軍が制圧する地域の拡大とともに増大した。ヨーロッパのほぼ全域に及んだそれらは、最終的には、基幹施設二三、比較的小規模なもの一六五に達した。労働キャンプである強制収容所では、働ける限り強制労働の日々が続いた。当初から労働力として使いものにならない老人や病人や幼児たちと、強制労働のすえに使いものにならなくなった人間たちは、主要な強制収容所に併設された「絶滅収容所」（Vernichtungslager《フェアニヒトゥングスラーガー》）で殺された。その犠牲者が、ユダヤ人だけで六〇〇万人に及ぶことは、前述の通り（一五五ページ）、すでに確定されている事実である。

「労働」に対する侮蔑と「労働者」に対する差別を厳しく糾弾し、労働奉仕を通じて青少年に労働の高貴さと美しさとを体得させようとしたヒトラーとナチスは、その労働を、彼らがもっとも軽蔑し憎悪するユダヤ人に強制したのである。しかもそのユダヤ人の労働によって、ドイツ人が生きるための資材を生産しようとしたのである。ナチズムの信奉者たちにとって、労働の高貴さと美しさは、ユダヤ人には当てはまらなかった。ヒトラーは『我が闘争』のなかですでに、人種的に優れているものが人種的に劣ったものを労働力として使役するのは当然だ、と書いていた。ヒトラーが肉体労働者に対する侮蔑を非難し、肉体労働の神聖を説いたのは、労働そのものと労働者とに対する敬意や共感からではなく、労働力を確保し増強するために過ぎなかったのである。強制収容所は、そしてやがてそれらに追加される絶滅収容所は、このことを如実に物語っている。

ボランティアとして、あるいは義務を果たすために、労働奉仕に精魂を傾けた青年男女たちは、こうした現実を見ることができなかった。自分たちの人間形成にとって決定的な意味を持つことになった労働体験とまったく時を同じくして、その労働が強制労働であり奴隷労働であるような人びとが、ヨーロッパ各地でのことはさておき、同じドイツのなかで生きていることを、客観的事実として、彼らは見ることができたはずだったにもかかわらず。強制収容所がドイツ国民にとって周知の事実だったことは、すでによく知られた事実であり、外国人労働者も捕虜労働者も、秘匿された存在ではなかったにもかかわらず。

　現実を彼らの目から遮蔽する要因が、ボランティア活動と労働奉仕そのもののなかに準備されていたからである。少年少女のときから彼らがボランティアとして参加した「冬季救援活動」は、すでに当初から、ユダヤ人家庭への救援を除外していた。ユダヤ人は民族同胞ではない、という理由からだった。そして、ヒトラーみずからが、冬季救援活動に積極的でない人びとに対して、民族民衆にとっての「節操なき有害物」である、という非難を投げつけていた。ユダヤ人だけではなく、特定の人間を民族民衆から排除することで、運動の結束が固められようとしたのだった。結束のなかに身を置くものは、自分が束縛されていることを感じるのではなく、束の外にいるものを異質で劣った存在として感じる。そしてさらに、民族民衆の若き一員として彼らが身を投じた「帝国労働奉仕」では、根拠となる法律自体が、ユダヤ人がこの「名誉の義務」に加わることを禁じていたのである。青少年たちは、排除されたユダヤ人から隔離されるなかで、ユダヤ人が同じ日常を共に生きる隣人であり仲間であることを隠蔽され、その人びとを自分の存在圏外へ追いやったまま、生きてきたのだった。

　だが、彼らの目から現実を遮蔽する要因は、それ以外にも、もうひとつあったのではなかろうか。ボランティア活動が奨励される環境に生き、あるいは制度化された仕組みのなかでも自発性やボランティア精神が称揚される日常を生きてきた彼らは、「麦の穂の乙女」たちのひとりが手記のなかで記したように、自分たちの積極的な行ないの正しさを、誇りをもって確信していた。「私達は此処で、力強い、真の人生の善い点を全部、掴むことが出来るのだ」と、帝国労働奉仕の日々に彼女は自分に言い聞かせる。「己を空《むなし》うして援助しようとする希望こそ、貴いものなのである」というのが、彼女がそこでの体験からあらためて確認した信念だった。正しいとされていることを、その困難さのゆえに回避するのでなく、進んで行ない、しかもそれを自分のためではなく他者のためにする——これを実行しているという思いをいだくとき、人間には自分自身も周囲の現実も見えなくなりがちだということを、彼女の手記は物語っている。

正しいことを行なっているとき、彼女には、立ち止まって周囲を見回し、自分を省みる必要もなかった。正しいとされていることを行なうとき、彼女は、その自分の行ないがこの現実のなかでどのような意味を持つのか、この現実のなかに生きる誰にとって具体的にどのような意味を持つのかを、あらためて問うまでもなかった。

V

「勤労奉仕」と戦時体制——日本を支えた自発性

略年表　V

1931. 3 .	宮城県南郷村、最初の「分村移民」計画を作成し実施する
1934. 4 .	第1次満洲移民団の「花嫁」30名、現地到着
1935. 1 .	第2次移民団の「花嫁」130名、現地到着
1937.11. 3	「満蒙開拓青少年義勇軍」実施の建白書を提出　→38. 2　実現
1938. 4 .15	大日本聯合女子青年団、「満蒙開拓青少年義勇軍」配偶者問題を協議
5 . 9	満洲移住協会、「大陸の花嫁」2500人募集
1939. 1 . 8	拓務・農林・文部三省、「大陸の花嫁」百万人送出計画を作成
5 .22	天皇、「青少年学徒ニ賜ハリタル勅語」を下賜し学生生徒を鼓舞
8 . 5	木村誠『大陸開拓　土の花嫁』刊行
1940.10.12	「大政翼賛会」発足、総裁に首相・近衛文麿
1941. 1 .16	「大日本青少年団」、青年団・女子青年団・少年団の統合組織として発足
6 .	大日本青少年団本部、花嫁結婚相談所を開設
10. 1	37～38年に渡満の「満蒙開拓青少年義勇軍」1万7000余名、現地で3年間の訓練を終え、「開拓団」として各地に入植
12.12	日本政府、「大東亜戦争」という名称を閣議決定
1942. 1 .10	「国民勤労報国協力令」による「学校報国隊」出動開始
2 .20	「鮮人内地移入斡旋要綱」施行、「官斡旋」の強制連行を開始
3 . 6	大本営発表、真珠湾攻撃の特攻隊「9軍神」を顕彰
4 .10	大日本産業報国会、難波田春雄『日本的勤労観』を刊行
6 .20	文部次官通牒、各学校に夏休みの勤労奉仕・練成などを指示
7 .15	文部省教学局、『大東亜戦争とわれら』を刊行配布
8 .26	『朝日新聞』、「銃後の隠れた徳行者」連載開始（～9 .13）
1943. 2 .	日本軍、ガダルカナル島で敗退、戦争の帰趨決する
10.21	学生の徴集猶予を廃止、「学徒出陣」始まる
1944. 4 .	海軍、頽勢挽回の特攻兵器として人間魚雷「回天」、合板製有人滑走艇「震洋」など9種を考案　→前記の2種は実地に使用された
9 .	九州の炭鉱労働者総数40万1534人のうち12万8146人（31.9％）が朝鮮人
10.16	「陸軍特別志願兵令」（勅令）改定、17歳未満の志願を許可
1945. 8 .15	正午のラジオ放送で天皇裕仁「終戦の詔書」を朗読（録音）
1948. 6 .19	衆参両院、「教育勅語・軍人勅諭・戊申詔書・青少年学徒ニ賜ハリタル勅語の失効確認・排除に関する決議案」を可決
12.23	この日（！）、極東軍事裁判で死刑判決のA級7戦犯、死刑執行

1　大きな目標の達成に向けて――労働が青少年を組織する

義務となった勤労奉仕

一九三七年七月七日に中華民国とのあいだで開始された戦争を、日本側は当初「北支事変《ほくしじへん》」と呼んでいた。中国軍と中国民衆の予想外の抗戦によって、数週間で決着を付けるという軍部の思惑は外れ、戦線は北京とその周辺のいわゆる「北支」から中国全土へと、拡大の一途をたどった。九月二日、日本政府は閣議で、〝「北支事変」を改め「支那《しな》事変」と呼称すること〟を決定した(77)。

その二年後、三九年九月一日にナチス・ドイツがポーランドに侵攻し、第二次世界大戦が開始された。歴史を振り返る後世の目で見れば、このとき支那事変もその世界大戦の一部となったのだった。しかし、同盟国ドイツが開戦後たちまちヨーロッパのほとんどの国を敵として戦うことになったにもかかわらず、日本は、九月四日に「欧洲戦争不介入」の政府声明を発表し、もっぱら中国での戦争を、しかも依然として宣戦布告をしないまま続けていた。それは、戦争ではなく「事変」に過ぎないとされたのである。

その日本の軍隊が、中国以外のアジア地域への進出を開始したのは、日本で「紀元二千六百年」の奉祝行事が行なわれていた一九四〇年秋のことだった。神武天皇という天皇家の祖先が大和橿原《やまとかしはら》で朝廷を開いたのが、二六〇〇年前(厳密に言えば二五九九年前)の二月一一日だとされたのである。『日本書紀』などによれば、神武天皇と呼ばれる神話上の人物は、天照大神《アマテラスオオミカミ》の子孫である神々の末裔《まつえい》であり、母・玉依姫《たまよりびめ》の姉で父・鸕鷀草葺不合尊《うがやふきあえずのみこと》の母である豊玉姫《とよたまひめ》、つまり神武自身の伯母であり祖母でもある存在は、海神《わだつみ》の娘、一説では鰐鮫《わにざめ》だったという。鸕鷀草葺不合を産んだあと海に帰ったので、妹の玉依姫がその子を育て、のちに結婚した、とされている。――その紀元二千六百年の九月二三日、日本軍は「北部仏印」に進駐したのである。

この年の六月にナチス・ドイツ軍がパリを占領してフランスを制圧し、大統領が辞職してドイツに追従する傀儡《かいらい》政権が生まれたため、日本で仏印《ふついん》と呼ばれたフランス領インドシナ、つまりヴェトナム、ラオス、カンボジアは、事実上ナチス・ドイツの権力下に置かれることになったのだった。日本はドイツの了解のもとに、まずその北半分を占領したのである。翌四一年の六月二五日には「南部仏印進駐」が行なわれ、インドシナ全域が日本によって占領された。かねて三八年一一月三日（「明治節」！）に首相・近衛文麿が声明していた「東亜新秩序建設」が、具体的な一歩を踏み出すことになったのだった。

「東亜新秩序建設」という構想は、「日満支」三国が協力して東アジアに新秩序を建設する、というものだった。新秩序とは、①東亜における国際正義の確立、②共同防共の達成（共同で共産主義の浸透を防止すること）、③大東亜新文化の創造（欧米文化の支配を東アジアから駆逐し、固有の新しい文化を生み出すこと）、④経済結合の実現（東アジアに新しい経済共同体を創出すること）であるとされていた。のちの「大東亜共栄圏」構想の基礎となるこの構想に、日本の傀儡国家である「満洲国」とともに「支」、つまり敵国である中国が加えられているのは、いずれ中国が日本の軍事力に屈服して、親日の中国が生まれることを予定したものだった。首都・南京の陥落後に重慶に移った中華民国政府に対抗して、日本の傀儡政権である汪兆銘（汪精衛）の南京政府が四〇年三月三〇日に樹立されたことで、新秩序構想は一歩前進したのだが、仏印進駐によってインドシナ半島まで支配圏に収めたいま、それはさらに大きく前進したのだった。

支那事変が国民生活に及ぼす影響は、事変の長期化とともに深刻の度を加えていた。働き手を戦場に送った銃後では、その欠落を埋めるために、社会構成員の各階層ごとに、「勤労奉仕」と呼ばれる各種のボランティア活動が奨励され、組織された。宗教団体も、もちろんその一翼を担った。本派本願寺（西本願寺）の「本願寺小樽別院」が、一九四一年の年頭に当たって冊子として印刷配布した「輪番」（筆頭の僧侶）の法話は、その説法を次のように締めくくっている。

> 大東亜の建設といふことは我国にとつて前古未曽有の大事業であります。これから先何十年かゝるか何百年かゝるか分らない。真の事業は一朝一夕に出来るものではありません。この大事業をやり遂げる力、それこそ恩寵に合掌する感恩報謝の働きでなければならない。日本と支那と満洲国とが一つに結ばれて、それが基本になつて東洋全体が甦《よみがえ》る。そして東洋の精神が全世界を救ふ。思うても愉快なことではありませんか。やり甲斐のある仕事ではありませんか。私達は報謝の称名《しょうみょう》もろともに此の世界史上未曽有の義戦、聖戦をやりとげなくてはなりません。かうした大きな希望を心に描きつゝ而《しか》も心の底には静かに自らを反省しながら此の佳《よ》き二千六百第一年を迎へ送りたいものであります。

この法話と、それを印刷刊行した冊子には、なんと、『歓喜力行』という表題が付けられている。(78)

国家社会を挙げてのこうした協力体制のなかで行なわれるボランティア活動、文字通りの「歓喜力行」の運動は、学生生徒の勤労奉仕がまだそうだったのと同じように、場合によっては限りなく強制に近いとしても、四一年の年頭の時点ではまだ、自発的参加の形態を維持していたのだった。

南部仏印進駐から半年たらずのちの四一年一一月二二日に公布され、一二月一日から施行された勅令「国民勤労報国協力令」は、戦争と勤労奉仕をめぐるこうした状況が決定的に変わろうとしていることを、告げたのである。これまでにじわじわと近づいていたものが、ついに具体的な強制力をともなって我が身に降りかかってきたのだ。「国民勤労報国協力令」は、「帝国臣民にして年齢十四年以上四十年未満の男子及年齢十四年以上二十五年未満の女子（妻及届出を為さざるも事実上婚姻関係と同様の事情に在る女子を除く）」に、一年につき三〇日以内の「国民勤労報国隊に依る協力」を義務づけた。職業や社会的地位とは無関係に、すべての臣民――勅令の名称でだけは「国民」だったが、条文では「帝国臣民」だった――が、該当する年齢であれば必ずその義務を負うのである。

この勅令の根拠となったのは、三年前の三八年四月一日に公布され、五月五日から施行された有名な「国家総動員法」だった。その第五条が、「政府は戦時に際し国家総動員上必要あるときは勅令の定むる所に依り帝国臣民及帝国法人其の他の団体をして国、地方公共団体又は政府の指定する者の行ふ総動員業務に付《つき》協力せしむることを得《う》」と定めていたのである。「国家総動員法」を実地に運用するためには、すでに「国民徴用令」という勅令が三九年七月八日に公布され、七月一五日から施行されていた。この「国民徴用令」は、「帝国臣民」の職業選択の自由を奪い、国家が必要とする職種や労働現場に労働者・職員を強制的に配置するものだった。これに対して「国民勤労報国協力令」は、現在の職業とは無関係に一定期間（一年に三〇日以内、ただし本人の同意で延長できる）だけ指定された労働に従事することを、「帝国臣民の勤労報国を目的とする協力」として義務づけるものだった。「報国」とは国の御恩《ごおん》に報《むく》いることである。

勅令「国民勤労報国協力令」が紙の上での法令ではなく、強制力を持つ生きた法規として働き始めるのは、この勅令が公布されたときすでに決定されていた米領ハワイの真珠湾と英領マレー半島への奇襲攻撃が、一二月八日未明に決行されたときだった。このときから、中国一国を敵とする支那事変は、最終的には世界の五〇ヵ国以上の国々を敵とすることになる全面戦争に転じた。

日本政府は、四日後の一二月一二日、〝戦争の名称を支那事変を含めて「大東亜戦争」とすること〟を閣議決定し、戦争遂行のための情報・言論統制を任務とする政府機関「情報局」がそれを発表した(79)。ちなみに、戦後の日本で一般的に使われた「太平洋戦争」という名称は、アメリカ合州国が同じく正式に国家として命名した〈The《ザ》 Pacific《パシフィック》 War《ウォー》〉の日本語訳に過ぎない。アメリカはもちろん、この名称に、「太平洋での戦争」という意味とともに「平和のための戦争」という意味を込めたのである。

開戦の翌年、四二年の七月一五日に刊行された『大東亜戦争とわれら』と題する一冊の冊子は、開戦の日の感動を以下のように記している。（原文のふりがなを適宜省略した。）

「帝国海軍ハ今《こん》八日未明《みめい》西太平洋ニオイテ米英軍ト戦闘状態ニ入レリ」といふ大本営の発表は、私どもの国民の魂《たましひ》を真底《しんそこ》からゆりうごかした。いよ〳〵来たるべきものが来たのだ。それまでのつかへてゐたやうな重苦しい気分は一ぺんにうち晴れて、その朝はみなれた故郷《ふるさと》の山々や街々《まち〳〵》のながめも、清く澄みわたつたやうに見えた。私どもがすべての力をつくして、大君《おほきみ》の御《おん》ため、御国《みくに》のために御《ご》奉公すべきときが来たのだと思ふと、少しぐらゐのかぜでは寝てもをれぬととびおきて、坑内（やま）にはいつて行つた鉱員《くわうゐん》もあるし、日頃《ひごろ》自分の身も心もうちこんできた旋盤《せんばん》に向かつて、おぼえず合掌《がつしやう》した工員もある。かうして私どもの気持ちは一つに引きしめられ、誓つてこの国土を守り、米英を討《う》ちに討たんと固い決意に燃えたつた。まもなくラジオの放送する宣戦の大詔の奉読《ほうどく》を私ども国民はつゝしみつゝしんで拝承《はいしよう》した。さうしてそのうちに、

帝国ハ今ヤ自存自衛ノ為蹶然起《タメケツゼンタ》ツテ一切《イッサイ》ノ障礙《シヤウガイ》ヲ破砕スルノ外《ホカ》ナキナリ

と仰《おほ》せられた御言葉《おんことば》を拝しては、陛下の大御心《おほみこゝろ》のほど、いかばかりかと熱い涙が流れ出た。「天皇陛下の御《おん》ために」私どもは腹《はら》の底から我が身を捧げまつる時が来たと思つた。この日に生まれあはせた国民の誇りに、たれもかれもいよ〳〵心が躍《をど》り、血が湧《わ》き立つのを感じた。

写真を含めて全六五ページのＢ６判のその冊子は、文部省教学局の編纂と内閣印刷局の印刷発行によって出版され、全国の国民学校高等科と青年学校の生徒に配布されたのだった。「国民学校令」という勅令によって、従来の小学校は四一年四月一日から「国民学校」と呼ばれる

ようになっていた。満六歳で入学する六年制の「尋常小学校」は「国民学校初等科」に、そのあとの二年制の「高等小学校」は「国民学校高等科」になった。また、それより前の三九年四月二六日から、義務教育である尋常小学校を卒業したあと高等小学校や中等学校（中学校、高等女学校、実業学校）に進学しない満一二歳から一九歳までの男子が、職業や実際生活上の知識を教える「青年学校」への就学を、勅令によって義務づけられていた。『大東亜戦争とわれら』は、こうした年齢層の生徒たちに配布され、これらの青少年が果たすべき役割を彼らに示唆したのである。「国民勤労報国協力令」は、すでに満一四歳からの若者を対象としていた。国民学校初等科を終えてすぐに高等科に進学すれば、二年生でこの年齢を迎えることになる。この若者たちが国家の命運を左右したのだ。

　私どもは緒戦の戦果や、建設の順調な踏み出しによい気になつて慢心してはならない。油断大敵、今こそ勝つて兜《かぶと》の緒《を》をしめる時である。さうしてこの戦争がいかに長く続かうとも、私どもがほんたうに頑張り続けていつたならば、米英を心から「参《まゐ》つた」といはせ、新しい東亜の建設が必ずできる。ある国民学校の少年は戦地の勇士に、「戦争は十年つゞけてください。すると僕たちは二十歳になるから、行つて一しよに戦《いくさ》をします。」と書き送つた。小さな国民はかうまで思つてゐる。この心がけに負けずに、長期戦に勝ち抜く覚悟を固めよう。私どもは老いも若きも、戦争が何年続かうが驚くやうな国民ではない。
〔……〕
　みづからは働かず、人に働かせ、自分だけの利益をはかつて、とかくうまい汁を吸ふことばかり考へてゐた米英人が、生産に奉公のまことをつくし、勤労の精神に生きる日本人の前に屈する時が来た。
今や工場でハンマーを振るふ人も、鉱山（やま）で鶴嘴《つるはし》を打ちこむ人も、農村漁村で食糧増産に励む人も、商売にいそしむ人も、通信や交通運輸に従ふ人も、それ〴〵の職場で働くことがそのまゝ戦争に参加してゐるのだ。名誉の戦傷で帰還した人々はもちろん、尊くも英霊となられた方の遺家族の人々も、いつそうの御奉公を励まうと起ち上がつてゐる。職場で天皇陛下万歳を叫んで斃《たふ》れた人もある。戦争に勝ち抜くために、私ども日本人は灼熱の鉄火となつて働きに働き抜かねばならぬ。〔……〕
十年、百年、幾百年続かうが、平然としてひるむことなく戦ひ抜き、堂々と大東亜の建設に進む指導者日本の大きな責任を、重く担つてゐるのは、青年子女の若々しい力である。昨年十二月八日以来、若い人たちの間には明かるい大きな希望が湧き、この大御代《おほみよ》に歴史にかつてない大事業をなしとげる栄誉と誇りとを自覚した逞《たくま》しい力が盛り上がつてゐる。身をなげうつて国家のために奮励《ふんれい》するこの若い、強い力は、国家にはかけがへのないものである。
自分さへよければ、人のことはどうでもよい、神や先祖や親の恩を忘れ、正義を捨てて金や物に動き、品行を乱し利得に走る、こんな個人主義・唯物《ゆいぶつ》主義の態度は根本から叩き直し、若い者は若い者らしく、清く、正しく、公明正大にあつてほしい。団体で動く時だけは規律正しく、一人の時には乗り物の先きを争ふやうなことをする者はゐないだらうか。東亜の人々を指導する者の態度がこれであつてよいのか。〔……〕

鉄石《てつせき》の意志をもつて国家の期待に報い、責任を全うして身も心も天地に恥づるところのない若い人たちが、「先づ青年から」の意気込みで、産業の第一線にも、現地の仕事にも、身を投げうつて立ち上がつて行く時、敵は壊滅し、大東亜の建設はみごとに成就する。

「学校報国隊」、その勤労奉仕と錬成

対米英開戦から三ヵ月を経た四二年三月六日の午後三時、大本営発表がなされた。前年の一二月八日に日本海軍機動部隊がハワイの真珠湾を奇襲攻撃したとき、特殊潜航艇と呼ばれる秘密兵器を操縦して敵艦艇に体当たりし玉砕した「特別攻撃隊」の「九勇士」に、連合艦隊総司令官・山本五十六《いそろく》が「感状」を送り、彼らを「軍神」と呼ぶことになった——という発表だった。

なぜ、その発表がこの日のこの時刻になされたのか、それには大きな理由がある。当時、夕刊は発行当日の日付ではなく翌日の日付で発行されていたが、午後三時に発表すれば、もはや、翌日の日付でもその日に配達される夕刊に、掲載される心配はなかった。そのニュースは、必ず翌日、三月七日に読者に届かなければならなかったのだ。三月七日は「地久節《ちきゆうせつ》」と呼ばれる祝日、つまり天皇裕仁の妻である皇后良子《ながこ》の誕生日だったのである。この感動的な、戦意高揚にとって決定的に重要なニュースは、臣民が「国母《こくも》」に捧げる何よりの祝賀であるべきだった。

『大東亜戦争とわれら』が文部省によって刊行され、諸学校に届けられたのは、「尽忠古今に絶す軍神九柱」という大見出しでこの大本営発表が報じられてから、四ヵ月あまりのちのことだった。「身をなげうつて国家のために奮励《ふんれい》するこの若い、強い力」、「鉄石《てつせき》の意志をもつて国家の期待に報い、責任を全うして身も心も天地に恥づるところのない若い人たち」、「堂々と大東亜の建設に進む指導者日本の大きな責任」……文部省の冊子の文章を読む青少年の脳裏には、報道写真でしか知らない「九軍神」の面影が浮かんだに違いない。そのころ、「国民勤労報国協力令」にもとづく勤労奉仕は、青少年にとってもすでに常態となっていた。

当時の現場をあらためて思い描きながら追体験するために、まず、大東亜戦争第二年目、一九四二年の新聞記事をたどってみよう。掲載紙は、註記しないかぎり、『朝日新聞』である。四〇年九月一日から、それまでの『大阪朝日新聞』と『東京朝日新聞』は統一して『朝日新聞』という名称になっていた。(…は原文のまま。原文のふりがなは適宜省略した。「夕刊」と付記していないものはすべて朝刊の記事である。)

学校報国隊へ/初の出動令/中学校や高専校へ(一月八日・木曜日、三面)

昨年十二月一日公布された国民勤労協力令施行規則に基く初の学校報国隊出動…青少年学徒も率先総動員業務に馳せ参じ得る態勢が確立されてこゝに一箇月余、東京陸軍兵器補給廠《しやう》がまづ若人の協力を要請したに対し文部、厚生両省では七日府下中等学校および成城高校、善隣高商へ初の出動令書を発した。

来る十日から一週間が成城高校生徒、十七日から一週間が善隣高商生徒、一日それ〴〵二百名づつ、府下中等学校生徒は一日三百名づつ、計五百名の若人が晴れて国家勤労の責務と栄誉を担ふことになつたのだ一九三八年五月、「東京帝大セツルメント」を解散させたその返す刀で、当時の木戸文部大臣と石黒文部次官が端緒を開いた学童生徒の勤労奉仕は、ここでいよいよ、法令によって義務化された活動を開始したのだった。学校長に出動命令を出すのは文部省と厚生省であることが、「国民勤労報国協力令」で定められていた。「学校報国隊」という名称を与えられたその勤労奉仕団の第一日目の活動について、翌日の新聞記事は次のように伝えている。

磨く戦車　学徒の勤労（一月一一日・日曜日、夕刊二面＝一〇日発行）

こゝ陸軍兵器補給廠の一角、戦車をみがきあげる手は感激にふるへてゐる――十日、国民勤労協力令による初の指令書を受けた成城高校以下男女専門、中学十二校一千六百の生徒は、兵器廠、被服廠、印刷局等与へられた職場へ唯まつしぐらに飛び込んで行つた

戦車を清め、弾丸を包み、軍服を縫ひ、製品を運ぶ、男も女も渾然一体となり、午前八時から午後四時まで尊い汗に第一日を送つた、男女生徒はより一層の勤労を明日に期待しつゝ、夕闇迫る頃それぐ〵引揚げて行つた

学校生徒たちに、戦争の放棄と戦力の不保持と交戦権の否認を教えるのではなく、戦車を磨き清めさせた時代、そしてそれをする生徒たちが感激で手をふるわせた時代が、「戦後民主主義」の一時代がやってくるつい四年前に、この社会に現存していたのだった。生徒たちに割り当てられた勤労奉仕が、工場や農村や土木工事現場ではなく、まず陸軍の施設を勤労の場として割り当てられたことの意味は、やがて出版配布される文部省編の『大東亜戦争とわれら』が

生徒たちに伝えるメッセージによって明らかになる。だがもちろん、「学校報国隊」は、この冊子を読むことになる国民学校高等科や青年学校の生徒たちと同じ年齢層の生徒だけによって組織されたのではなかった。新聞の記事の続報には、大学生も登場するのである。

学生報国隊の勤労（一月一三日・火曜日、四面）

学園にも、勤労協力令に基く進軍ラッパが鳴り響いて、十二日、赤羽の陸軍被服本廠に今年始めての学生報国隊、城西学院中学百十二名、智山中学三十七名、法政大学百八十五名、豊《とよ》島高女七十名の生徒達が出動した

大中学生が荷物の運搬や発送に汗だくとなれば、女学生の乙女部隊も負けずに黙々とゲートルや敷布のミシン縫ひに日頃の腕を揮つてゐた

こうして、中等学校から大学までの生徒や学生にとって、勤労奉仕は学校生活の一部となり、生活そのものの一部となった。文部省によって最初に勤労奉仕が実施された当初にまずその期間とされた夏休みが、大東亜戦争開戦後に初めてやってきたとき、生活そのものの一部となった勤労奉仕の意味は、文部省によって一層明確に示された。

錬成旅行は宜《よろ》しい／各学校の夏休（六月二一日・日曜日、三面）

国民学校、中等学校などの夏休みはどうなるか、文部省では二十日次官通牒をもつて各学校長ならびに地方長官宛《あて》通達した

すなはち国民学校、中等学校、師範学校等における夏期授業中止は三十一日以内とし、その期間は各地方の実情にしたがつて適宜これを実施する、一般学生生徒ならびに児童は登山、水泳などの体育運動のほか郊外演習、集団勤労、その他心身の鍛錬にこの夏を積極的に利用し大東亜戦争を戦ふ耐久力を大いに錬成する
なほ団体旅行等の実施に関してはその日程は二泊三日以内に限定し、大学、高専にあつては三日を超ゆる場合は本省の許可を要し、心身鍛錬のための旅行で同一地に継続滞在する場合は何等日数の制限を設けない

「集団勤労」と「心身鍛錬」は、この記事では「錬成」というひとつの言葉で結ばれている。どちらも、「大東亜戦争を戦う持久力」を養うための行ないなのである。そのための旅行は、物見遊山や見学の旅ではなく、同一地に腰を据えた錬成であるべきなのだ。

じつは、この「錬成」という語は、戦時下日本における重要なキーワードのひとつだった。この語彙は、大東亜戦争の敗戦後に編纂刊行された『広辞苑』には収載されている。また、たとえば一九七八年に初版が刊行された『学研　漢和大辞典』（藤堂明保編、学習研究社）にもこの見出し語はある。ところが、これと同じくらいの大きさの漢和辞典でも、『字源』（簡野道明著、角川書店、初版＝一九二三年）や、和製漢語も多く収録している『大字典』（上田万年ほか編、講談社、初版＝一九一七年）には、この見出し語はない。さらに、これまでに刊行された国語辞典としては最大規模である全二八巻の平凡社『大辞典』（初版＝一九三五〜三六年）にも、この「錬成」という語は存在しない。つまり、これらの辞書が編纂刊行された一九一〇年代から三〇年

代までの時点で、「錬成」という語彙は、少なくとも、辞典に収載する程度に一般的ではなかったと考えられる。「錬成」は、大東亜戦争の戦時下で初めて人口《じんこう》に膾炙《かいしゃ》する語として出現したのである。

一九〇六年二月一一日（！）に創立された財団法人「修養団」という精神修養を主眼とする思想団体があった。一九四三年の時点での「団長」は、「男爵・平沼騏一郎」だった。大逆事件の検事として被告二六人のうち二四人に死刑を求刑し、のちに検事総長、大審院長（現在の最高裁判所長官）、法務大臣、枢密院議長、内閣総理大臣、さらに第二次近衛内閣の内務大臣を歴任して、敗戦後の極東軍事裁判でA級戦犯として終身禁固刑の判決を受け、病気のために仮釈放されて五二年八月に死ぬ人物である。その平沼騏一郎を団長とするこの団体が、四三年一二月に『皇民錬成の栞』というA6判七〇ページの小冊子を出版した。それは、天照大神の「神勅」（豊芦原《トヨアシハラ》ノ千五百秋《チイホアキ》ノ瑞穂《ミヅホ》ノ国《クニ》ハ、是《コ》レ吾《ア》ガ子孫《ウミノコ》ノ王《キミ》タルベキ地《クニ》なり……）から始まり、「明治天皇詔勅」、同「御製」（歌）、「今上陛下詔勅」、同「御製」、さまざまな祝詞《のりと》などを連ねたすえに、この団体自身の「皇民錬成規範」を示している。そして、その規範のひとつとして、「一、教育勅語の聖旨《せいし》を奉戴《ほうたい》し、国体信念に徹底せしめ、献身報国の大義を体得せしむ。／二、天地の公道に基き、同胞相愛、流汗鍛錬の信念を確立せしむ。」など、錬成のための「講義の基準」の諸項目を挙げている。

後世の目で読めば文字どおり「心身を鍛えて作り上げること」（『広辞苑』）を意味する「錬成」は、大東亜戦争下の現場では、「教育勅語の聖旨」を始めとする神がかりめいた意味と切り離し難く結び付いていたのである。学生生徒たちの「勤労報国」もまた、「錬成」という言葉によって象徴されるそのような意味付けから、逃れることはできなかった。

なぜ「労働奉仕」ではなく「勤労奉仕」なのか？

ドイツ・ナチズムによって「労働」がきわめて重要な意味付けをされたように、日本における「勤労」もまた、歴史のあるひとこまにおいて、重要な社会的・政治的意味を与えられた。その意味付けはまた、ドイツの場合には「労働奉仕」だったものが日本ではなぜ「勤労奉仕」なのか？――ということと、深く関わっている。これは、単なる訳語の問題ではないのである。

「大日本産業報国会」が四二年四月に刊行した書籍に、『日本的勤労観』という一冊があった。紀元二千六百年の一九四〇年一一月二三日に設立された「大日本産業報国会」（略称＝産報）は、戦争を支えるために国民の自発的な運動として組織された大政翼賛運動の重要な一翼を担う労働団体だった。国策に沿って労使協調で生産性向上や労務管理の円滑化に協力することがその役割だったので、ナチス・ドイツの「労働戦線」の日本版と考えてよいかもしれない。その「産報」が、運動に思想的・理論的な裏付けを与えるため、「産報理論叢書」というシリーズを出版していた。『日本的勤労観』はその第一輯として刊行されたものである。

巻頭に付された「大日本産業報国会中央本部」による「はしがき」は、この本の趣旨についてこう述べている、「勤労の問題は産業報国運動にとり根本的な問題である。〔……〕然らばかゝる我々の勤労とは如何なるものであるか。また自由主義的労働観やナチスの全体主義的労働観とは如何に相違するものであるか。これを解明することは産業報国運動を確立する第一歩である」。

この『日本的勤労観』の著者は、東京帝国大学経済学部助教授の難波田《なにわだ》春夫だった。そのなかで著者は、「勤労」だけでなく「勤労奉仕」という日本語の意味について、きわめて明快な説明を与えている。

わが国に於いては労働は、単なる労働者の労働ではなく、その根柢に於いて皇国民であるところの労働者の労働である。われわれの考察から導き出される基本的な認識は、まさにこのことに他ならない。

わが国の労働は、かくの如く、皇国民たる労働者のなす労働であるが故に、その根柢に於いて仕奉を在り方とするもの以外ではあり得ない。もちろん、それが如何なる程度に於いて仕奉であるかは、時と場合とによつて異る。けれども、全然仕奉でない如き労働は、わが国に於いては存在しない。仕奉を他にして皇国民はなく、したがつてまた労働者も存在しないからである。わが国に於ける労働は、仕奉を在り方とするところのものである。これがわれわれの得た結論である。〔……〕

わが国に於ける労働が仕奉を心とするものであること、さうしてかくの如き仕奉としての労働が、自由主義的・マルクス主義的労働観及びナチス的労働観を以てしては、説明することができない独自のものであることは、以上によつて明らかであらう。この独自の日本的労働は、現在「勤労」なる言葉を以て代へられつゝあるが、これはたしかに適切な言葉であるといふことができる。

ここで著者がくりかえし記している「仕奉」という言葉は、まさに、さきほど言及した「修養団」の冊子『皇民錬成の栞』がその冒頭に掲げた天照大神の「神勅」と関わっているのである。その「神勅」では、豊芦原《とよあしはら》の瑞穂《みずほ》の国はわが子孫《うみのこ》が「王《きみ》」たるべき地《くに》である、と定められていた。つまり、日本という国はその王《きみ》たる天皇の地《くに》だ、ということである。『日本的勤労観』の著者は、この神勅を直接引用しているわけではないが、それを暗黙の前提としながら論を進めている。そして、その「王」たるものである天皇とその国に生きるもののあいだには、「治天下」（天《あめ》の下治《したしろ》しめす）と、それに「仕奉」する（仕《つか》え奉《たてまつ》る）ものとの関係しかあり得ない、とする。著者の論旨をたどれば、つまり、労働も、「皇国」である日本に生きる「皇民」の、天皇に対する「勤《つと》め」にほかならない。「勤皇」という言葉があるように、「勤労奉仕」とは、労働という勤めによって天皇に仕え奉ることなのである。

「奉仕」という言葉は、日本では、キリスト教的な「奉仕」や一般的な「社会奉仕」とも、ナチズムにおける民族同胞に対する「奉仕」とも異なり、天皇に「仕え奉る」ことを意味した。少なくとも、「大日本産業報国会」が日本の労働者とそれを雇用する企業との代表者であり代弁者だった時代には、そうだったのだ。そのための労働は、「労働」ではなく、天皇に仕え奉る行為としての「勤労」だった。そして、「国民勤労報国協力令」という勅令によって「学校報国隊」の勤労奉仕に従事した学生生徒たちは、天皇《おおきみ》の地《くに》であるこの国の御恩に報いるために、戦車を磨き、弾丸を包み、ゲートルを縫製した。

ヒトラーのナチズムが、帝国労働奉仕に携わる青年たちの真情を、侵略戦争と大量虐殺のために濫用したとすれば、天皇制の日本もまた、勤労奉仕にいそしむ学校報国隊の青少年を、日本的勤労観によって天皇のために使い棄てたのである。

じつは、学校生徒たちが「勤労」を体験するのは、「学校報国隊」の勤労奉仕だけではなかった。法令によって義務化されたそれとは異なり、基本的には自由意志で男女の生徒が参加する労働の機会が設けられていたのである。それはまた、その過ごしかたが文部省当局によって厳しく制限されるようになっていた夏休みを生かして、支那事変三年目の一九三九年度から行なわれているものだった。夏休み明けを間近に控えた四一年八月二七日付の『朝日新聞』夕刊(二六日発行、二面)は、「ボクのワタシの勤労報告書」と題する特集記事を組んでいる。全体の見出しおよび解説記事と、掲載されている四人の生徒たちの「報告書」(感想文)のうち二人の文章を、紹介しておこう。

ボクのワタシの勤労報告書

職工さん達の親切で/汗の味が判つた/働く喜びに心も躍る

勤労精神の涵養《かんやう》と職業の体験を得させるため例年行はれる国民学校児童の夏季職業実習は今年も二万一千の児童を動員して大々的に実施され、戦時下産業予備軍の頼もしさを発揮したが、この実習が開始された昭和十四年は三千名、同十五年九千名、同十六年一万三千名と鰻《うなぎ》のぼりに参加児童の数が増加、しかも希望者の殆ど全部が軍需工業、しかも成るべく直接的な弾丸とか、火砲とかの製造工場に働くことを希望してゐるのは時局を反映した童心の反映として頼もしき限りである。今夏の実習は各学校によつて相違はあるが、大体十日から二十日位実施され、その勤務先もパラシュート工場、航空機工場、自動車工場、製薬工場などで今までは実習生にお菓子などを出して卒業後の吸引策とした傾きがあつたが、今年からは指導も系統的になり、産業戦士の卵を作らうといふ意向がはつきりと見られてゐる。以下は四人の実習生が綴る感想文である

【自動車部分品工場】深川石島校高等二年　島田直一

実習を終つて今一番頭に残つてゐることは、今年は休暇中も休まずに働き通したので愉快でたまらないといふことです。勤労を通してお国のために尽すことが、どんなに大切で、また尊いことであるかといふことを直接産業戦線の現場で体得することが出来た嬉しさです。私達はまづ鋳物の型の基本を習つたり簡単な仕上げの稽古に文鎮を作つたりしました。かうして覚えた技術が、おしまひには戦線で快速部隊の足になる自動車を造る力になるのかと思ふと、私は言ひ知れない熱を覚へて腕に力が入るのでした。工場の人達はみんな親切で、よく導いて下さいました。工場は国民の修養する道場だと言つた考へで、みんな一致団結して働いてゐらつしやる様子をみますと、これなら大東亜戦は必ず勝てると思ひました

【計器工場】中野国民校高等二年　山川木子

私の仕事はメーターのねぢしめでした。カバーをアルコールで拭いて機械の方に合せて針が動くやうにねぢをしめるのです。私は実習に行つて昼御飯や昼休も大変楽しかつたけれ

ども、このねぢしめがひとつ〳〵出来上つたときほど嬉しいことはありませんでした。私はこの工場へ来て一度も辛いことはありませんでした。たゞお話をきく時は座敷に坐るのでしびれがきれてやりきれないことがとき〴〵あつたゞけです。こゝへ来てお行儀がよくなつたし、よい教訓、勉強が出来ました。解散式のときお金をいたゞきましたが、自分で働いて戴いたのだと思ふと嬉しくてたまらず、何度いぢつてみたか分りませんでした

「高等二年」というのは、国民学校高等科の二年生という意味である。満六歳で入学する国民学校初等科（以前の尋常小学校）の六年間を終えたあと、中等学校（高等女学校、中学校、実業学校）に進学するものとまったく学校に行かないものとを除くそれ以外が、二年制の国民学校高等科（以前の高等小学校）に進んだ。ただし、高等科は義務教育課程ではないので、学費が必要だった。初等科を終えてからすぐに高等科に進まないものもあったが、もしそのまま進学していたとすれば、これらの報告文を書いた二人は、現在の中学二年生と同年齢ということになる。工場労働者を「産業戦士」と称したその当時、まだ就職したばかりの少年労働者は「産業豆戦士」と呼ばれた。上級学校への進学を前提としない高等科の生徒たちのほとんどは、二年間の課程を終えればその産業豆戦士として働くことになるのである。

現在の日本でも、小中学生が市中の大型商店や事業所などで仕事を手伝う社会体験授業に出くわすことは、めずらしくない。しかし、そうした体験授業を、「勤労を通してお国のために尽すこと」の大切さを現場で体得するためのものだと考える生徒は、おそらくいないだろう。そう考える必要が、いまは、ないからである。一九四二年夏の日本社会に生きた十四歳の少女や

少年は、そう考えなければならなかった。そう考えなければならなかっただけでなく、そう考えることを誇りにしなければならなかった。

そして、勤労は、苦痛と内心の嫌悪や反発だけをもたらしたわけではなかったのだ。説教を

「われらの教科書はわれらの手で」——中等学校生徒たちの勤労奉仕によって、教科書が印刷・製本・搬出される
『写真週報』(情報局編輯) 1943年３月31日号より。

聴くとき足がしびれるのに悩んだ少女は、「このねぢしめがひとつ〳〵出来上つたときほど嬉しいことはありませんでした」と書いている。それは実感だっただろう。労働の体験は、ナチス・ドイツの青少年にとっても、戦時下日本の青少年にとっても、貴重な多くのものをもたらしたのだ。しかも、強制による圧迫感も、労働の達成感がもたらす喜びも、そのどちらもが、彼らが唯々諾々と命令や規律に従うだけでなく、自発的に創意と工夫をこらし、自由意志でより深い喜びに向かって励むための、大きなエネルギーになった。

勤労奉仕が義務化されたということは、自発性や意欲的な創意工夫が無意味になったということではない。制度化されて誰もが参加するからこそ、そのなかでの各自の自発性と積極性と創意は、共同体にとって大きな働きを発揮するのだ。労働奉仕と勤労奉仕の企画者たちは、それを知っていたのである。(80)

2 銃後のボランティアたち——期待される女性と家庭

ボランティアの原点、隠れた徳行者たち

義務化と禁止は、それぞれ逆の方向に向かって働く力である。一方は、することを強要し、もう一方は、することを許さない。だが、どちらも、強制力によって人間を動かそうとする点では、共通している。それらは、基本的には束縛として作用する。これに反して、勧奨、募集、提案、例示、暗示、賞讃などは、強制力によってではなく相手の自発性を触発することで、人

を動かそうとする。現実には、これら二つのありかたを区別する境界は明確でない場合があるとしても、大筋《おおすじ》では、この違いを認めることができるだろう。

ヒトラー独裁下のナチス・ドイツや、天皇が唯一の主権者で民衆は「臣民」でしかなかった時代の日本では、義務化と禁止が人びとを束縛した――こう考えるのは、きわめて自然のことであり、事実に反していない。しかし現実には、そこで人びとを動かしたのは、そのような強制力だけではなかった。自発性を誘発することで人を動かす力が、そこでは強制力に劣らず大きな役割を果たしたのである。

その国家社会は、「国家総動員法」を基本法規としてその上に個別の法令を積み重ね、一部の特権階級以外の社会のあらゆる階層の人びとを、それぞれに遺漏なく適用される義務規定によって束縛した。しかしその同じ国家社会はまた、構成員の自発性と主体性を誘発し発揮させるために、さまざまな方策を実行したのだった。人びとは、窮屈な強制によって窒息させられていたにもかかわらず、いや、窒息させられていたからこそ、自発性と創意を発揮する行ないの機会を得ることによって蘇生した。あるいはまったく個人の創意から生まれ、あるいは誰かに奨励され、あるいはただ暗示されたことによって触発されたその行ないは、人びとに知られて評価され、賞讃され、人びとの共感を呼んで人びとに共有されながら、拡大再生産されて、人びとの結束を固める力となっていく。もちろん、マス・メディアが果たす役割も大きかった。

学生生徒たちの勤労奉仕や勤労体験について積極的に報道を続けていた『朝日新聞』は、対米英戦第二年目の夏休みが終わるころから、「銃後の隠れた篤行者」と題するシリーズ記事の連載を開始した。「読者推薦」と銘打ったこの記事は、一九四二年八月二六日から九月一三日まで、全一三回にわたって数日おきに不定期で連載された。第一回の冒頭には、次のような序文が付されている。

銃後を明るくし、生活を美しくし、そして一億そろつて最後まで戦ひぬき、戦ひ勝つ決意を固めさせるもの――それは生活刷新に、隣組の運営に、あるひは傷痍《い》軍人や遺家族の援護感謝に、心からの誠《まこと》をさゝげ工夫をこらす隠れた篤《とく》行者の実践である。本紙はさきにこれら銃後生活篤行者の推薦を読者の協力の下に募集したところ、早くも数多くの篤行者が報ぜられてきてゐる。より明るく、より逞しい戦時生活の一道標とするため、読者推薦になるそれら篤行者を訪問、次々にその隠れた篤行ぶりを紹介しよう。

第一回目に紹介されているのは、東京豊島区の四四歳の女性である。「初志を遂げさせて／立派に社会へ送り出す／〝傷痍軍人の母〟近江かのさん」というタイトルで登場するその女性は、戦場で負傷して送還された兵士たちが社会復帰するのを、親身になって支援している。「近江かのさんは傷痍軍人の母であるといつて過言ではありません。向学の心に燃える白衣勇士たちをはげまし慰め、立派に初志をとげさせた上、いづれも自宅に引取つて世話をし、一本立の社会人として世に送り出さうと尽してをられます。私共はかのさんをお母さんと呼び、感謝しながら一日々々を希望に向つて勉学に励んでゐます。手を合せて拝みたい気持で一杯です」と推薦者の傷痍軍人は語っている。「傷痍《しょうい》軍人」とは、手足の切断や視力喪失などの重傷を負って送還され、除隊した戦傷兵を呼ぶ名称で、その衣服から「白衣勇士」とも称された。

朝日　(土曜日)　昭和十九年四月一日

歴史を飾る快擧

勤勞學徒に文相の餞け

岡部文相

逞し・一割決死隊報告書

轟音に吹飛ぶ疲勞

學徒工員 工場教室に生く

写真上＝地域別女子勤労挺身隊の初出動
下＝石川島造船所〇〇工場に活躍する学徒工員
『朝日新聞』1944年 4 月 1 日付より。

その傷痍軍人たちが、いまはこの推薦者を含めて三人、彼女の世話になりながら、「専検」（専門学校入学資格検定試験、現在の大検に相当）や、小学校教員検定試験などのための勉強を続けているという。このほかこれまでに彼女の世話になった傷痍軍人は十数名に上る、と紹介されたのち、本人は「私が篤行者だなんて、とんでもないことです」と、「あくまでも謙遜しながら、このやうに慶《つゝ》ましく語つた」と結ばれている。

第二回（八月二七日）は、「まる二年欠かさず／前線勇士へ慰問の品／はたらく少女朝子さんの赤誠」である。「慰問文や慰問品をたくさん送つてゐる人は多い。だが、可憐なこの十五の少女が、自分の乏しいお小遣ひをさいて丸二年、毎週かゝさず週刊雑誌やグラフ類を五、六冊かならず優しい慰問文をそへて送りつゞけてゐるといふ事実は、第一線の兵隊さんばかりでなく、銃後をまもるすべての人をも感動させずにはをかないだらう」と記者は述べている。東京板橋区の植木職の長女である彼女は、「二年前、家計をたすけるため学校（国民学校初等科＝引用者註）をでると近くの凸版印刷会社板橋工場につとめ」、わずかながらも自分の小遣いを使えるようになったとき、この慰問を始めたのだった。「このごろはまた両親の厄介をかけず工場をひけてから夜おそくまでタイピスト学校に通つて勉強してゐるが、このための遅刻や欠勤は一日もしたことがないといふ」。

第五回（八月三〇日）は、「生めよ殖やせよ／なんと五十組の仲人／国策の花咲く奥村さんの家」と題されている。「〝生めよ、殖《ふ》やせよ〟と早婚奨励に拍車をかけてゐる時、媒酌すでに五十組、しかも媒酌されたご夫婦は、いづれも子たくさん――と国策を街に咲かせた篤行者」、小石川区の製紙業の夫婦が、その主人公である。しかも、「ご自身も十人（四男六女）の子福者で、しかも長男房夫、二男和士の両君は、いづれも陸士〔陸軍士官学校〕卒、現在兄は大尉、弟は中尉として大東亜戦の第一線にたつてゐる、といふ」。媒酌人《ばいしゃくにん》（仲人《なこうど》）は、もちろん職業ではない。なかば職業にしていた人もあっただろうが、基本的には、まったくの善意から、自発的に、他者の幸せを願ってなされる行為だろう（ここでは結婚を幸せとするかどうかはひとまず論外として、仲人の視点からこう書いておく）。善意にもとづく自発的なその行為は、国策に沿って、戦場に散るための生命を生み殖やすことにひたすら貢献していたのだ。

「遠く異郷に病む／半島学生へ暖い介抱／親身も及ばぬ北村さん夫婦」（第八回、九月一日）は、見出しのとおり、東京の大学で学ぶうちに病気で倒れた植民地朝鮮からの学生を、親身になって介抱する下宿の主人夫婦を紹介している。以前の下宿の主人が亡くなり、住むところを失ったその中央大学の学生は、住宅払底のうえ、ようやく見つかっても「半島の学生だといふと、すぐ口実をつけて断られる」。そのとき北村さん夫婦が、「すぐ快く同家で最も快適な三階の一部屋を借〔ママ〕してくれた」のだった。しかも、李君が猛勉強の過労から肺炎で倒れると、熱心に看病しただけでなく、治療費も工面した。「――それは街の片隅におきたささやかな出来事だらうが、これからさらに大きく共栄圏の各種住民を暖かく抱擁して、ともに生き、ともに伸びようとする時、この隠れた佳話は銃後の人々に一つの反省と刺戟を与へずにはをかない」、と記者は強調している。後世の視線で見るなら、これが美談にならなければならないほど、私たちと私たちの隣人との関係は、私たちにとって貧しいものだった。その貧しさは、たとえ私たちのすべてが北村さん夫婦のようになっても、「共栄圏の各種住民を暖かく抱擁して」生きるという一方的な関係しか私たち「大東亜の指導民族」には許されないかぎり、拭いがたく続くのである。

隠れたボランティアたちのなかには、その活動を個人や一家のなかにとどめておくのではなく、仲間と共同で社会に向かって開いていった人びともあった。「銃後の隠れた篤行者」の第一〇回（九月八日）は、「三女性・蔭の挺身／行列解消と栄養確保へ／実を結んだ〝共同献立配給所〟」と題して、戦時下の食糧事情に立ち向かって「共同献立配給所」という組合組織を設立した三人の女性を取り上げている。「行列しないで、しかも栄養的に配合された副食物を楽に買へる――主婦にとつてこんな有難い話はちよつとないが、これを毎日実行してゐるのは昨年市内三十数箇所に次々に設立された「共同献立配給所」である／人さま〴〵の嗜好を無視しての共同配給、その上何年も経験ある商売人を相手に仕入れなどどうして出来るものか――／こんな冷評と無理解をのりこえて、しかしこの共同献立配給所は、いま素晴らしい発展をとげ、加入組員からは非常な感謝をうけてゐる」。

個々人が余儀なくされた日常生活上の困難に、共同で立ち向かうことを考え、非現実的だと馬鹿にされながら、この三人の女性たちは、食料品の確保がますます困難になる状況のなかで、ついに三〇〇〇家族に毎日の献立表とそれに応じた食料品を届けることを実現した。三人は、自分自身の良心と責任感とにもとづいて他者のために行動しただけでなく、その他者たちに働きかけ、その他者たちのあいだに共同の関係を切り開いたのだ。もちろんそれは、それ以前にも存在した協同組合や共同購入組織の一形態に過ぎなかった。しかし、戦時下で日常生活が顧みられず、銃後の実生活より前線の軍隊のためにすべてが捧げられるのが当然とされる時局のなかで、自発的に困難に立ち向かって実生活を護ろうとした女性たちがいたのである。

だがもちろん、この活動は、前線のためにすべてを犠牲にすることを求める側にとっても、さしあたりは許容範囲を超えるものではなかった。それどころか、国民のこのような主体性と積極性が、戦争遂行のためにも求められていたのである。悲しいことに、新聞で大々的に共感を込めて報じられたという事実が、それを物語っている。

個人から社会へ——「隣組」と自発性

銃後を支えるものは、生産に携わる労働力だけではなかった。日常の生活総体が、戦時体制として組織されなければならなかった。しばしば戦時下の生活の象徴のように語られる「隣組《となりぐみ》」は、各家庭と国家とを結ぶもっとも近い社会組織として、大きな役割を与えられた。

たとえば東京市の場合、戦時下の「隣組」は、支那事変開始の翌年、一九三八年五月一四日に公布された東京市告示第二百四十号「東京市町会規約準則」によって、その組織と役割が定められていた。準則は、第一条で「本町会は何区何町会と称す」として、各区の各町ごとにひとつの「町会《ちょうかい》」を置くことを定め、「第七章　隣組」で、おおよそ以下のように規定している。

○町会区域を分割し、以下によって各ひとつの隣組を構成する——①隣接する五世帯ないし二〇世帯、②五世帯以上を収容する「アパート」、③貸事務所その他で、五世帯以上を収容するものと見なし得るもの。

○隣組は「何々組」と称す。

○「隣組は隣保親和の精神に則《のっと》り交隣相助共同警防其の他組内利益の増進を図り細部的町

会事業の実践に当る」。
○「隣組の重要事項は組会を開き又は回状以《もっ》て申合はすべし」。――この回状が、「回覧板」である。
○「隣組に組長を置く」。「組長は隣組各般の世話をなし町会其の他よりの通知、照会等を組員全般に通達するものとす」。「組長は組会に於て適宜選定す」。「組長の任期は一ヶ年とす」。
○組長を補佐するため「組番」を置くことができる。組番は組長が指名し、その任期は六ヵ月とする。
○町会は、その連絡上、数個の隣組を集合して「隣組班」を組織することができる。

こうして、五世帯から二〇世帯を単位とする生活共同体、「隣組」が、社会生活のもっとも身近な場となり、社会活動の出発点となった。求められる各人の自発性、とりわけ女性の社会参加と自発的な活動は、まず隣組をその舞台とすることになる。

まだ対米英開戦の前年だった四〇年一二月、『隣組読本』と題したB５判全四一六ページの本が刊行された。隣組についての虎の巻とも言うべきそれは、刊行から八週間後には六〇版を重ねるほど競って読まれた。これに収載された「隣組と主婦」と題する一文で、当時「婦人時局研究会」という翼賛運動体の中心メンバーだった市川房枝は、主婦の社会参加について下記のように述べている。当時の女性たちに何が求められていたのかを思い描くうえで、きわめて示唆に富んでいるので、その一部をそのまま引用してみよう(81)。

隣組での重要な仕事

隣組での現在並びに将来の仕事として最も重要な事は、所属組員の各家庭をして、物資の不足に対応して消費を節約し、合理化し、然《しか》して家族特に子供の健康を増進して、長期に亘《わた》っての困苦を切抜けて立派に御奉公の出来る精神と肉体を培《つちか》はしめる事、その為に隣保相扶《あいたす》け合ふ事になるだらうと思ひます。

所でその為には、思ひ切つた生活の刷新がどうしても必要となつて来ます。

その生活の刷新の具体的な内容方法については、大政翼賛会其の他政府の方から上位下達を以《もつ》て隣組に指示されるでありませうから、それを遵奉《じゅんぽう》し、皆で必ず実践しなければなりませんが、それには特に主婦が責任者として相《あい》協力する必要があります。

然し上からの指示を待つ迄もなく、隣組でその精神を体《たい》して、よい事はどし〳〵実践してほしいと思います。

現在隣組で色々工夫してやつてゐる生活刷新は随分沢山あります。

例へば、野菜その他を共同で産地から購入してゐる所があります。市場への買出しを分担を決めてやつてゐる所もあります。興亜奉公日等に共同炊事をしてゐる所、子供のおやつを共同でつくつてゐる所もあります。献立だけを共同でしてゐる所もあります。

農村ですと、共同作業、共同耕作を随分やつてゐます。

洗濯器械《きかい》を共同で買つて交替《こうたい》で使つてゐる所、又子供のお守《も》りを交替でしてゐる所等々数へきれない程あります。

こういつた事は、その性質上勿論《もちろん》主婦が中心になつてやってゐる事なのですが、これ等をする場合に、主婦達は、はつきり自分の家庭さへよければよいといふ従来の考へ方を換へなければなりません。

言及されている「興亜奉公日」とは、三九年九月から四二年一月まで、毎月一日《ついたち》に行なわれた生活運動の名称である。三九年八月八日、平沼騏一郎内閣は、「興亜奉公日設定ニ関スル件」という閣議決定を行なった。毎月一日をそれに定め、「当日全国民は挙《こぞ》つて戦場の労苦を偲《しの》び自粛自省、之《これ》を実際生活の上に具現すると共に、興亜の大業を翼賛して、一億一心奉公の誠を効《いた》し、強力日本建設に向つて邁進し、以《もっ》て恒久実践の源泉たらしむる日となすものとす」というのが、その趣旨とされた（引用にあたって、原文のカタカナをひらがなに改めたほか、句読点とふりがなを補った）。その日は、全国民が国旗を掲揚し、宮城《きゅうじょう》（皇居）を遥拝《ようはい》し、神社に参拝して、勤労奉仕を行なうこととされ、料理店や飲食店での飲酒が禁じられた。どこかナチス・ドイツの「一鍋日曜日」を思い起こさせるが、ここでは明らかに天皇国家の相貌が色濃く滲《にじ》み出ている。

市川房枝が、隣組の工夫《くふう》による生活刷新の実例として挙げている共同作業のなかに、その二年後に東京の三人の女性が自発的に始めた「共同献立配給所」をさらに超えるような、共同炊事の実践が含まれているのは、興味深い。どの地域でそれがなされているのか、筆者は書いていないが、隣組は、「上位下達」の指示を待たずに、それをみずから実行したのだった。こうした共同の自発的行為のなかに、市川房枝は、女性の社会参加と社会的自立にとっての大きな可能性を見出そうしたのだった。この共同性を実現するうえで「興亜奉公日」という官制の行事もまた、ひとつのきっかけと実行の場を提供するのである。

だが、彼女のこの文章が人びとに読まれたころ、日本の社会的・政治的な状況は、「興亜奉公日」という官制行事の影を薄くさせるような大きな一時期に差しかかっていた。四〇年七月二二日に発足した第二次近衛内閣は、二六日の閣議で「基本国策要綱」を決定し、「大東亜新秩序の建設」、「国防国家体制の完成」、および「万民各々その職分に奉公し、大政翼賛の臣道を全うすること」を重大目標として明らかにする。そして、これらの実現に向けて「新体制運動」が全国民規模で展開されることになったのである。

のちの歴史を先取りして簡略に言えば、この「基本国策要綱」が「大東亜共栄圏」構想の基本となり、「大東亜戦争」を不可避にしたのだった。隣組と主婦との関係も、この「新体制運動」との関係、延《ひ》いてはまた、その柱の一本である「大政翼賛」運動との関係のなかでしか、考えられなかったのである。

隣組が主婦たちに与える可能性と、それを生かすために主婦が求められる努力をくりかえし強調しながら、市川房枝はその文章を次のように結んでいる。

家庭個人主義を廃して隣組共同主義へ

此度《このたび》の新体制に於いて、従来の個人主義、自由主義を清算して、国家全体を考へなくてはならぬ、公益優先でなくてはならぬと云はれてゐます。

婦人はどちらかと云へば個人主義ではなく、家の為、夫の為、子の為に、喜んで犠牲となつて来ました。然しこれは自分の家、自分の子供の為だけで、その為に木綿や砂糖の買溜めをし、他の家庭の困る事等《など》考へやうともしませんでした。

これを私は家庭個人主義と呼んで居《を》りますが、現在に於ては、この家庭個人主義も排撃されなくてはならないと思ひます。

婦人は自分の家庭と同時に、全国の家庭、全国の子供の事を考へる様にしなければいけないと思ひます。

それには先づ隣近所から初められなくてはならない——即ち隣組の中で生かし、実践して行かなければなりません。

よい隣組はそこから生れて来ます。

全国の主婦達が、家庭個人主義から隣組協《（ママ）》同主義へ転換すること、これは隣組にとつては、根本的の問題だと思ひます。

一八九三年五月に愛知県明地村（現在は一宮市）で生まれた市川房枝は、小学校教員、『名古屋新聞』記者などを経て一九一八年に上京し、キリスト教的博愛主義に立脚する労働者団体の「友愛会」に加盟して、労働者運動に携わった。『隣組読本』に書かれた文章は、戦時下の彼女が余儀なくされた転向の所産でもある。しかし、文章の端《はし》々に見られる暗示的な醒《さ》めた文言——「大政翼賛会其の他政府の方から上位下達……それを遵奉《じゅんぽう》し、皆で必ず実践しなければなりませんが」、「……を考へなくてはならぬ……でなくてはならぬと云はれてゐます」、「婦人はどちらかと云へば個人主義ではなく……の為に、喜んで犠牲となつて来ました」、など——にもかかわらず、彼女が隣組を女性の社会参加と社会的自立のきっかけとして生かそうとしていること、そのために主婦たちに向かって真剣に語りかけているということは、文章全体から伝わってくるだろう。

もちろん彼女はそれを書くことはできなかったが、隣組の活動を通して社会の現実との接点を持つようになる女性たちが、ただ「家の為、夫の為、子の為に、喜んで犠牲となつて」生きることに甘んじるのではなく、自分（たち）で自分（たち）の生き方について考えるようになり、さらには、上位下達で命じられる翼賛活動それ自体にさえ疑問をいだくようになることを、彼女は求めていたのかもしれない。

日本の敗戦ののち、四五年一一月三日に、市川房枝は「新日本婦人同盟」を結成してその会長となり、女性の選挙権を実現する運動を再開した。再開、というのは、かつて一九二〇年に、二七歳の彼女は同志たちと共にその運動を開始していたからである。だが、戦後の新たな活動も長続きしなかった。戦中の翼賛行為のために、占領軍の命令で公職追放となり、またも運動は中断された。五〇年に追放解除となって、すでに実現されていた女性の参政権を生かすために「理想選挙」を掲げた彼女は、五三年四月の第三回参議院議員選挙で、東京都から無所属で立候補して当選した。それ以後、途中で全国区に転じ、まだ現職だった八一年二月一一日に八八歳で他界するまで、参議院議員を続けることになる。

戦時中の市川房枝がどこまでそれを自覚していたかは別として、彼女が主婦たちに呼びかけたのは、危機的な現実のなかで唯々諾々とその現実に甘んじて生きるだけでなく、みずから進んでその現実に立ち向かっていく道を、しかも、共にその現実を生きる仲間たちと手をたずさえて見出そう、ということだった。与えられた現実のなかでその道を見出す主体性と自発性を、市川房枝は女性たちに求めた。――しかしむしろ、大政翼賛を推進しようとする国家社会の日常そのものが、その自発性を女性たちに求めていたのである。

大戦下の女性——強いられた自発性

米英に対する戦争が開始されてから一年半を経た一九四三年六月に、『戦ふ女性——女も働かねばならぬ』と題するB５判四五ページの冊子が出版された。冊子の扉ページには、黒地に白抜きの太字体で「この本を、お読みになつたら隣組や、お友だちに回覧して下さい。これからは雑誌でも、本でも、一冊を十人も百人もの人で読めるやうに、お互ひに工夫してゆきませう。」と印刷されている。著者は、そのころ軍人遺家族の若い母たちとその子どもたちを収容する母子寮を経営していた奥むめおだった。一八九五年一〇月生まれの彼女は、この冊子のなかで、銃後の女性の責務について以下のように書いていた(82)。

示された国策のレールの上を、踏みはづしなく歩むといふだけでは、まだまだ大政を翼賛し奉る生活をしてゐるとはいへないと思います。熱意もて国策を盛りあげて、国策の上を越して自発創成の生活へ。砂糖の配給が一人一日十二グラムといはれる時には、それ以下の十グラムででも家族の食生活を乏しからず明るく賄つてゆかうとする積極性を——今の砂糖の配給量を保証するだけでも国としては毎日××トンの船が一艘づつこれを運んで始終動いてゐなければならぬといひますから、これだけの船舶力を銃後のために使はないで戦争にぜひ必要なものを運ぶために廻さうとするのが私達の戦争生活です。町会から割当てられた債券が三十円であるとき、倍の六十円も三倍の九十円も買へるやうに日頃賢く

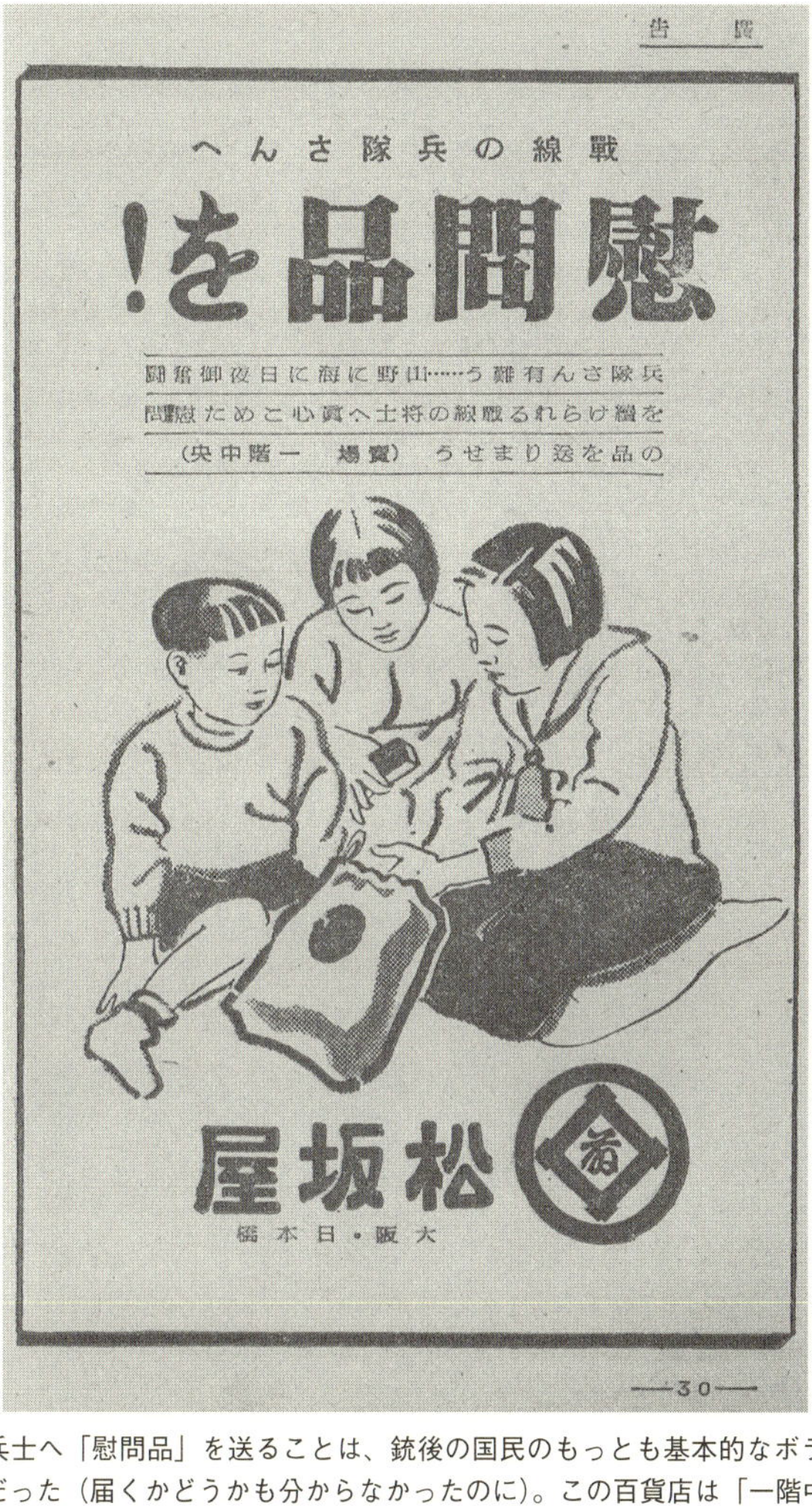

戦地の兵士へ「慰問品」を送ることは、銃後の国民のもっとも基本的なボランティア行為だった（届くかどうかも分からなかったのに）。この百貨店は「一階中央」に慰問品売り場を特設していた

『朝日年鑑』1943年版（42年10月30日発行）に掲載された百貨店の広告より。

工夫して働き出し、節約して貯めてゆく生活へ。

また戦地の兵隊さんと競争をするこころで、あれこれ切下げ生活の道を工夫して有合せで暮す必勝鉄の陣の生活へ家族総がかりに創意をはたらかせたいと思ひます。「強敵を討つには先手先手と出るにある」といはれますが私たちも、戦時生活に常に先手を打ち国から指図されるまでもなく智慧の限り決戦体制に切り替へることです。

ここで「債券」と言われているのは、政府が戦費を調達するために発行して国民に買わせていた「国債」のことである。敗戦によってまったくの紙屑となったこの債券のために、著者はこのように女性読者たちを叱咤激励したのだった。「砂糖の配給」に言及されているのは、生活必需品が配給制になっていたからだ。三九年一二月二五日、木炭《もくたん》（コンロや火鉢で使う炭《すみ》）の配給制が実施された。一定期間に一定量しか買えなくなったのである。ちなみに、その翌日の一二月二六日、植民地朝鮮の統治機構である朝鮮総督府は、「朝鮮人ノ氏名ニ関スル件」という法令を公布し、朝鮮人の姓名を日本名にする「創氏改名」を命じた。同じ月、百貨店は年末年始の贈答品の大売出しと配達を廃止した。その翌年、四〇年の四月二四日には、米・味噌・醤油・塩・燐寸《マッチ》・木炭・砂糖など一〇品目に「配給切符」制度の採用が決定された。各家庭に割り当てられる切符と引き換えにしか、品物が手に入らなくなったのである。しかも品物は大幅に不足し、早くから行列しなければ順番が来るまでに品切れになった。

配給切符制は、奥むめおのこの冊子が刊行された四三年六月には、衣料品にも適用されていた。前年の四二年一月二〇日、東条英機内閣の商工省（大臣は岸信介）が「繊維製品配給消費統制規則」という省令を公布し、二月一日から衣料の配給に点数切符制が実施されていたのだ。各家庭に配分される点数は、都市部では一年当たり一〇〇点、郡部では八〇点とされた。衣料の品目ごとに定められた点数に応じて、切符で購入するのである。たとえば、背広（男性用のスーツ）は五〇点、ワイシャツ（カッターシャツ）は一二点、手拭《てぬぐい》は三点だった。

この冊子の著者、奥むめお（梅尾）は、福井市の鍛冶屋の家で生まれ育ち、少女時代から女性の権利について強い関心を抱いていたという。当時の女性としては稀有な例外に属した大学進学の道を歩み、日本女子大学を卒業後、かつて女性解放運動グループ『青鞜《せいとう》』の中心メンバーだった平塚らいてう等と共に一九二〇年に「新婦人協会」を結成して、女性参政権運動を始めた。まだ男性の普通選挙権も実現していなかった時代である。じつは、このとき、彼女より二歳年上の市川房枝も、この運動の中心メンバーのひとりだった。だが、その翌年に市川房枝が渡米し、二四年に帰国して「国際労働機関」（ＩＬＯ）東京支局で働くようになったため、二人の道は分かれたのである。

奥むめおは、女性の自立と解放を目指す活動を続けた。一九三〇年一〇月には、本所区菊川町に「婦人セツルメント」を設立した。それは、同じ本所区の横川橋にある「東京帝大セツルメント」からは、総武本線の錦糸町駅を挟んで二キロほど南に隔たった場所、現在の地下鉄都営浅草線の菊川駅の近くに位置した。働く女性のための託児施設、和洋裁の講習会、社会問題講座などによって地域に根を下ろした彼女は、「町に一つ、村に一つ、婦人のセツルメントを！」というスローガンを掲げて、女性のセツルメントを各地に創設する活動を続けた。その結果、三三年には大阪に「働く婦人の家」が生まれ、それは東京、福井、名古屋にも設立された。――そして、戦争の時代となった。彼女は、これまでと同じ自主性と行動性を発揮しながら、「大政を翼賛し奉る」活動に全身全霊を打ち込んだのである。自分自身が自発性を発揮しただけでなく、生活必需品の配給切符によって象徴されるような日常のなかで、それに適応するための自発性を、彼女は銃後の女性たちに強要したのだった。

日本の敗戦がやってきたとき、若き日の彼女が平塚らいてうや市川房枝たちと共に実現を目指した女性の参政権が、ついに現実のものとなった。一九四七年四月二〇日に行なわれた第一回参議院議員選挙で、奥むめおは、その前月に中道政党の連合体として結成された国民協同党の候補として、全国区（定数＝一〇〇）で立候補し、上位の二八位で当選した。戦時下の活動によって、女性たちに広くその名前を知られていたからである。彼女は、そののち政党を離れて無所属となり、参議院の無所属議員グループである「緑風会」（のちの「二院クラブ」の前身のひとつ）の一員として、三期一八年間、参議院議員の任にあった。議員を続けながら、「主婦の店」を開設して消費者運動を推進し、東京千代田区六番町（四ッ谷駅近く）に現在も存在する「主婦会館」を設立するなど、戦前も戦中も戦後も、文字どおり第一線で創意を傾けて活動を持続した。彼女が歿したのは、一九九七年七月七日、満一〇一歳と九ヵ月の生涯だった。

奥むめおの『戦ふ女性』には、こういう一節もある、「一体、今日のやうな非常の時に、多くの婦人が、これといふ技術も持たず漫然と家庭に入り、漫然と国を守らうと自負してゐるのは思慮の浅いことと云はねばなりません。敵アメリカでは「婦人奉仕団」があつて、家庭の看護や、食物保存、家庭防火処置、発動機その他機械の修繕、灯火管制下の自動車の運転、軍用地図の読み方などの軍事的訓練をきびしくうけてゐるさうであります。隣組の如きが単位となつて、すべての婦人に戦時の訓練を受けしめ、指導的立場に立つ者には更に高度の訓練を与へて、それ〴〵の部署に配置して、一旦ことある場合直ちに国家有用の働き手になる準備を急ぐ必要が痛感せられます」。

奥むめおがここで危機感を抱きながら提言していることは、日本国家が戦争を遂行するうえで避けることのできない問題のひとつに触れるものだった。それは、「国民徴用令」や「国民勤労報国協力令」が女性にも適用され、男たちがますます多く戦場に送られなければならないときにあたって、銃後を守る女性たちが主体的にこの非常時に対処することができるか、という問題だった。明治維新と天皇制日本の建国以後、女性から主体性を奪いながら国家社会の形成を進めてきた結果として、「夫唱婦随」が美徳とされ、家庭の外に出て働く女性が「職業婦人」という敬称とも蔑称ともつかぬ名称で呼ばれ、「良妻賢母」が女性の理想型とされることが、社会常識となっていたのである。市川房枝は、そのような女性の社会的な自立の場として隣組に着目したのだった。奥むめおもまた、隣組に言及しているが、それはもっぱら、「国家有用の働き手になる準備」のためでしかない。

けれども、多くの体験者たちがのちに語ったように、銃後の女性たちは、このような危惧を杞憂に終わらせたのみか、日本の男たちがじつはいかにだらしない存在だったかを、明らかにして見せたのだった。大政翼賛のメガフォンとなったマス・メディアも、いつまでも女性を叱咤激励する必要はなかった。女性たちはすすんで自発性を発揮し、困難な役割を自由意志で引き受けた。立派に「国家有用の働き手」になったのである。それでもなお奥むめおは、女性たちの社会的自立とは何かを問うことなく、皇国に御奉公することを説くためのみに女性を叱咤激励するという自分の仕事をやめなかった。彼女がもちろん自発的に果たしたその仕事は、彼女自身が自分に与えたものではなく、彼女が選び取った役割だったからだ。

かつて彼女が女性参政権運動を推進し、「婦人セツルメント」を創設したとき、彼女を動かしていたのは、まぎれもない彼女の自由意志であり、自発性だった。もちろんさまざまな具体的差異はあるにせよ、その自発性は、関東大震災に直面した学生たちの救護活動や、それに続く彼らのセツルメントの運動を突き動かした主体性と共通している。その彼女が、戦時下の大政翼賛運動のなかで積極的な役割を果したときも、彼女の自発性と主体性がその原動力であったことは、疑いもない。

けれども、戦時下のその自発性と主体性は、いわば賛同者としての、参加者としてのそれだったのだ。自発的に立ち向かう活動の対象やテーマそのものを自分が決めるのではなく――言いかえれば、これこそが自分のなすべきことだと自分が感じ、自分を激しく突き動かすそのテーマに、たとえ世間から批判され嘲笑されようとも自由意志で立ち向かうのではなく――誰かによって、多くは為政者や特定の利害関係を持つものによって、あらかじめ設定され推奨されるテーマに、戦時下の奥むめおは自発的に賛同した。そして、そのテーマを成功させるために、自発的に、女性たちを叱咤激励する役割を果たし続けたのである。その役割は、もちろん、舞台設定者の定めたルールと限界を超えることはできなかった。

同じくボランティアの自発性にもとづくものであるとしても、ボランティア活動には異なる二つの次元があるということを、奥むめおの活動は物語っている。ここであらためて、「東京帝大セツルメント」の解散について、思い返してみよう。ボランティアたちが、なぜセツルメントの解散を決意したのか、ということである。彼らには、文部省当局の意向に沿って活動を続ける、という選択肢も残されていた。その活動のなかでも、彼らの自発性を発揮し生かす余地はあったはずである。この国家社会の現実のなかに彼らを待つ人びとがいる限り、彼ら自身も自発的な活動をやめなかっただろう。

——けれども、そのとき、その活動は、国策の舞台の上で踊る役割でしかないのである。少なからぬセツラーたちがそののち歩んだ道は、彼らのボランティア活動の原点が、そしてその後も生き続けた彼らの基本姿勢が、そのような演技のための自発性ではなかったことを、示しているだろう。

3　大陸の花嫁、特攻隊、愛路村——戦時下ボランティアの諸相

女性の自発性は海を越えて

大東亜戦争下の日々は、さまざまな分野で奨励され参加が求められるボランティア活動によって活性化され、自発的にそれぞれに応募し参加するボランティアたちによって支えられていた、といっても過言ではない。とりわけ、銃後を守る女性たちに託された役割は大きかった。性的マイノリティーのカムアウトなどまだ夢にも考えられなかったのみか、その存在さえほとんどの社会構成員が意識しなかった現実のなかで、「女性」であることに大きな意味が与えられたのが、その時代だった。

「大日本青少年団では大東亜戦争下軍人援護陣の完璧を期すべく新《あらた》にこれが指導要綱を次の如く設定、先づ二十六日から三日間にわたり芝区女子会館で全国道府県指導四十六名に対し同趣旨徹底の協議会を開催、これら軍人援護運動の尖兵たちが各府県において早速左の如き運動を展開、青少年の日常生活を通じて銃後推進力の充実をはかること、なつた」——対米英開戦から二ヵ月半余りのちの四二年二月二七日付夕刊(二六日発行)『朝日新聞』は、こう記して、四項目から成る「軍人援護」のための「指導要綱」を紹介している。「援護事業の範たるものは表彰する」、「錬成会、講演会、座談会等を開催」、「慰霊、表弔慰問、戦地慰問等の統制徹底を期す」という三項目に先立って第一の指導要綱とされているのは、「女子青年団員に対しては特に傷痍軍人との結婚を推奨する」という一項だった。この記事には、「〝戦傷勇士に嫁ぎませう〟/女子青少年団の新指導要綱決る」という三段抜き二行の見出しが付けられている。

「大日本青少年団」は、前年の一月一六日に、それまでの「大日本聯合青年団」、「大日本聯合女子青年団」、「大日本少年団」を統合して、単一の青少年団として組織された。独立の女子青年団組織が単一の大日本青少年団に編入されたのち、女子の運動もまたこのような形で方針が決定され、「青少年の日常生活を通じて銃後推進力の充実をはかる」運動のひとつとして実践されることになったのだった。そして、新体制運動の中核としてすでに四〇年一〇月一二日に発足していた「大政翼賛会」(総裁=首相・近衛文麿)の改組が四二年五月一五日に閣議決定されると、大日本青少年団も、すべての国民運動団体とともに、その大政翼賛会の傘下に置かれることになる。

「大日本青少年団」の構成員は、指導にあたる幹部団員が満二一歳から二五歳だったのを除き、満二〇歳以下の男女とされていた。しかし現実には、主として国民学校と青年学校の生徒たちが団員としてそこに組み込まれた。青年学校は、前述のように、国民学校初等科を終えたあとどの学校にも進学しない満一二歳から一九歳までの青少年に義務づけられた基礎的職業訓練学校である。「大日本青少年団ニ関スル件」(83)と題する四一年三月一四日付の文部省訓令(管轄下の官庁に対する命令)は、この団体の「組織ニ関スル事項」として、こう述べている、「大日本青少年団は、皇国青少年を錬成するを目的とするを以て、之が達成の為には、其の組織機構をして我が国青少年教育の根幹たる青年学校及《および》小学校と不離一体のものたらしめ、男女青年を通じて一貫したる訓練体制を樹立せざるべからず。是《これ》に於て本団は、文部大臣統括下に、地方長官(知事)を道府県青年団の団長とし、青年学校長及小学校長をして夫々《それぞれ》単位団の団長たらしめ、以て国の青少年教育方針の一元的貫徹を期せんとす」(カタカナをひらがなに改め、句読点とふりがなを補った)。

文部省が統括下に置き、小学校(国民学校)一年生から二〇歳の青年学校生徒までを構成員として、しかも学校を通じて加入を強制する団体が、「特に傷痍軍人との結婚を」「女子青年団員に対して」「推奨する」ことを、団員たちに対する「指導要領」の第一項目として決定し、その方針のもとに運動を展開することになったのである。結婚の仲立ちをする仲人、媒酌人というものは、存在した。その人たちのなかには、産めよ殖やせよの国策に沿うボランティア活動によって、新聞紙上で顕彰されたものもあった。だが文部省の統括団体である大日本青少年団は、自分たちの仲間の女子団員たちに、「戦傷勇士」のための結婚ボランティア、いや、花嫁ボランティアとして名乗り出ることを要求したのである。これは、戦場で重傷を負って帰還した兵士たちにとっても、はたして幸せなことだったのだろうか。
　この時代の女性が果たす役割、男たちが考えるその役割のひとつを、このニュースを報じた新聞記事のすぐ隣りに掲載されたもうひとつの記事もまた、報じている。

【バタアン戦線にて西田特派員二十五日発】「比島の再建の途次、戦傷された日本の勇士達のために」と、バタアン戦線オロンガポの○○病院へ、二十二日から美しいフイリッピン娘が甲斐々々しく看護の手伝を申出た。オロンガポが戦場と化した本年一月上旬から山中に逃込んでゐた彼女達も、すつかり戦前のオロンガポに更生したわが街の復興振りに感謝し「此れも皆日本の兵隊さんのおかげです」と自発的に戦傷兵の看護の手助けを申出たもので、便所に立てない兵隊さんや、食事の摂れない勇士達のため、足となり手となり、時には優しい妹となつて黙々と働いてゐる。なほ同地在住の日本人会副会長入江万平氏の令嬢美代枝さん（一八）をはじめ、土地の上流階級のお嬢さん達ばかり五名も出動してゐる。宮永部隊長（熊本県八代市）も「赤十字看護婦とまでは行かないが、彼女達の来援で精神的には相当の慰安になる」と大喜び。彼女達はオロンガポのナイチンゲールだと評判になつてゐる。

記事には、「戦傷勇士に比島娘の看護」という見出しが付されている。「比島」とは、その当時の日本でアメリカの植民地フィリピンを呼ぶ名称だった。日本軍は、真珠湾攻撃の翌々日、四一年一二月一〇日にフィリピンのルソン島に上陸し、四二年一月二日には首都マニラを占領していた。撤退したアメリカ軍とフィリピン軍はルソン島西部のバターン半島に立てこもり、日本軍は、占領したオロンガポなどに駐屯して総攻撃の準備を整えていたのである。この戦争を、欧米列強による植民地支配から大東亜を解放する聖戦として位置づけていた日本国家にとって、現地の住民が日本軍を解放者として迎えている、と読者が受け取るようなニュースは、何よりも歓迎すべきものだった。「美しいフイリツピン娘」たちのボランティア活動と、それに触発されたらしい「同地在住の日本人」社会の「土地の上流階級のお嬢さん達ばかり五名」の活動は、まさに大東亜の指導民族とそれを仰ぐ現地民との関係を、象徴していたのである。

海を越えてフィリピンに渡った日本兵たちは、そこで負傷して、自発的に名乗り出たフィリピンの若い女性たちから看護を受けることになった。だが、同じころ、日本人の若い女性たちが、自発的に名乗り出たボランティアとして、海を渡っていたのである。そして、そのボランティアたちへの熱いメッセージがくりかえし送られていたのである。――「戦傷勇士に嫁ぎませう」と「戦傷勇士に比島娘の看護」の記事より一年半ほど前に出版された一冊の本には、次のような一節を含む「序」が掲載されていた。

凡《およ》そ家庭を築くためにも、新しい農村を建設するにも、また偉大なる国家を創造するにも、じつに女性の役割は重大であり、同時に女性の協力なきところに理想は達せられない。顧《かへ》りみれば皇国日本《こうこくにほん》を今日《こんにち》あらしめたのも、実に強く正しい男性と共に、健気《けなげ》な貞淑な、そして明朗にして活動的な日本女性の大いなる協力があつたからである。

拓務省はすでに数万の開拓農民と、幾千の伴侶とを送出《おくりだ》してきた。しかし今後はさらに

〳〵わが農村女子の大陸発展を緊要とする。

百万戸《こ》五百万人の大計画に目覚めたる女性は、すでに彼《か》の地に於て孜々《しし》営々として新農村建設に協力しつゝある。そして、紅《あか》き血潮もて彩《いろど》られたる曠茫《こうぼう》千里の沃野《よくや》には、今やすく〳〵と新しい文化の草花が、馥郁《ふくいく》として咲き香つてゐるのだ。

優しい女性の姿、強い母性愛の豊かなるところ、開拓の戦士たちはどれほどか待ちあぐんでゐることか。

興亜の雄叫《をさけ》び旺《さか》んなる今日《こんにち》、清く明るく健康的な日本女性《にほんじょせい》が、本然《ほんぜん》の姿に蘇返《よみがへ》つて肥沃なる大地に深く根を下すことは、即ち祖国を安んじ、大陸を真に安定せしめ、東亜諸民族の融和提携を、より緊密に導く所以《ゆえん》である。

日本女性の目覚めるとゝ〔き〕が来た。良妻賢母型《がた》より出《い》でゝ、更に強く、さらに雄々しく起《た》ち上《あが》るときが来たのだ。

余は日本女性に愬《うった》へる。

――大日章旗の下《もと》、興亜再建の黎明の下、よろしく開拓国策の聖業に参ぜよ、と。――


三九年八月に刊行された『大陸開拓 土の花嫁』[84]にこの序文を寄せたのは、「満蒙開拓団」と呼ばれた満洲農業移民の所轄官庁でもある拓務省の拓務局長、安井誠一郎である。一八九一年四月生まれの安井は、東京帝大卒業後、内務官僚の道を歩み、一九三六年にこの職に就いていた。自分が呼びかけた女性たちのその後を見届けることもなく、翌年には新潟県知事となった。地方長官である知事は、高級内務官僚であり、勅令で任命される「勅任官」の地位にあった。敗戦

「育ちゆく家庭」——満蒙開拓団の一家族
暉峻義等『開拓科学生活図説』第三冊「日満露三民族の生活比較」（1943年７月、大阪屋号書店）より。

後、安井は、幣原内閣の厚生次官となり、引き続き東京都長官に任命された。そして、長官が公選制になって最初の四七年四月の選挙で、自由党と民主党（ともにのちの「自由民主党」の母体）の推薦を受けて当選し、五九年まで三期にわたって東京都知事となる。『土の花嫁』の彼の序文は、具体的に言えば、農業移民として満洲に生きる日本人男性たちのもとに行ってその妻となることを、女性たちに求めていたのである。

一九三二年から開始された満洲農業移民は、既述のとおり、当初は若い在郷軍人による武装移民だった。入植現地の民情安定につれて通常の農民が入植したが、それはまだ単身での移民だった。現地での見通しが立つようになると、そこに根を下ろ

「大陸の花嫁」の合同結婚式（宮城県南郷村）。多くは県知事の斡旋で「花嫁」志願者と満洲現地の「拓士」とのカップルが決まり、開拓団の出身地別に日本で「合同結婚式」（神式）が行なわれた——『土の花嫁』（註84）より。

すためにも、戦士ならぬ「拓士《たくし》」と呼ばれたその青年たちの妻となる女性が求められるようになる。三六年からは「分村移民」が始まり、家族ぐるみ、村ぐるみの移民が主力となった。しかしもう一方で、橋本傳左衛門、香坂昌康ら六名による「建白書」にもとづいて三八年度から「満蒙開拓青少年義勇軍」の送出が開始されると、数え年一六歳から一九歳で志願するこの青少年のために、数年後には大量の「花嫁」が大陸に渡らなければならなくなるのである。

「大陸の花嫁」と呼ばれたそれらの女性たちは、その重大な意義がくりかえし宣伝されるなかで全国から大々的に募集され、志願者たちは内地での訓練を受けたあと、満洲に渡った。「大陸の花嫁」として生きることを選んだのは、個々人によってさまざまな違いがあるにせよ、自分の行為に大きな意義を見出した女性たちの自発的な行為だった。国民学校高等科や青年学校の教員たちに勧められ説得されて「満蒙開拓青少年義勇軍」に応募した少年たちもまた、最終的には自由意志でその決断をしたのである。自発性と、環境による不可避性とのあいだの明確な一線は、ここには存在しない。いわゆる定職に恵まれ、生活の不安なく生きていけたとすれば、義勇軍の少年たちも花嫁たちも、自発的に海を渡っただろうか？

日本の敗戦がやってきたとき、現地にいてまだ軍隊に取られていなかった単身の青少年義勇軍の少年たちは、五人に一人が死亡または行方不明となった。戦える男たちがすべて現地で軍隊に取られて、女性と子どもと老人だけになっていた開拓団の主婦たちの少なからぬものたちは、逃げ場を失って集団自決するか、あるいは現地の中国人農民たちに助けられて生き延びた。助けられて中国人として育った開拓団の子どもたちが、「中国残留孤児」として戦後日本の前に姿を現わすのは、一九八〇年代になってからのことである。かつての「大陸の花嫁」たちもまた、「残留婦人」となっていた。(85)

「全員、眼を閉じよ」

「九軍神」たちの「特攻隊」を花形とする真珠湾攻撃によって開始された欧米列強との日本の戦争は、一九四五年夏、すべての「特攻隊」の潰滅《かいめつ》で終わった。

『小説日本銀行』（一九六三）、『落日燃ゆ』（一九七四）など、組織と人間の問題を描いた小説で知られる一九二七年八月生まれの作家、城山三郎に、『一歩の距離』という中篇小説がある。一九六八年三月号の雑誌『別冊文藝春秋』に発表され、その後すぐに文藝春秋から単行本として出版されたもので、のちに文春文庫と角川文庫にも収められた(86)。

——小説の舞台は、滋賀県大津市にある二ヵ所の海軍航空隊基地である。一方の「大津海軍航空隊基地」(略称＝大津空《くう》)は「大津海軍水上機基地」とも呼ばれ、琵琶湖岸に面していた。もう一ヵ所はそこから北西へ一キロほど隔たったところに位置し、「滋賀海軍航空隊基地」(滋賀空)と呼ばれていた。どちらも、海軍航空隊の練習生たちの訓練をする施設で、とりわけ湖に面したほうでは、水面で発着する水上機、車輪の代わりにサーフボードのような浮き舟を装着した水上偵察機が、実地訓練に使われるのである。いや、使われるはずだったのである。これらの基地で訓練を受けている「訓練生」は、正式には「海軍飛行予科練習生」、略して「予科練」と呼ばれる少年兵たちである。入隊はすべて志願制で、満一四歳から二〇歳まで、国民学校高等科卒業が志願資格だった。ここでしか実現できない輝かしい夢を彼らは追ってきた。颯爽たる「飛行機乗り」として敵戦闘機と空中戦を展開して相手を撃墜し、最後にはお国のために散華《さんげ》することを夢みて志願したのだった。

ところが、航空隊基地には、必要なだけの航空機がなかったのである。滋賀空にはわずかな数の水上偵察機があったが、それに乗って訓練する機会さえほとんどない。これでは、特攻隊として散ることもできないのだ。航空機に乗るためにだけ予科練を志願してきたのに……。希望が消え、心がくじけるなかで、紀律だけが厳しく要求される日々が続く。日本の敗色がますます濃いらしいことも、少年たちの絶望的な気持ちに輪をかける。陸戦隊へ転属される、という噂が、いまでは唯一の希望だった。南の島々で相次いで玉砕する海軍陸戦隊の噂が、ここまで届いていたのである。そんなある日、格納庫に集合せよという命令が下った。格納庫には、いつも教官として訓練にあたる下士官たちの姿はなく、士官たちがいた。大佐の階級章をつけた小柄な老人の航空隊司令が、指揮台の上に上がった。

「敬礼！」

数百の挙手に、司令は左から右へと顔を廻して、丁寧に答礼した。それも異様であった。別れを告げる気配を感ずることも出来た。

「新紀元を担う若鷲」──「紀元節」の新聞に登場した少年飛行兵（上）と予科練
『朝日新聞』1944年２月11日付より。

司令はそこで一息ついた。その呼びかけも亦《また》、異様である。

「諸君」

「国家の苦難の真只中に飛び込んで来た諸君に、司令は先ず敬意を払う。諸君ら入隊以来の訓練も亦、能《よ》く司令の期待に応《こた》えるものであった。すでにサイパンを失い、欧州でもパリは陥落、戦局が重大な局面に来ていることは、諸君承知のことである。

……祖国存亡の秋《とき》、諸君は頽勢《たいせい》挽回のため決死の覚悟で海軍に志してくれた。いまこそ、その諸君の志を活《い》かす秋が到来した」

少年のひとり、塩月の視線から描かれるこの場面は、このあと一挙に展開する、
司令は静かな口調で続けた。

「戦局を一変させるべく、帝国海軍では、この度、必死必中の兵器を動員することになった。それに伴って、その兵器への搭乗員を諸君たち練習生の中から募るよう要請があった」

格納庫の中は静まり返った。練習生も士官たちも、生きながら氷の像になったようであった。

「司令は、大義に殉じようとする者の志願を待つが、これは全く諸君たちの自発的意志に任せることである。但し、長男と一人息子の者は除外する」

司令はまたそこで息をついた。ついで、眼を閉じる。小柄な体が台から落ちそうな気がした。

塩月は大きく息をついた。胸の中がみるみる渇《かわ》いて行く。そうか、これだったのか。だから教員《〔ママ〕》は締め出されたのか。

司令は姿勢を立て直し、穏かに命令した。

「全員、眼を閉じよ。よく考えた上で、志願する者は一歩前に出るように」

それが、どれくらいの時間であったか。おそらく二、三分のことだろうが、塩月には無限に永い時間にも思えた。

必死必中の兵器とは何だ。特攻兵器、特殊潜航艇のようなものか。司令は航空機とは言わなかった。あんなにおれが乗りたがった航空機ではないことだけは、たしか。そして、死ぬことも、たしかなのだ。それでも行くべきか、行かなくてはならぬのか。

前に出る練習生の靴音が聞える。前で、左で、背後で、右で。二人、三人、五人……。靴音は脅迫的に響く。だが、まだ全員ではない。

出なければ、出なければ。死ぬために来たのに、何を躊《ため》らっているのか。

腋の下を冷たい汗が流れ続けた。手もぐっしょり汗を握った。

両親や兄弟のことを思った。飛行機にも乗らずに死ねるものか。おれが行かなくても、幾らでもその要員は集まる。逃げるんじゃない。おれは飽くまで空で死ぬんだ……。

苦しかった。頭が燃えて来る。そっと薄眼を開けた。その視野に、すぐ左から黒く大きく人影が出た。小手川であった。小手川が行くというのに。塩月の足がふるえた。

塩月は、ついに前へ出なかった。

沖縄へ発進する特攻機零戦――『朝日新聞』1945年4月20日付より。

敗戦から二年三ヵ月あまりが経った一九四七年一一月末に、『はるかなる山河に』という一冊の粗末な紙表紙の本が出版された。「東大戦没学生の手記」という副題を持つそれは、副題が示しているとおり、一九四三年一〇月二一日に始まる「学徒出陣」から敗戦までのあいだに戦死した東大生の手紙や日記を集めたものだった。「東京大学学生自治会戦没学生手記編集委員会」の編集によって「東大協同組合出版部」が刊行したこの本には、一枚の薄いチラシが挿み込まれていた。両面印刷のそれには、「「日本戦没学生の手記」の原稿募集」と題して、「満洲事変以来の帝国主義侵略戦争の犠牲となつた全国の学生（何れの大学高専たるとを問わず。又卒業後間もなき者）の入営直前及び入営後の手記書簡遺言詩歌断章。その原文又は写し。」という募集内容が記されている。締切は一九四八年一〇月末日とされていた。この企画によって四九年一〇月に同じ出版部から刊行されたのが、有名な『きけわだつみのこえ』だった。

それ以来、「特攻隊」といえば、「予科練」とともに学徒出陣の学生たちが思い描かれることが、一般的となった。だが、特権的身分だった大学生、およびそれに次ぐ高学歴の高等専門学校生と、「予科練」、つまり予科練習生との社会的な位置の違いは、ほとんど意識されてこなかったようだ。カッコいいというイメージが先行する「予科練」となった少年たちの多くは、前途にこれ以上の明るい見通しを抱くことができない社会的位置で生きていたのである。

城山三郎の小説に描かれた二つの航空隊で訓練を受けているのも、多くがそのような境遇の少年たちだった。彼らは、「満蒙開拓青少年義勇軍」を志願することによってしか生きられず、この選択を余儀なくされたことで国家によって使い棄てられた少年たちと、同じ境遇を生きていたのである。彼らは、自発的に一歩前へ出ることでしか、自分の存在意義を認められなかった。彼らにその自発性を促し、それどころか強要したものたちは、自発的にその責任をとることをしない。

学徒出陣のエリートたちもまた、自発性を使い棄てられた人びとであったことは、言うまでもないだろう。多くの体験者たちがのちに語っているように、学徒出陣兵たちもまた、所属部隊で特攻隊に志願するにあたって、「一歩の距離」の苦しみを強いられたのだった。これを強いたものたちは、それまで大学生に認められていた徴集延期が停止されて学徒出陣が始まる以前から、そのときのために、学生たちを叱咤激励して、自発的な行動を促してきたのである。

徴集延期停止が勅令によって実施される四三年一〇月二日より三ヵ月前に出版された『学徒出陣』という一冊の本の監修者、海軍報道部の高瀬五郎中佐は、「監修者として」と題した一文で、その激励を記している[87]。

> 六月七日帝国海軍航空部隊は戦闘機の大編隊をもつて、ソロモン群島ルッセル島の敵陣を襲ひ、敵機群と激烈な空戦を交へてその四十九機を撃墜するの戦果をあげた。その二日前〔……〕にも、同群島ショートランド島に来襲した敵機を邀激《ようげき》、二十機を撃墜、五機を撃破してゐる。
>
> 二日の空戦に於て敵機の撃墜が六十九機、撃破五機、この間我が方の損害は九機であるが、この戦果からして我らはまづ敵の戦意が如何に熾烈であるかを読取ることが出来る。中でも、七日ルッセル島上空における空戦に於ては、敵機群は進撃する帝国海軍航空部隊を邀激し、自軍の陣地の上空にて抵抗し、更に所期の目的を達して帰航せんとする我が方に追尾するの旺盛なる戦意を示した。その戦技に於て遥かに劣りながら、しかも敢へて我に格闘を挑むその戦意の熾烈なるは、敵ながら称讃してよいと思ふ。
>
> この戦意旺盛なる敵の大部分が学生なのである。彼らは祖国の勝利を信仰し、祖国の名誉を護るために挺身することに、無上の誇りを抱いてゐるのである。この米国学生の出陣振りを、敵アメリカは遂に学生まで狩り出したと嘲笑してはならぬ。アメリカの学生は自らを戦場に挺身し、祖国の勝利を確保しようと奮起してゐると見るべきである。否、捕虜となつた彼らの言に徴して、それは明白な事実なのである。

かくアメリカの学生は、祖国を護る勇士として軍に身を投じてゐるばかりでなく、近代戦における航空決戦の意義をよく理解して、先を争うて空軍に趨《はし》つてゐるのである。

このアメリカ学生の態度は、もつて他山の石となすべきである。勿論帝国の学生諸君が業成《ぎょうな》つて御召の日来らば、彼を圧倒して十分の帝国軍人となることは一点疑問の余地はない。私が諸君に希ふのは、諸君がその心事に於てもアメリカの学生を制圧して欲しいことである。

敵国アメリカの学生志願兵を引き合いに出して日本の学生の敵愾《てきがい》心を煽ろうとするこの職業軍人の文章が、学生たちの心をとらえたかどうかは疑わしい。けれども、ここには、これを書いた高瀬中佐と彼の属する機構とが、なぜこの一文を書かなければならなかったのかということが、ありありと示されている。彼らには、いまはまだ卒業まで徴集（入隊）が猶予されている大学、高専、師範学校、高等学校、中学校の学生たちを軍隊に徴集するだけでなく、軍隊で自発的な働きをさせること――学生たちの自発的な戦争参加が、ぜひとも必要だったのである。国家による束縛だけではなく、参加するものたちによる結束が、不可欠だったからだ。

戦争が聖戦であり、日本人には大きな使命と責任が託されている、という広く行なわれた宣伝も、参加者たちの自発性と仕事への意欲を奮い立たせるためだった。高瀬中佐は、卓越した組織者ではなかったので、アメリカの学生との競争心を煽るという稚拙な手口で、日本の学生を動かすことができると考えたのである。だが、学徒出陣が義務となったとき、高瀬中佐と彼の機構は、もはや稚拙な手口に頼ることなく、絶対的な強制力をもって、学生たち全員の眼を閉じさせ、自発的に一歩前に出るよう命じることができたのだ。

自分たちの暮らしは自分たちで守る

一九三九年七月に刊行された一冊の本の「国民勤労奉仕運動」と題する章に、次のような一節がある。

国民勤労奉仕運動は会運動の実践として国民をして集団勤労作業の体験を通じて団体的訓練を営《いとな》ましめ、心身を鍛錬して国民性を練成《ママ》すると共に、国家生産力の拡充に資するを目的とするものにして、国民訓練の上に重大なる意義を有するが故に、国家長期に亘《わた》る諸建設に即応し恒《つね》に本運動を之に相《あい》環聯《かんれん》せしめ新文化建設の物心一体の国民訓練として採用するの緊要なるを認め、本会は特に本運動を昂揚し国民総動員運動の枢軸《すうじく》として従来区々に岐《わか》れたる本運動を調整し拡大強化に努力しつゝある。

「会運動」、「本会」という表記が見られるので、戦時下日本の何らかの団体が「国民勤労奉仕運動」に力を入れているらしいことは、読み取れるだろう。だが、これは、戦時下日本の団体によって書かれたものではないのである。この一文を載せた『協和会の概貌』と題する一冊は、「康徳六年七月一日」に「新京大同大街」にある「満洲帝国協和会」が刊行したもので、「著作兼発行人」は「呂作新」となっている。(88) ここで述べられている「国民勤労奉仕運動」は、大日本帝国ではなく満洲帝国で行なわれている運動だったのだ。

この本の出版者である「満洲帝国協和会」は、一般に略して「協和会」と呼ばれていた。一九三一年九月一八日に始まる満洲事変ののち、三二年三月一日に日本の傀儡国家「満洲国」が「建国」されたが、二年後の三四年三月一日に皇帝愛新覚羅溥儀《あいしんかくらふぎ》の即位が行なわれ、その国名が「満洲帝国」となっていた。「協和会」は、すでにそれ以前、満洲国が歩み始めてから間もなく、三二年七月二五日に創立された国策団体だった。規約に当たる「章程」の第二条は「本会は政府と表裏一体となり、建国理想の達成、道義世界の創建を図るを以て目的とす」と規定していた。付則として定められた「工作方針」は、「国民中に核心的指導力を確立し是《〔これ〕》に依り民族相互間の軋轢、摩擦を根絶し、各民族をして各《〔おのおの〕》其の処《〔ところ〕》を得しめ以て其の福祉を増進し国民的融合を図る」と謳《うた》っている。すなわち、「五族協和」の「王道楽土」を実現するという国是を掲げた満洲国で、政府と表裏一体になって、指導民族たる日本人の指導のもとに諸民族の融和を図る、というのが、「協和会」の設立の目的だったのだ。そして、そのための活動の一環として、「国民勤労奉仕運動」を展開したのである。

日本で「国民勤労報国協力令」によって勤労奉仕が義務化されるのは、一九四一年一二月だった。満洲国の協和会によるこの運動は、すでにそれ以前から「国民勤労奉仕」を掲げたのである。それは、勅令で定められた日本の勤労奉仕のような義務制ではなかった。だが、のちの日本の大政翼賛運動と同様の挙国一致の運動が、多民族国家をみずから標榜する国家で展開され、国民たちは自発的にそれに参加することで、自分が「五族協和」を実践し、国政に賛同し、帝政を翼賛していることを、示さなければならなかった。しかも「勤労」や「奉仕」という日本独自の労働概念が、そのまま異民族の国家構成員を拘束することになったのだった。

あらためて言うまでもなく、傀儡国家「満洲帝国」におけるよりも、植民地朝鮮において、自発性の強要はいっそう明らかな痕跡を歴史に残している。ここでは、ひとつの例だけを挙げておこう。

日本政府は、一九二〇年代末の世界恐慌による不況以来、内地の炭鉱への朝鮮人労働者の移入には消極的だった。日本人炭鉱労働者の雇用安定を図るためと、朝鮮での農業振興、すなわち食糧増産に支障を来たすのを危惧してのことだった。釜山《プサン》と下関とを結ぶ関釜《かんぷ》連絡船に乗り込んだ特高警察が、日本人になりすまして密航する朝鮮人を見分けるために、眼を付けた船客に「十五円五十銭と言ってみろ！」と言ったという逸話は、この時期のものである。カ行とタ行の濁音が朝鮮人には苦手だ、とされていたからだった。ところが、支那事変の長期化と、対米英戦を視野に入れた「物資動員計画」によって、石炭の増産が喫緊の課題となったため、一九三九年七月二八日、内務・厚生両事務次官の「依命通牒」によって「朝鮮人炭礦労働者移入」が炭鉱経営者側に求められ、四〇年三月までに計二万七〇〇〇人余りの朝鮮人労働者が内地の炭鉱へ送り込まれることになる。このときの現地での募集は、「自由徴募」の形式を取った。つまり、自発的に応募するものを採用したのである。内地の炭鉱で働くことに応じるのは、まったくのボランティア行為だったのだ。

このとき移入された労働者の契約期間である二年間が終わるのと、対米英開戦とが、時期的に重なることになった。政府と炭鉱経営者側は、朝鮮人炭鉱労働者の大幅な増員で合意する。当面、日本人の炭鉱労働者は兵役徴集を免除されていたが、それでも戦争のためには石炭の大増産が必要だったのだ。四二年二月二〇日から実施されたのが、「鮮人内地移入斡旋要綱」にもとづく「官斡旋」、事実上の強制連行だった。これによって、日本の敗戦までに内地に拉致された朝鮮民衆は七〇万人以上に達することになる。「官斡旋」も、内地での労働期間を二年間としていた。しかし、その期間が終了すると、自発的に「願書」を書いて、この働き甲斐のある職場で引き続き働かせてほしいと期間延長を願い出ることが、強要された[89]。

国家によって舞台を設定されたボランティア活動は、その舞台を海外にまで広げたばかりでなく、自発的にその舞台に上ることが、日本人ではない人びとにまで求められたのだった。そのひとつに、「愛路村」の運動がある。

日露戦争に勝利した日本がロシア帝国から獲得した戦利品のひとつ、満洲における鉄道の経営権は、満洲国樹立ののちも、「南満洲鉄道株式会社」（略称＝満鉄）という日本の国策会社によって引き継がれた。ところが、その鉄道の経営は、ひとつの大きな困難に直面しなければならなかったのである。一九三四年に満鉄に入社した一社員は、戦後の回想記にこう記している、「満州建国当初は、共産匪《ひ》と称された政治抗日軍が17万人、一般匪賊が4万人合せて20万余のいわゆる馬賊が、全満各地に跳梁していたのである。昭和8、9年頃〔一九三三、四年ごろ＝引用者註〕になると大分減って7万人ぐらいといわれていたが、全満の鉄道は、しばしばその匪賊の襲撃に逢うという物騒な時代であった。／列車妨害をいくらかでも予防するため鉄道線路の両側５００米《メートル》には高粱《こうりゃん》、玉蜀黍《とうもろこし》などの高桿《こうかん》作物の作付けが禁止されていたが、何しろ鉄道の背后地は無限の広さであり、いつ何がそこから起こってくるか分らないという危険極まる治安状況であった」。

そこで構想されたのが、「鉄道自警村」というものだった。鉄道沿線の「鉄道付属地」と呼ばれる満鉄権限内の土地に、日本人農業移民の開拓団を入植させ、その住民たちに鉄道の警備を委ねるのである。「鉄道自警村《そん》」と呼ばれるその開拓団は、一戸当たり南満で一〇町歩から一五町歩、北満では三〇町歩の土地が一〇年間貸与され、一一年目に無償譲渡されることになっていた。これが、鉄道警備というボランティア活動の代償だったのである。こうして、一九三五年から鉄道自警村の入植が開始され、初年度は六ヵ村六六戸、翌三六年度は七ヵ村一〇八戸、第三次の三七年度は一〇ヵ村二〇六戸が入植した。三七年に支那事変が始まり、それに伴って鉄道付属地が満鉄から満洲国の管轄に移されたため、新たな入植は停止された。それまでに自警村は二三ヵ村、三八一戸、住民は一六二二人に達していた(90)。

支那事変が拡大し、中華民国の国内で日本が支配下に置く地域が増えると、支配地域の鉄道を接収して事実上それらを日本が経営する体制が取られるようになる。鉄道だけでなく、自動車(バス)運営道路、そして重要な交通路・交易路である水路も、日本の支配下に置かれた。こうして、これら三つの交通路を管轄経営する機関として、三九年四月一七日、北京に「華北交通株式会社」が設立される。――だが、この国策交通会社は、ただちに、満鉄と同じ難関に直面したのだった。鉄道路線に対する妨害・破壊工作がそれである。線路が爆破されるだけではなかった。それより被害が深刻だったのは、夜中のうちに全長何キロにもわたり、線路が枕木ごとすっかり裏返されている、という妨害だった。付近の住民たちの協力なしには考えられないことである。

華北交通と日本国家が対応策の手本としたのが、満鉄の「鉄道自警村」だった。ただし、ここではその具体的な方策はまったく異なっていた。日本人開拓団にそれをさせるのではなく、現地の中国人の村々を「××愛路村」と名付けて、自分たちの生活の大切な足であり血管である鉄道路線をみずから自発的に守ることを義務づけたのである。

　各村に、それぞれの活動分野を担当する組織を置いたほか、「愛路少年隊」、「愛路青年隊」、「愛路婦女隊」などを結成させ、「愛路運動の前衛分子」として活動させた。愛路行動は義務だったが、その行動内容は村民たちの自発性と創意工夫に委ねられた。抗日分子による愛路村への密かな潜入と、村民と結んだ破壊工作を妨げるため、村の周囲を鉄条網などで囲った村もあった。この愛路村が、一九六〇年代のアメリカ合州国によるヴェトナム侵略戦争のさい、ヴェトコン（ヴェトナム・コミュニスト、南ヴェトナム解放民族戦線）からヴェトナム住民を隔離する「戦略村」の手本となったのである。

　華北交通株式会社が四四年三月に刊行した『北支の愛路村』と題するB５判三六ページの冊子は、愛路村の中国人住民たちが自分たちの暮らしを自分たちで守るために発揮した自発性と、創意工夫を凝らして抗日分子による妨害と戦った彼らの姿を、いくつかのエピソードとして紹介している(91)。

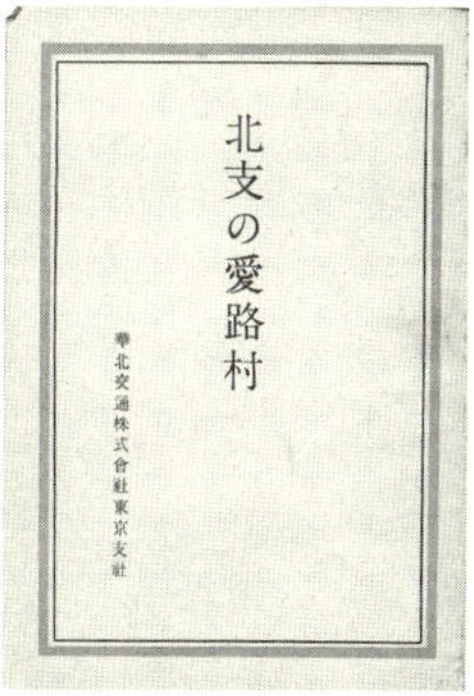

（その二）

　京漢線の石門にほど近い教場庄村に共産第八路軍の政治工作員と称する三名の男が潜入してきた。そして、村民たちにたいし、京漢線を走る列車を顚覆させるため、鉄道を破壊するから沢山の人手を出せといふ注文をした。これを耳にした葉温斌といふ当時十七歳の愛路少年隊員は、それに対する名案を示し、村民一同それを実行することゝなつた。

やがて共産軍に約束された日、村民の代表はそしらぬ顔で共産軍と会見し、その深更、いよいよ決行することを聞かされた。敵の計画によれば、○○号踏切に集つた上、鉄道線路の枕木とレールとを取りのぞき、付近の電信柱も残らず切り倒さうといふのである。

定められた午前零時、共産軍は現場に行つたが、村民の姿は一人も見えない。そのかはりに訪れたものは、突如たる猛烈な機銃弾であつた。勿論、それは村民の情報によつて用意された日本側警備隊の巧妙な奇襲である。敵は潰滅したことは勿論である。

しかし、これとは別に敵はほかの栄安村の方も襲ふ計画もたてゝゐたことがわかつた。これはやはり、葉少年の危険を顧みない行動から得られた尊い情報であつた。だが、それには予めの準備はなかつた。葉少年は、一刻も猶予ならずと、父の葉凌玉に話して二人で栄安村の安否や如何と、真暗い夜道をかけつけたのである。

ところが、闇のなかゝら十人ばかりの人影が動いて、「誰か」と誰何された。ぢつと様子をうかゞふと、まぎれもない共産軍である。呼吸をみはからひ、とつさの場合、父子は手を握りあつて西の方へかけだした。一瞬、敵は機先を制された形であつたが、「撃て、撃て」の号令もろとも、一斉にパンパンパンと撃ち出された。三、四十間《けん》走つたころ、父は敵弾に倒れてしまつた。父は苦しい息のなかゝら、「警備隊に報らせろ」と子供に促した。葉少年は、たぢろいだが、一時、父を見捨てゝ急報することに決心し、また、かけだした。なほも後からの銃声はやまなかつた。

この共産軍が日本警備隊の攻撃のために潰走したのは、それから数十分たつたころであつた。

現場の父は、もうまつたく虫の息であつた。

手厚い治療が施されたが、遂に父は死んでいつた。

葉少年は悲嘆にくれながらも、「父は正しい道に死んでいきました」と、けなげにも誰にいふともなく語つたのであった。

一九四五年八月一五日、天皇裕仁は正午のラジオ放送で、戦争終結を国民に向けて告げた。同日中に発行された各新聞でも、その「戦争終結へ聖断・大詔渙発す」というニュースは報じられた。そのなかで天皇は、「朕ハ帝国ト共ニ終始東亜ノ解放ニ協力セル諸盟邦ニ対シ遺憾ノ意ヲ表セサルヲ得ス」と述べている。五段抜きの新聞紙面で三二字×二六行、全八〇二字のこの大詔のうち、それは三七文字だった。

終章　迷路のなかのボランティア

1　世の中がボランティアを必要とする……

敗戦から四年を経た一九四九年八月三一日、「キティ台風」が関東地方を襲いました。その当時、占領軍という名を避けた日本政府によって「進駐軍」と呼ばれていた米軍の意向を受けて、日本を襲う台風にはアメリカ女性の名前が付けられていたのです。キティ台風は、一三七人の死者と都内だけで一〇万戸の浸水家屋を残して去った――というのが歴史年表などの一般的な記録ですが、じつはもうひとつ、この台風が残していったものがありました。この災害で被害を受けた人びとを支援し、傷病者の治療や伝染病防止のために自発的な活動を開始した学生たち、とりわけ医学生たちのグループでした。そして、彼らのなかから、戦前の「東京帝大セツルメント」を受け継ぐような新しいセツルメント運動が生まれたのです。

東京大学医学部の学生たちの亀有《かめあり》診療所がその初期を代表するもののひとつでしたが、ほとんど同時的に、しかも東大生の枠を越えて、多くの大学に設立されたセツルメント部の学生グループによって、川崎、古市場、氷川下、菊坂など、東京都区内とその近郊に、セツルメントが開設されました。敗戦後の混乱のなかで、戦争によって生活の基盤を奪われた人びとや、社会の底辺でますます困窮を強いられている人びと、そして、いったん国によって植民地や傀儡国家に棄てられた末に、敗戦によって逃げ帰らなければならなかった「引揚者《ひきあげしゃ》」と呼ばれる人びとを支援することが、セツルメント運動の主要な課題でした。

そのころの状況は、『帰らざる夏』、『宣告』、『湿原』などの小説や、『死刑囚と無期囚の心理』などの精神科医としての仕事で知られる一九二九年四月生まれの加賀乙彦（小木貞孝）の自伝的大河小説『雲の都』の第一部、『広場』（二〇〇二年一〇月）に生きいきと描かれています(92)。主人公の医学生・惣太《そうた》が参加しているセツルメントは、東京葛飾区亀有の引揚者寮に診療所を開設しているのですが、その引揚者寮で、セツルメント追い出しの運動が起こります。日本の敗戦で命からがら海外から逃げ帰って、住む家がないまま引揚者寮で暮らしている引揚者のなかには、満洲を脱出するさいソ連兵から受けた無惨な暴行がトラウマとなっている人たちが、少なくなかったのです。あいつらは「共産党」だというので、セツルメントが憎悪の的になったのでした。――やがて全国組織を持つようになる学生セツルメントの運動は、一部の高校をも巻き込んで、一九六〇年代前半ごろまではごく日常的な存在でした。

しかし、「高度成長期」と呼ばれる一時代が来て、社会や政治の現実に向けられる私たちの感性が鈍磨するのと軌を一にしながら、それらはいつのまにか私たちの視野から消えていきました。けれどもそれは、この国家社会からボランティアたちが姿を消したということでは、もちろんありません。ボランティア活動は、多様性と広がりをもって、社会のあらゆる領域に浸透していったのです。それどころか、戦時下の日本国家も及びもつかない世界のさまざまな地域まで、私たち自身の隣人であるボランティアたちの活動は到達しています。「青年海外協力隊」、「シニア海外ボランティア」などは、電車の吊り下げポスターでもしばしば目にしたその一例です。

阪神淡路大震災の直後に刊行された『ボランティア白書'96－'97』は、「自分を変える、社会が変わる」をその号のテーマとし、それを今後の目標として提起していました。それからちょうど一〇年後の二〇〇七年号は、テーマを「社会を変える営みの価値」として、社会の経済的な仕組みや活動の資金などとの関連でボランティア活動の経済的価値を検討していますが、ここではすでに、ボランティア活動が社会を変えるものであることは自明の前提となっています。ボランティア活動を行なう主体である人間たち自身ではなく、その活動によって恩恵を受ける側や、さらにはボランティアたちが平素携わっている職業の雇い主たちにも、ボランティア活動によって「社会が変わる」という側面は、自明のこととして受け取られ、その認識が共有されているようです。それを物語る痕跡を、もう一度だけ、辞書『広辞苑』でたどっておきましょう。

本書の序章では、この辞書の「ボランティア」という見出し語の意味がどう説明されているかを、一九九一年一一月刊行の第四版までたどりました。その第四版では、ボランティアとは、「①志願者。篤志家。奉仕者。②自ら進んで社会事業などに参加する人。」となっていたのでした。ところが、それから七年後の九八年一一月に刊行された第五版では、こうなります、「(義勇兵の意) 志願者。奉仕家。自ら進んで社会事業などに無償で参加する人。「――活動」」。もうひとつの基本的意味である「義勇兵」は、八三年の第三版から消えていたのですが、これが復活しました。そして、旧版の「自ら進んで社会事業などに参加する人」に、「無償で」という限定が付されたのです。併せて、「ボランティア活動」という熟語が一般的になったことも、ここからわかります。

二〇〇八年一月刊行の第六版でも、語意の説明はそのまま第五版を継承しています。ただ、そのあとに、「――きゅうか〔――休暇〕」という熟語が挙げられ、「企業が社員のボランティア活動のために認める休職・休暇」という説明がされています。社会を変えるボランティア活動の価値が認知され、本来の雇用主にも譲歩を強いたことが、ここからうかがえるでしょう。そして、これまでのもっとも新しい版である二〇一八年一月刊の第七版では、以前の版の説明に、もうひとつの新しい意味が追加されました。「自ら進んで社会事業などに無償で参加する人。」のあとに、「また、その無償の社会活動。」という一節が加えられたのです。

しかし、考えてみれば、これは驚くべきことではないでしょうか。この語意説明によれば、「ボランティア」という語が同時に「ボランティア活動」を意味するようになったわけです。これは、「ボクサー」がボクシングの試合をも意味し、「ピアニスト」がピアノ演奏の意味でもある、というのと同じです。ところが、現実にそういう意味で「ボランティア」が使われる事実と出会った経験は、私自身にもあります。それを行なう主体と、その主体によってなされる行為とが、まったく同じ言葉で言い表わされる例を、私はこれ以外には「泥坊《どろぼう》」しか知りません。

ボランティアとボランティア活動が過去十数年の間にたどってきた道や、いままさにたどりつつある道については、海外での活動も含めて、あらためて私の口から語るよりは、みなさんの視線と感覚で察知していただくほうが、ずっと正確であるに違いないでしょう。残されたページと時間を、前へ進むより後ろを振り返りながら、いくつかの事実について記しておきたいと思います。

一九六一年一二月二九日に、東京文京区本郷の東京大学構内で、「穂積・末弘両先生を偲ぶ会」が行なわれました。関東大震災直後の「学生救護団」の活動と、そのあとの「東京帝大セツルメント」の創設と運営に深く関わった末弘嚴太郎、穂積重遠の両人は、一〇年前の一九五一年七月に相次いで不帰の人となっていたのです。満六二歳と六八歳でした。この催しは、そのころ全国的な学生セツルメント運動の一翼を担っていた「東大セツルメント」の法律相談部の主催で行なわれました。昼の部の記念講演会に続く夜の部の集まりでは、戦時下を生き抜いたオールド・セツラーたちを中心とする人びとが、両氏とセツルメントの思い出を語り合いました。そのなかで、かつてセツルメント児童部でボランティアとして唱歌指導を受け持った声楽家の関鑑子が、こういう思い出を語ったのです――

当時の私にとって本所のセツルメントへゆくという事は、色々本当に興味多いことでした。子供に歌を教えるのは私の専門の仕事ですから勿論真面目に熱心に致しましたが、ここへピアノを寄付しようと思って小さい袋を作り、大勢の女学生や友達にさそいかけ、お金を集めて到々ピアノを買うことが出来ました。そのピアノ開き――弾きぞめの為に友達を集めてセツルメントで音楽会を致しました。こういう事は集まっている御子さん達以上に私にとって本統に気持のいい喜びでした。毎週二人の青年は必らず私の家まで迎えにきて又送って下さるので母も安心しておりました。この様なのどかな快い事はきっと穂積先生のお人柄の影響ではなかろうかとおもいます。先生と末弘先生はまだお若く見えましたが学生達の間に交られると落ちついておだやかで貫禄があり頼母しいかぎりでした。大きい「おはち」から御飯をよそって山もりのおこうこで何のおかずか忘れましたがみんなで会食した雰囲気のあたたかさを今でも思い出します。多分皆秀才ぞろいだったのでしょう。何を話していたのでしょうか、内容はあまり覚えていません。このような月日がたつうちに、ふとある学生が私を驚かせました。それは「関さんの今している事は慈善事業だ。慈善事業なんてはてしもないことだ。なぜ慈善が必要な世の中なのだと考えるのが本統だ」という意味でした。これはいいお天気の日の雷みたいなものでした。私はそれから注意して、自分のしている事が慈善か、慈善とか《〔は〕》何か、貧民とは何か、色々の本をさがしたり、安心してきかれる人を問いつめたりしました。

そのうちいつとはなし学生も入れかわり、穂積先生のお姿も次第に見えなくなり、何となく以前のおちつきとはちがった空気に感じられるようになりました。世の中も変ったのでしょう。少し厳しくあわただしいようにもあり、生き生きしているようでもあり、私自身も身辺に変りがあってあまり本所にゆかないようになりました。いつも小さい電車にゴトゴトゆられていったものですが、その時分の電車は空いていて、いつか私の前に日本髪の女の人が腰かけにチョコンとのり窓の方をむいて座りました。その足のうらの白くきれいだった事……いつもセツルメントと一しょに思いだすことでございます[93]。

遠い遥かな日のひとりの学生の言葉を、関鑑子は、彼女が歩んだ道の辻々で思い起こし、反芻してきたのでしょうか。若い日の彼女を青天の霹靂のように打ったその言葉は、ボランティアたちに対していまでも向けられるような、ある意味で在り来たりの批判のひとつです。しかし、私は、彼女がこれを六三歳になってもなお、あの電車のなかの日本髪の女性の白い足裏とともにくりかえし思い起こしていたことに、深い共感を憶えます。

誠実なボランティアだった彼女がセツラーの学生の言葉によって生涯いだき続けたのは、ボランティアを必要とする世の中とは何なのだろうか、という問いだったのでしょう。

2　ボランティアの歴史と現実

のちに第一次世界大戦と呼ばれる欧洲大戦さなかの一九一六年一一月、日本政府の文部省は、『列強の少年義勇団』という研究資料を出版して、所轄の各学校に配布しました。A５版で四〇五ページに達するその大部の資料には、「時局に関する教育資料特別輯　第一」という肩書が付されています。(94)「時局」というのは、字義どおりには「ある時代のありさま」のことですが、日本政府はこの言葉をつねに「危機的な時代」、「国家の非常時」という意味を込めて使ってきました。その本の内容は、英国を中心にして、米仏独露伊の合計六ヵ国における「少年義勇団」の現状と、それぞれの国が少年義勇団に与えている意味付けについての、調査報告と分析から成っています。

ここで「少年義勇団」と呼ばれているのは、現在の私たちであれば「ボランティア」という外来語をそのまま日本語化して、「少年ボランティア団体」と名付けるような活動団体です。少女たちの団体も調査対象に含まれています。「義勇兵」を思わせる「義勇」という語を用いており、しかも大戦のさなかに刊行されたこともあって、「少年義勇団」は私たちの目を驚かせるかもしれませんが、それが〈Boy Scouts〉の訳語であることが、最初に明らかにされています。つまりこの一冊は、文部省による「ボーイ・スカウト」研究の成果をまとめたものだったのです。

けれども、だから注目する必要はない、ということにはなりません。まず第一に、日本の文部省がすでにこの時点で少年少女の社会活動に関心を向けていた、という事実は、やはり重要でしょう。いわゆる上からの教育だけではなく、学校以外での少年少女たちの自発的な団体行動に、当時の文部省も注目していたのです。

しかも、第二に、文部省のその注目は、ボーイ・スカウトが行なっている社会貢献のボランティア活動に主要な関心を集中するものでした。そしてそのさい、少年少女の活動に「義勇奉公」という訳語が使われているのです。これこそは「ボランティア活動」に文部省が与えた最初の日本語訳なのです。

さらに第三に、研究対象となったその「義勇奉公」の大きな部分を、戦時中の軍隊に対する補助的な役割――各地の住民への布告、通信、傷病者の救護、伝令、偵察など――が占めていることに、文部省は強い関心を示します。

そして第四に、少年義勇団の「道徳的理想」について分析する章には、こういう一文が含まれているのです、「英国人は強き個人主義を有しながら実際の国務又は一般社会上の問題に就いて一致協力することあるは全く其《その》妥協的精神にあるものとして彼等の常に誇とする所であるが、近来は〔……〕妥協的精神以上に義勇奉公の精神を養ふことが国家の発展統一に於て最大の急務と唱へらる、様になつた」。

日本の文部省がすでに百年以上も昔から少年少女のボランティア活動に関心を抱いていたのは、「ボランティア精神を養うことが、国家の発展統一において最大の急務」だと考えていたからでした。賛成するか反対するかは別として、ボランティアについて考えるとき、「国」がこういう考えを久しく持ち続けてきたということは、ひとつの重要な事実です。そして、国家がボランティア活動を奨励し、その活動のための場を設定するのは、この事実と無関係ではないということも、これまでに見てきた多くの実例が示しているとおりです。

そうした歴史の脈絡のなかで見るとき、二〇〇八年三月の文部科学省「新学習指導要領」における「体験活動」に関する記載に目を向けざるを得ないでしょう。学習指導要領は、小学校と中学校について「道徳」の章で「集団宿泊活動やボランティア活動」（小学校）、「職場体験活動やボランティア活動」（中学校）に言及するとともに、小・中・高校のいずれについても、「特別活動」の章で、「勤労生産・奉仕的行事」の項目を設けて、それぞれ次のような指針を示しているのです。

――「勤労の尊さや生産の喜びを体得するとともに、ボランティア活動などの社会奉仕の精神を養う体験が得られるような活動を行うこと」（小学校）。「勤労の尊さや創造することの喜びを体得し、職場体験などの職業や進路にかかわる啓発的な体験が得られるようにするとともに、共に助け合って生きることの喜びを体得し、ボランティア活動などの社会奉仕の精神を養う体験が得られるような活動を行うこと」（中学校）。「勤労の尊さや創造することの喜びを体得し、就業体験などの職業観の形成や進路の選択決定などに資する体験が得られるようにするとともに、共に助け合って生きることの喜びを体得し、ボランティア活動などの社会奉仕の精神を養う体験が得られるような活動を行うこと」（高等学校）。

これらを読むとき、個々の用語までもが、私たちがすでに見てきた歴史上の過去との類似性、あるいは近さを、感じさせずにはいません。

しかし、ボランティア活動を奨励する側の考えや意図が、ボランティアの側に意識され、あるいは関心を呼ぶことがあったのでしょうか？——このこととの関連で、序章で示しながらそれについての検討を残したままになっている資料に、立ち戻りたいと思います。「年間のボランティア活動時間」を示す**資料①**（一一ページ）です。

その資料によれば、二〇一六年に日本全国でなされたすべてのボランティア活動の活動時間は、総務省統計局の調査で時間数が示されていない「その他」の活動分野を除くと、総計で一八億九二四四万一六〇〇時間でした。同じ二〇一六年の最低賃金は、厚生労働省のホームページによれば、全国平均で一時間当たり八二三円、もっとも高い東京都では九三二円でした。もしも、ボランティア活動によってなされたすべての仕事に正規の賃金・報酬が支払われていたとすれば、その金額はそれぞれ次のようになります。

全国平均の場合　一兆五五七四億七九四〇万円

東京都の場合　一兆七六三七億五五六〇万円

総務省統計局のデータでは時間数が示されていない「その他」を他の諸分野の数値によって案分比例すれば、すべての分野での活動時間の一年間の総計は、二〇億八一六八万五七〇〇時間になりますから、支払われる金額の総計は、次のようになります。

全国平均の場合　一兆七一三二億二七三〇万円
東京都の場合　一兆九四〇一億三一一〇万円

これらのうち、たとえばもっとも金額の少ない報酬総額を例にとって計算しても、年間五〇〇万円の給料を三一万一五〇〇人に支給することができるのです。その人に連れ合いと二人の子どもがいるとしたら、合わせて一二四万六〇〇〇人が、その金額で生きていけるのです。これは日本国の人口の一〇〇人に一人に相当する大変な人数です。

これは正当なことなのだろうか？――という疑問が浮かんでも当然ではないだろうか、と考える人がいるのではないでしょうか。支払われない二兆円近い金額は、どこへ行ったのでしょうか？　自発的なボランティア活動で充実感を実感し、間違いなく社会貢献を果たしたボランティアには、それを問う責任はないのでしょうか？

悲しいことに、人間には自分が生きている瞬間を見ることはできません。瞬間には時間的な長さがないので、物理学的に考えても見ることができないわけですが、それは別としても、私たちにとって、自分がその真っ只中で生きているいまのこの現実を見ることは、たとえ不可能ではないにせよ、きわめて困難です。とりわけ、無我夢中で一生懸命に何かに打ちこんでいるときには、周囲の現実は目に入りません。しかも、自分は間違ったことをしていない、自分は正しい有意義な仕事をしているのだ、と無意識にであれ意識的にであれ確信しながら何かに没頭するとき、私たちには現実が見えなくなります。

そうでなければ、現地の人びとが生きる村を「愛路村」にして、自分たちの奪った鉄道をその村人たちが自発的に防衛することを強要し、それどころか、そのために父を失ったひとりの少年に「父は正しい道に死んでいきました」と、けなげにも誰にいうともなく語らせる——などということが、しかもそれを恥ずかしげもなく本に書いて後世に遺《のこ》すなどということが、どうしてできるでしょうか。正しいことをしているのだという感動的な思いが現実を見えなくさせる実例は、ドイツの「帝国労働奉仕」に従事する若者たちや、「国民勤労報国協力令」による「学校報国隊」の日本人生徒たちによっても、私たちに数多く遺されています。

そうした多くの先例を見てきたいま、さしあたりあと二つのことを考えて、ボランティアの歴史をめぐる長い旅をひとまず終えたいと思います。

ひとつは、私たちが一生懸命に生き、無我夢中で行動するとき、私たちには周囲の現実が見えなくなるとしても、しかし私たちは、みずから進んで行動することによってしか、現実と関わり、現実を変えることはできない——ということです。

もうひとつは、その私たちの行動にとって、ボランティアの歴史をめぐる私たちのこの長い旅が、いったいどんな意味を持つのか——ということです。

「歴史はくりかえす」という有名な格言があります。これに対しては、「歴史がくりかえすなどということは、じっさいには起こり得ない。科学的に明らかなように、二度と同一の条件が与えられることはないからだ」という反論がなされてきました。たしかに、歴史上かつて起こったことと寸分たがわぬ出来事がまた起こることなどあり得ない、ということは、科学に縁遠い私でも、納得できそうです。米国大統領がいかにヒトラーを思い起こさせても、彼はヒトラーではなく、ヒトラーと同じことなど、いくらしようとしても、いまの世の中でできるはずはないからです。

けれども、敵や好ましくない人間たちの進入を阻止するために国境の手前に高い壁を築くという、なんとも滑稽な米国大統領の対応策は、かつてヒトラーが実行したことでした。ヒトラーは、フランスとの国境の手前に「西部防御壁《ヴェストヴァル》」という名の全長六三〇キロに及ぶ鉄筋コンクリートの高い壁を築き、その工事のために何十万人もの「帝国労働奉仕」の青年たちを動員しました。歴史がくりかえす例を外国に取るまでもありません。敵の侵略を阻止し平和を維持するために沖縄の人びとを犠牲にしたのは、大東亜戦争下の日本政府でしたが、いまその歴史はくりかえされています。

これまでに見てきたボランティアの歴史もまた、同一ではなくとも同様で同質の歴史がくりかえし起こることを示しています。何よりも、為政者たちが、過去の歴史に学んでいるからです。同じ歴史はくりかえさないのではなく、歴史をくりかえさせないのは、私たちの行動でしかないでしょう。その行動は、それが熱意に満ち無我夢中であればあるほど、いま自分がそれをしていることの意味と、自分にそれをさせる現在の現実とを、私たちの目から覆い隠すかもしれません。しかし私たちは、過去の歴史を思い起こし、そしてその記憶を、いま共に働く隣人と共有することはできるのです。

註

＊註番号は通し番号、〔　〕内は本文のページ数を示す。

（1）〔序10〕出典＝「二〇一六年社会生活基本調査」（総務省統計局）より「生活行動に関する結果」。
http://www.stat.go.jp/deta/shakai/2016/kekka.html

（2）〔序15〕『広辞苑』と『現代用語の基礎知識』のうち、本文中で言及した版は以下のとおり。
①『広辞苑』（岩波書店）＝第一版（一九五五年五月）、第二版第一刷（一九六九年五月）、第二版第八刷（一九七四年九月）、第二版補訂版（一九七六年一二月）、第二版補訂版第五刷（一九八〇年九月）、第三版（一九八三年一二月）、第四版（一九九一年一一月）。
②『現代用語の基礎知識』（自由国民社）＝一九六二年増補版（一九六二年六月）、一九六七年版（一九六七年一月）、一九六九年版（一九六九年一月）。

（3）〔Ⅰ21〕阪神・淡路大震災の概要と被害状況については、主として以下の資料を参照した。
①総務省消防庁「阪神・淡路大震災について（確定報）」（二〇〇六年五月一九日）。
http://www.fdma.go.jp/bn/1995/detail/941.html
②神戸新聞社「神戸新聞ＮＥＸＴ　連載特集〈阪神・淡路大震災〉」。
http://www.kobenp.co.jp/rentoku/sinsai/graph/p1.shtml

（4）〔Ⅰ23〕『ボランティア白書'96－'97』（一九九七年三月、社団法人日本青年奉仕協会）。前号である『ボランティア白書１９９５』（一九九五年三月）は、その編集途中で阪神・淡路大震災が発生したため、震災と関わるボランティア活動については誌面に反映されておらず、この'96－'97年号が事実上、震災後の最初の号だった。

（5）〔Ⅰ24〕東日本大震災の被害状況については、下記を参照した。
消防庁災害対策本部「二〇一一年東北地方太平洋沖地震（東日本大震災）について（第一五七報）」（二〇一八年三月七日一四時〇〇分）。

http://www.fdma.go.jp/bn/higaihou_new.html

（6）〔Ⅰ25〕「広がれボランティアの輪」連絡会議編『ボランティア白書２０１４』（二〇一四年七月、筒井書房）。

なお、東日本大震災の直前に刊行された左記の文献は、戦後日本におけるボランティア活動を検証しながら五五〇ページ（註を含めて）にわたってボランティア論の構築を試みる意欲的な作業である。

仁平典宏『「ボランティア」の誕生と終焉――〈贈与のパラドックス〉の知識社会学』（二〇一一年二月二八日、名古屋大学出版会）。

（7）〔Ⅰ26〕内閣府防災情報のページ「災害教訓の継承に関する専門調査会報告書　一九二三関東大震災」（二〇〇六年七月）。

http://www.bousai.go.jp/kyoiku/kyokun/kyoukunnokeishou/rep/1923_kanto_daishinsai/index.html

（8）〔Ⅰ27〕引用は、『官報』号外第六号（一九二三年九月七日、印刷局）による。引用にあたって、勅令原文のカタカナ表記をひらがなに改め、原文にはない濁点とふりがなを補ったが、旧仮名遣《カナづか》いは敢えてそのままとした。ただし、補ったふりがなは、読みやすさを考慮して新仮名遣いに改めた。

（9）〔Ⅰ27〕引用は、『勅語勅諭集』（一九三九年七月、七八版＝四二年八月、巧人社）による。なお、引用にあたっては、他の資料と同様、旧仮名遣《かなづか》いはそのままにしたが、ふりがなについては新仮名遣いに改めた。

（10）〔Ⅰ32〕同前。

（11）〔Ⅰ33〕「大正デモクラシー」についての参考文献は少なくないが、とくに大久保利謙・青地晨・神島二郎ほか『大正デモクラシー』（『日本歴史シリーズ』20、一九六八年七月、世界文化社）を推奨したい。写真・図版も豊富で、その時代についての解説文は総じて平明かつ的確であり、現在でもなお傑出した一巻である。図書館や古書店で見つかれば、一読あるいは愛蔵の価値がある。

（12）〔Ⅰ40〕石島治志「セツルメント懐古」、福島正夫ほか編『回想の東京帝大セツルメント』（一九八四年六月、日本評論社）所収。なお、石島治志は、旧姓が内村だった。また、「治志」を「なおし」と読んでいる資料もあるが、次註13-⑤に従って本書では「はるし」を採った。

（13）〔Ⅰ41〕学生たちの罹災者救援活動とその後の展開については、主として下記の文献によっている。

①『東京帝国大学セツルメント十二年史』（一九三七年二月、東京帝国大学セツルメント発行）。これの復刻版が、「日本子ども歴史叢書29」として、宍戸健夫の解説を付して刊行されている（一九九八年四月、久山社）。
② 福島正夫ほか編『回想の東京帝大セツルメント』（一九八四年六月、日本評論社）。
③ 滋賀秀俊編『東京帝大柳島セツルメント医療部史——医学生の戦前社会運動黎明期の記録』（一九七九年六月、新日本医学出版社）。
④ 福島正夫／川島武宜編『穂積・末弘両先生とセツルメント』（一九六三年四月、東京大学セツルメント法律相談部）。
⑤ 宮田親平『だれが風を見たでしょう——ボランティアの原点・東大セツルメント物語』（一九九五年六月、文藝春秋）。

（14）〔I 41〕末弘嚴太郎「帝大学生救護団の活動に就いて」、『改造』一九二〇年「大震災号」（同年九月二〇日印刷納本・一〇月一日発行、改造社）所載。なお、この文章の主要部分は、『東京帝国大学セツルメント　十二年史』（註13－②）の「帝大セツルメント十二年史概観」にも引用されているが、そこでは表題が「学生救護団について」と略記されているほか、文字遣いや句読点がかなり改変されている。

（15）〔I 51〕石島治志「セツルメント懐古」。→註12。

石島治志（旧姓＝内村）のこの回想は、当時から六〇年を経たのちのものであり、記憶違いと思われる点もいくつかある。先に引用した箇所（四〇ページ）では、南洋見学旅行について、「約二ヶ月半にわたり各島々を見学して帰途につき」と記されているが、じっさいには往復の航海を含めて二ヵ月の旅だった。また、末弘との対話の「そろそろ三学期にもなりますので」という文言も、当時その現場で語られた言葉とは考えにくいだろう。東京帝国大学は、大震災の前々年、一九二一年四月に学年暦を改定し、それまでの九月入学を四月入学に変更した。それに伴って、授業期間は、四月から七月上旬の夏休み入りまでと、夏休み明けの九月一〇日前後から年末年始の休みをはさんで翌年二月上旬までの後半期とに、事実上二分されることになった。したがって、一学期・二学期、あるいは前期・後期という表現はあり得ても、三学期という呼称はあり得ないのではなかろうか。

(16)〔Ⅰ53〕賀川豊彦の活動については、武内勝口述／村山盛嗣編集『賀川豊彦とボランティア』新版（二〇〇九年一二月、神戸新聞総合出版センター）が平易に紹介している。

(17)〔Ⅰ56〕「約七〇〇〇円」という金額は、「帝都大震火災系統地図」作製の中心となった林暲が一九六一年一一月二九日の「穂積・末弘両博士を偲ぶ会」で行なったスピーチで、「当時日日新聞から全部でたしか七千円くらいもらったと思います」と述べているのにもとづいている（『穂積・末弘両先生とセツルメント』、註13-④参照）。なお、宮田親平『だれが風を見たでしょう』（註13-⑤）では、「罹災者情報局の震災焼失区域図を新聞社が買ったために得た六千円ほど」と記されている。

(18)〔Ⅰ56〕一九二〇年代の公務員の初任給および週刊誌の値段は、それぞれ、週刊朝日編『続・値段の明治・大正・昭和風俗史』（一九八一年一〇月、朝日新聞社）および『続続・値段の明治・大正・昭和風俗史』（八二年一一月、同）所載の数値による。

(19)〔Ⅰ58〕『東京帝国大学セツルメント十二年史』（註13-①参照）のこの年表は、『回想の東京帝大セツルメント』（同前）にも再録されている。

(20)〔Ⅰ61〕『東京帝国大学セツルメント十二年史』（註13-①参照）は、「帝大セツルメント十二年史概観」の章で末弘の「帝大学生救護団の活動に就いて」の主要部分を再録したが、この箇所は収載されていない（註14も併せて参照されたい）。

(21)〔Ⅰ68〕引用は『東京帝国大学セツルメント十二年史』（註13-①参照）による。引用にあたって、欠字と思われるものを補った。

(22)〔Ⅰ71〕歌詞の引用は、雑誌『赤い鳥』一九二一年四月号に掲載されたものによる。引用にあたって、ふりがなの一部を省略した。この訳詩に草川信がつけた曲の楽譜は、同誌六月号に発表された。草川信は、数多くの童謡の作曲者として知られている。「夕焼け小焼け」（夕焼け小焼けで日が暮れて　山のお寺の鐘が鳴る）、「ゆりかごの唄」（ゆりかごの唄を　カナリアがうたうよ）、「どこかで春が」（山の三月　そよ風吹いてどこかで春が　生まれてる）、「汽車ポッポ」（汽車汽車ポッポポッポ　シュッポ　シュッポ　シュッポッポ）、「みどりのそよ風」（みどりのそよ風　いい日だね　ちょうちょもひらひら　まめの花）など。

(23)〔Ⅱ77〕『東京帝国大学セツルメント十二年史』、註13-①参照。

(24)〔Ⅱ78〕註13－②参照。
(25)〔Ⅱ106〕「治安維持法」の条文は、改定の前後ともに、現代法制資料編纂会編『昭和八年版六法全書』（一九八四年一月、国書刊行会）によっている。引用にあたって、原文のカタカナをひらがなに変え、適宜ふりがなを補った。
(26)〔Ⅱ107〕一九三二年一〇月三〇日付『東京日日新聞』の記事「判決内容」より。「神戸大学図書館デジタルアーカイブ新聞記事文庫」の当該記事写真版による。
(27)〔Ⅱ109〕これらの数値は、矢野恒太編『昭和二年版　日本国勢図会』（一九二七年八月、日本評論社）、矢野恒太・白崎亨一共編『昭和六年版　日本国勢図会』（一九三一年七月、日本評論社）、同『昭和十六年版　日本国勢図会』（一九四〇年一〇月、国勢社）によっている。
(28)〔Ⅱ109〕猪俣津南雄『窮乏の農村　踏査報告』（岩波文庫、一九八二年六月）による。
(29)〔Ⅱ110〕米の相場についての数値は、矢野・白崎『昭和十六年版　日本国勢図会』（註27）による。
(30)〔Ⅱ110〕矢野／白崎『日本国勢図会』昭和六年版および昭和十六年版（註27）の数値にもとづいてパーセンテージを算出した。
(31)〔Ⅱ112〕ここまでの経緯については、下記を参照した。
①満洲開拓史刊行会『満洲開拓史』（一九六六年四月、開拓自興会。復刊＝八〇年八月、全国拓友協議会）所収の「満洲開拓年表」。
②満洲国誌編纂委員会編『満洲国年表』（一九五六年七月、満洲同胞援護会）。
(32)〔Ⅱ116〕橋本傳左衛門「東亜の開発と皇国精神」、『日本文化』第四四号（一九三九年九月、日本文化協会）所収。
(33)〔Ⅱ121〕和田傳『大日向村』（一九三九年六月、朝日新聞社）。映画化＝豊田四郎監督／八木隆一郎脚色／河原崎長十郎、中村翫右衛門、杉村春子、中村メイ子ほか出演（四〇年一〇月公開、東宝映画）。酒井朝彦『讀書村の春』（四二年四月、文苑社）。
(34)〔Ⅱ121〕梁玉多《リアンユートゥア》「現地調査によってわかる日本人移民と中国農民との関係」、『「満蒙開拓団」の総合的研究——母村と現地　研究中間報告論文集』（一九九七年二月、非売品）所収。この論文集は、「一九九五〜九七年度文部省科学研究費補助金〔国際学術研究〕〈「満蒙開拓団」の総合的研究――母村と現地〉」（研究代表者＝池田浩士）の研究中間報告書として刊行された。中国・韓国・日本の研究者による国際共同研究として行なわれたこの研究の研究成果報告書は、一九九八年三月に刊行されている（同じく非売品）。

(35)〔Ⅱ122〕「満蒙開拓団」と呼ばれた満洲への農業移民に関する資料は枚挙にいとまがないが、註31～34で言及したもの以外に本書の記述にさいして参照した文献のうち、日本の敗戦前の一次資料だけを挙げておきたい。

①山崎芳雄（第一次移民団長）編『彌榮村要覧』（一九三六年六月、満洲移住協会）。
②根元武雄『紅匪の惨禍』（一九三七年九月、満日印刷所新京文社）。
③『満洲移民地視察案内』（一九三七年一二月、満鉄鉄道総局旅客課）。
④『満洲は移民の楽土』（弘報叢書第一輯改訂版、一九三八年一二月、南満洲鉄道株式会社総裁室弘報課）。
⑤橋本傳左衛門『満洲移民の父　東宮大佐』（一九三八年八月、満洲移住協会）。
⑥加藤完治『武装移民生ひ立ちの記』前篇（一九三九年一月、満洲移住協会）。
⑦『大日向分村計画の解説』（更生協会叢書第五号、一九三八年一〇月、長野県更生協会）。
⑧大東亜省『長野県読書《よみかき》村分村事情調査書』（調査資料第九号、満洲開拓資料第八輯、一九四三年二月、大東亜省満洲事務局）。
⑨東京帝国大学農学部農業経済学教室〔那須皓研究室〕『分村の前後』（一九四〇年一〇月、岩波書店）。
⑩『移民地の生活より』（弘報叢書9、一九三八年九月、南満洲鉄道株式会社総裁室弘報課）。同書の「改題訂正第二版」が、三九年五月に『開拓地の生活より』と改題して刊行されている。本文に差異はないが、写真、挿絵などに多少の変更が見られる。
⑪『満洲開拓政策基本要綱案』（「極秘」、康徳六年＝一九三九年七月、発行主体記載なし）。
⑫『満洲開拓政策基本要綱』（一九四〇年一月、拓務省拓務局）。
⑬湯浅克衛『先駆移民』（小説、一九三九年二月、新潮社）。
⑭小寺廉吉『先駆移民団――黎明期之彌榮と千振』（一九四〇年八月、古今書院）。
⑮『開拓地農業について――鈴木重光氏北満視察報告座談会速記録』（康徳七年＝一九四〇年三月、満洲拓

殖公社）。

⑯『水曲柳《すいきょくりゅう》開拓団農家経済調査（康徳七年版）』（開拓研究書資料第一五号、康徳八年＝一九四一年一二月、満洲国立開拓研究所）。発行主体である「満洲国立開拓研究所」の所長は、京都帝大教授・橋本傳左衛門だった。

⑰満鉄弘報課『満洲ノ開拓ト満鐵』（一九四二年五月、南満洲鉄道株式会社弘報課）。

⑱『康徳十一年（昭和十九年）版　満洲開拓年鑑』（康徳一一年＝一九四四年五月、満洲國通信社。復刻版＝八六年二月、鵬和出版）。

(36)〔Ⅱ124〕この「声明書」は、『回想の東京帝大セツルメント』（註13‐②）に再録されている。引用はそれによった。

(37)〔Ⅱ126〕『帝國大學新聞』一九三八年一月二九日号（第七〇五号）のこの記事と、後出の二月七日号（第七〇六号）の記事は、『回想の東京帝大セツルメント』（註13‐②）にも転載されているが、引用は『帝國大學新聞』復刻版、第13冊（一九八四年一二月、不二出版）の当該号にもとづいて行なった。原文ではかなり多くの漢字にふりがなが振られているが、引用にあたってそのほとんどを省略した。〔　〕でくくったふりがなは、原文にはなく、引用にあたって補ったものである。

(38)〔Ⅱ130〕「学校の労働奉仕作業」、『朝日年鑑』昭和一四年（紀元二五九九年）版（一九三九年一〇月一〇日発行、朝日新聞社）。

(39)〔Ⅱ132〕農林省経済更生部『農山漁村に於ける勤労奉仕』（一九三七年一〇月）。

(40)〔Ⅱ136〕『朝日年鑑』昭和十五年（紀元二千六百年）版（一九四〇年一〇月二〇日発行、朝日新聞社）。

(41)〔Ⅱ139〕「学生義勇軍」については、中村薫編著『学生義勇軍』（一九八七年一月、発行＝農村更生協会、発売＝不二出版）が詳細に記述している。また、「学生義勇軍本部」が刊行した雑誌『学生義勇軍』ほかの出版物を中心とする資料集に、北博昭編／解説『学生義勇軍関係資料』（十五年戦争重要文献シリーズ⑲、一九九四年一二月、不二出版）がある。

(42)〔Ⅱ142〕引用は、白取道博編／解題『満蒙開拓青少年義勇軍関係資料』第一巻第一編『重要政策文書』（一九九三年四月、不二出版）による。原文は漢字とカタカナで表記されているが、煩瑣を避けてカタカナをひらがなに変えた。また、原文にはないふりがなを、難読と思われる漢字に付した（そのさい、原文にない表記を表わす〔　〕は省略した）。建白書では、六名の署名者の名前は、石黒・橋本・大蔵・加藤・香坂・那須の順で氏名だけが列挙され、肩書は付されていない。この資料（建白書）は、満蒙開拓団に関するもっとも基本的な文献のひとつである『満洲開拓史』（註31－①）にも全文が収載されている。しかし、文字遣いや句読点などに大幅な改変が加えられており、厳密な意味で史料とは見なし難い。

なお、「満蒙開拓青少年義勇軍」についての資料・文献は枚挙にいとまがないが、ここでは異なるジャンルの三点だけを挙げておこう。

① 上笙《かみ》一郎『満蒙開拓青少年義勇軍』（中公文庫、一九七三年二月、中央公論社）は、刊行年代の古さにもかかわらず、いまなお一読に値する概説書である。

② 『写真集・長野県満州開拓誌』の下巻『義勇隊開拓団』（一九八一年九月、郷土出版社）は、書名のとおり長野県から送出された義勇軍開拓団に焦点を当てて、簡潔な解説　を加えながら貴重な写真を多数収載している。図書館で見つかれば一読の価値があるだろう。

③ 青少年義勇軍に題材を取った児童文学作家・福田清人の小説『日輪兵舎』（一九三九年一二月、朝日新聞社）は、分村移民を描いた和田傳のドキュメンタリー小説『大日向村』（註33）に次いで広く読まれた文学作品だった。

(43)〔Ⅱ144〕以下の引用は、現代法制資料編纂会編『戦時・軍事法令集』（一九八四年三月、国書刊行会）による。原文のカタカナ表記をひらがなに改めた。他の引用と同じく、／は改行箇所を示す。なお、後出の諸章節で引用する戦時下日本の諸法規の条文は、特に註記しないかぎり、すべてこの『戦時・軍事法令集』によっている。

(44)〔Ⅲ150〕下松桂馬『独逸労働奉仕制度』（一九三七年二月一一日発行／二月一七日五版発行、刀江書院）。原文では半分程度の漢字にふりがなが振られているが、引用にあたってはその大部分を省略し、原文にないふりがなは〔　〕でくくって示した。また、同書では引用符はすべて『　』になっているが、煩雑を避けて「　」に変えた。

(45)〔Ⅲ156〕これについては、池田浩士『ヴァイマル憲法とヒトラー――戦後民主主義からファシズムへ』（二〇一五年六月、岩波書店）が詳しく論じている。

（46）〔Ⅲ157〕データの出典は、ホルスト・バルテルほか編『ドイツ史・ドイツ労働者運動史事典』（Horst Bartel u.a. (hrsg.): *Sachwörterbuch der Geschichte Deutschlands und der deutschen Arbeiterbewegung*. 2 Bde. 1969/70. Berlin: Dietz Verlag.）。

（47）〔Ⅲ159〕政府の統計局が刊行していた『ドイツ国統計年鑑』の一九三三年版（*Statistisches Jahrbuch für das Deutsche Reich. Bd. 1933*. Herausgegeben vom Statistischen Reichsamt. 1934. Berlin: Verlag von Reimar Hobbing.）に掲載された「一九一九年から一九三三年までのドイツ国会選挙」（Die Wahlen zum Deutschen Reichstag von 1919 bis 1933）にもとづき、他の諸資料をも参照して独自に作成した。

（48）〔Ⅲ162〕第一次世界大戦でのドイツの敗戦と「一一月革命」については、池田浩士『ドイツ革命――帝国の崩壊からヒトラーの登場まで』（二〇一八年一二月、現代書館）を参照されたい。

（49）〔Ⅲ163〕ユルゲン・W・ファルター『ヒトラーに投票した有権者たち』（Jürgen W. Falter: *Hitlers Wähler*. 1991. München: C. H. Beck）。ファルターの研究については、池田『ヴァイマル憲法とヒトラー』（註45）に詳しい言及がある。

（50）〔Ⅲ164〕資料③の数値は、『ドイツ国統計年鑑』（註47）の一九三三年版〜三九年版（三四年〜四〇年刊行）に掲載されている各年の「健康保険加入者の就業率」に基づいて失業率を算出したものである。なお、ここに示した一九三二年の数値はヒトラー政権以前のヴァイマル共和国政府の調査によるものであり、生活のために仕事を必要としている人びとのうち、いわゆる主婦や未婚の女性の多くが算入されていない。すべてについて前出（本文一五七ページ）のデータの出典と同じ資料（註46の文献に掲載されている労働組合の調査によるデータ）を使うことができないのは、ヒトラー政権によって一九三三年五月にすべての労働組合が強制解散させられたためである。

（51）〔Ⅲ167〕ラインホルト・シュヴェンク『労働奉仕とその先導者たち』（Reinhold Schwenk: *Der Arbeitsdienst und seine Führer*. O. J. Düsseldorf: W. A. Meinke Druckerei und Verlag.）による。これは、ケルン大学に提出し受理された博士論文を刊行したもので、出版年が記載されていないが、旧所蔵者の書き込みなどから、一九六〇年代後半の刊行と推定できる。

（52）〔Ⅲ 168〕『ドイツ国統計年鑑』一九三三年版（一九三四年刊行）の「一九三三年における労働奉仕の従事者数および作業日数」による。

（53）〔Ⅲ 172〕ロシア語の〈работа〉《ラボータ》、チェコ語の〈robota〉《ロボタ》など、「労働」を意味するスラヴ語系の語が、同じ印度ヨーロッパ語族であるドイツ語の〈Arbeit〉《アルバイト》と同じ源泉から出ていることは、ラテン語系の場合よりもずっと容易に推測できるだろう。たとえばチェコ語〈robota〉の最初の〈r〉と次の〈o〉とを入れ替えて〈orbota〉とすれば、〈Arbeit〉ときわめて近くなるからだ。単語の綴りの順序を入れ替えて楽しむ「アナグラム」という操作——たとえば〈live〉《リヴ》（生きる）から〈evil〉《イヴル》（邪悪）を、〈line〉《ライン》（線）から〈Nile〉《ナイル》（ナイル川）を作るなど——があるが、そのような意識的な作為ではなく、無意識のうちに単語の音《おん》や綴りの順序が入れ替わってしまう現象は、多くの言語に見られる。日本語でも、「舌鼓」《したつづみ》が誤まって「したづつみ」と言われたり、「お騒《さわ》がせ」が「おさがわせ」になったり、「ふいんきやったかなあ？ ふんいきやったかなあ？」という戸惑いが生じたりする。「新《あたら》しい」は、本来の「新《あら》たし」が誤まって「あたらし」と言われたのが定着したものだということは、よく知られている。ヨーロッパの言語でも、英語の〈ent*er*prise〉《インタープライズ》（企て）がフランス語では〈entr*e*prise〉《アントゥレプリーズ》、英語の〈tab*le*〉《テイブル》（食卓）がドイツ語では〈Taf*el*〉《ターフェル》となったり、フランス語の定冠詞（男性形）〈*le*〉《ル》がスペイン語では〈*el*〉《エル》となる、というような例は少なくない。このような現象を「音位転換」《メタテーシス》と呼ぶが、ゲルマン語とスラヴ語の「労働」という語のあいだにこの現象が生じたのである。

ラテン語系についてはは少し回り道をしなければならない。古典ラテン語の「労働」〈labor〉《ラボル》は、さらに古くは〈labos〉《ラボス》だったことが知られている。〈r〉と〈s〉はしばしば入れ替わるのである。たとえば、英語の〈it《イット》 was《ワズ》〉はドイツ語では〈es war〉《エス ヴァール》となる。そして、この例のうちの〈it〉と〈es〉が示しているように、〈t〉と〈s〉とのあいだにも同様の現象が見られる。さらに、〈l〉と〈r〉との区別が苦手なのは、日本語を母語とする人間だけではないのだ。これらの事実に「音位転換」を加えて類推すれば、古典ラテン語の〈labor〉《ラボル》とドイツ語の〈Arbeit〉《アルバイト》は同じ語源から発していることが想定できるだろう。

これら三つの系統の言語の「労働」という語は、いずれも、印度ゲルマン祖語の〈orbhos〉《オルブホス》という名詞を起源として、長い歴史のなかで右に述べたような変化を遂げてきたのだった。語形だけから見れば、ドイツ語の〈Arbeit〉がもっとも原形の〈orbhos〉に似ているかもしれない。

（54）〔Ⅲ172〕『ドゥーデン　語源辞典』（*Der Große Duden. Etymologie. Herkunftswörterbuch der deutschen Sprache.* 1963. Mannheim: Bibliographisches Institut.）参照。

（55）〔Ⅲ177〕ラインホルト・シュヴェンク『労働奉仕とその先導者たち』（註51）による。

（56）〔Ⅲ180〕一九三三年五月一日のヒトラーのこの演説は、五月二日付のナチ党中央機関紙『フェルキッシャー・ベオーバハター』（*Völkischer Beobachter*＝民族の監視兵）に掲載された。引用は、マックス・ドーマルス『ヒトラー演説　一九三二〜四五年——同時代ドイツ人の註釈』全四巻（Max Domarus: *Hitler Reden 1932 bis 1945. Kommentiert von einem deutschen Zeitgenossen.* 4 Bde. 1965. München: Süddeutscher Verlag.）による。以下で言及するヒトラーの演説は、特に註記しない限り、いずれも翌日のナチ党中央機関紙『フェルキッシャー・ベオーバハター』に掲載されたが、引用はドーマルス『ヒトラー演説』によっている。なお、戦後の西ドイツおよび現在のドイツ連邦共和国では、憲法第一八条によって、表現・出版の自由その他の基本権を「自由な民主的基本秩序に敵対する闘争のために濫用するものは、これらの基本権を喪失する」とされているため、ヒトラーの著作や演説も公刊を認められない。そのため、同書の著者ドーマルスは、学術研究書としてヒトラーの演説に註釈や批判を加えるという形で、Ｂ５判の全四巻二三一三ページにヒトラーの政治的演説のすべてを収載している。

（57）〔Ⅲ199〕人物たちの経歴は、以下の文献によっている。

①クリスティアン・ツェントナー／フリーデマン・ベデュルフティヒ『第三帝国大事典』（Christian Zentner / Friedemann Bedürftig: *Das große Lexikon des Dreitten Reiches.* 1995. München: Südwest Verlag.）

②エルンスト・クレー『第三帝国人名事典——一九四五年の以前と以後』（Ernst Klee: *Das Personenlexikon zum Dritten Reich. Wer war was vor und nach 1945.* 2003. Frankfurt am Main: S. Fischer Verlag.）

なお、義勇軍団については、池田『ドイツ革命——帝国の崩壊からヒトラーの登場まで』（註48）を併読していただければ幸いです。

（58）〔Ⅲ206〕『ドイツ国統計年鑑』（註47）の一九二七年版（二八年刊行）に掲載された「一九二七年における農業労働者の基準年俸／独身労働者」、および「一九二四年一月から二七年四月までの熟練および未熟練労働者の基準週給」のデータによる。

(59)〔Ⅲ208〕フリードリヒ・シュミット「アルタマーネン運動の二年間――自発的労働奉仕」(*Zwei Jahre Artamanenbewegung — Freiwilliger Arbeitsdienst*)。

引用は、ヴェルナー・キント編の資料集『ドイツ青年運動　一九二〇年から三三年まで――同盟時代』(註60－②)による。

(60)〔Ⅲ211〕アルタム同盟とアルタマーネンについては、主として以下の文献を参照した。

① シュテファン・ブロイアー『ドイツの民族派――帝国とヴァイマル共和国』(Stefan Breuer: *Die Völkischen in Deutschland. Kaiserreich und Weimarer Republik*. 2008. Darmstadt: Wissenschaftliche Buchgesellschaft.)

② ヴェルナー・キント編『ドイツ青年運動　一九二〇―三三年――同盟時代』(Werner Kindt (hrsg.): *Die Deutsche Jugendbewegung 1920 bis 1933: Die bündische Zeit. Qellemschriften.* 〈*Dokumentation der Jugendbewegung*〉 *III*. 1974. Düsseldorf und Köln: Eugen Diederichs Verlag.) 一八四〇ページのこの厖大な一冊本は、表題に記されている時代に活動した数多くの青年同盟の綱領的文書を網羅し、各同盟に関する解説と略年表を付している。

(61)〔Ⅳ222〕引用は、ドーマルス『ヒトラー演説』(註56)による。

(62)〔Ⅳ226〕『ドイツ国統計年鑑』一九三七年版(三八年刊行)、一九四一／四二年版(四二年刊行)に掲載されているデータを、独自に編集した。なお、受給者の七年間の延べ人数は、ほぼ当時のドイツの総人口数に等しい。単純に計算すれば、毎年総人口の七人に一人が「冬季救援事業」の恩恵を蒙ったわけである。受給者の家族を含めると、この数値はもっと高くなる。

(63)〔Ⅳ229〕引用は、ドーマルス『ヒトラー演説』(註56)による。

(64)〔Ⅳ232〕『ドイツ国統計年鑑』一九三四年版(三五年刊行)、一九三五年版(三六年刊行)による。以下、ナチス時代における統計データの数値は、特に註記しないかぎり、この統計年鑑の各年度版によっている。

(65)〔Ⅳ232〕本書におけるナチス時代の法律の条文の引用は、特に註記しないかぎり下記の資料によっている。ヴェルナー・ホッヒェ編『ヒトラー内閣の立法――一九三三年一月三〇日以後の帝国およびプロイセンにおける法律』一～一四巻(Dr. Werner Hoche (hrsg.): *Die Gesetzgebung des Kabinetts Hitler. Die Gesetze in Reich und Preßen seit dem 30. Januar 1933 in systematischer Ordnung mit Sachverzeichnis*. Heft 114. 1933 ff. Berlin: Verlag Franz

Vahlen.）

(66)〔Ⅳ241〕『ドイツに於ける労働奉仕制度　第一部（未定稿）』（資料第二百九十九号C（特一参考資料十一）、一九四三年二月印刷、東亜研究所）。

(67)〔Ⅳ247〕ヴィル・デッカー『ドイツの労働奉仕——帝国労働奉仕の目標と成果と組織』（Will Decker: *Der deutsche Arbeitsdienst. Ziele, Leistungen und Organisation des Reichsarbeitsdienstes.* 1937. Berlin: Junker und Dünnhaupt Verlag.）。なお、前述の「帝国労働奉仕」の組織構成についても、同書を参照した。

(68)〔Ⅳ249〕帝国労働奉仕本部労働管理局『一九三五年度および三六年度の両会計年度における帝国労働奉仕の事業』（*Das Werk des Reichsarbeitsdienstes in den Haushaltsjahren 1935 und 1936.* Herausgegeben von der Reichsleitung des Reichsarbeitsdienstes, Amt für Arbeitsleitung. 1937. Heidelberg-Berlin: Kurt Vowinckel Verlag.）。

(69)〔Ⅳ252〕帝国労働奉仕の現場での日課については、資料により大同小異のスケジュールが示されている。ここでは、比較的新しい研究成果である下記を参照した。

キーラン・クラウス・パーテル『「労働の兵士たち」——ドイツとアメリカ合州国とにおける労働奉仕　一九三三～四五年』（Kiran Klaus Patel: *»Soldaten der Arbeit«. Arbeitsdienste in Deutschland und in den USA 1933–1945.* 2003. Göttingen: Vandenhoeck & Ruprecht.）。これの英語訳が刊行されているが、収載された写真の一部がドイツ語版とは異なっている。Kiran Klaus Patel: *Soldiers of Labor. Labor Service in Nazi Germany and New Deal America, 1933–1945.* Translated by Thomas Dunlap. 2010. Cambridge, New York, etc.: Cambridge University Press.

(70)〔Ⅳ256〕ヘルムート・クノル（絵）／ハインツ・ローデおよびティーロ・シェラー（詩）『シャベルを握れ、進め進め！——労働奉仕から生まれた絵物語』（Helmut Knorr (Zeichnungen) / Heinz Rohde und Thilo Scheller (Verse): *An die Spaten-marsch marsch! Bildergeschichten aus dem Arbeitsdienst.* 2. Aufl. 1936. Lüneburger Haide: Landsknecht-Presse Wittingen.）。

(71)〔Ⅳ262〕「帝国労働奉仕」については、すでに註に記したもの（註44、66～70）以外に、主として以下の文献を参照した。刊行年が一九三五年以前のものは、準備段階またはこの制度のモデルとなった団体・事業などに関するものである。

①『第三帝国の礎石——ドイツ労働奉仕の学習読本』、「ドイツ労働奉仕本部」の委託によりヘルマン・クレ

ッチュマンが編纂（*Bausteine zum Dritten Reich. Lehr- und Lesebuch des Deutschen Arbeitsdienstes.* Im Auftrag der Reichsleitung des Deutschen Arbeitsdienstes bearbeitet von Hermann Kretzschmann. o.J.〔1934〕. Leipzig: „Der nationale Aufbau“, Verlagsgesellschaft m. b. H.）。——政権掌握後、制度化に至るまでのあいだ「自発的労働奉仕」を積極的に推進したヒトラー政府が、その参加者たちに労働奉仕期間の終了後、記念の賞品として授与したもの。「賞」と印刷された本の扉には、授与された本人の名前と所属奉仕団名が手書きで記され、「帝国労働指導者」ヒーアルの署名（印刷）と所属労働奉仕団の責任者の署名（直筆）および捺印がある。B５判五八三ページ、布装《クロス》の立派な本の内容は、ドイツ民族民衆のために私利私欲を捨てて貢献した歴史上の人物たちについての教訓的な記述が中心になっている。

② ヴェルナー・ボイメルブルク『労働は未来なり——ドイツ労働奉仕の諸目標』（Werner Beumelburg: *Arbeit ist Zukunft. Ziele des deutschen Arbeitsdienstes.* 1933. Oldenburg i.O.: Gerhard Stalling.）。

③ グスタフ・V・エストルフ『労働が喜びとなりますように！——女子労働奉仕団員たちの報告写真集』（Gustav V. Estorff: *Daß die Arbeit Freude werde! Ein Bildbericht von den Arbeitsmaiden.* Mit einem Geleitwort von Reichsarbeitsführer Konstantin Hierl und einem Vorwort von Generalarbeitsführer Herbert Schmeidler. 1938. Berlin: Zeitgeschichte-Verlag Wilhelm Andermann.）

④ ギュンター・ハーゼ『労働奉仕の成立過程——失業者救援から帝国労働奉仕へ』（Günther Hase: *Der Werdegang des Arbeitsdienstes. Von der Erwerbslosenhilfe zum Reichsarbeitsdienst.* Mit einem Geleitwort von Reichsarbeitsführer Konstantin Hierl. 1940. Berlin: „Der nationale Aufbau“ Verlag Günther Heinig.）。

⑤『女子労働奉仕団員歌集』（*Lieder der Arbeitsmaiden.* Herausgegeben von der Reichsleitung des Arbeitsdienstes Arbeitsdienst für die weibliche Jugend. 1938. Potsdam: Ludwig Voggenreiter Verlag.）。

⑥『奉仕する少女たち——ハンドブック』（*Mädel im Dienst. Ein Handbuch.* Herausgegeben von Reichsjugendführung. 1934. Potsdam: Ludwig Voggenreiter Verlag.

⑦ ミュラー＝ブランデンブルク『労働奉仕とは何か？　何であるべきか？』（Müller-Brandenburg: *Was ist Arbeitsdienst? Was soll er?* Zweite Auflage. 1934. Leipzig: Armanen-Verlag.）。

⑧ ヘルムート・ペーターゼン『帝国労働奉仕におけるドイツ青年層の教育』（Hellmut Petersen: *Die Erziehung der deutschen Jungmannschaft im Reichsarbeitsdienst.* 1938. Berlin: Junker und Dünnhaupt Verlag.)。

⑨ パウル・ザイプ『帝国労働奉仕による錬成と選別』(Paul Seipp: *Formung und Auslese im Reichsarbeitsdienst.* 1938. Berlin: Junker und Dünnhaupt Verlag.)。

⑩『シャベルと麦の穂——帝国労働奉仕に従事するドイツ青年のハンドブック』、労働指導総監フォン・ゲンナー編(*Spaten und Ähre. Das Handbuch der deutschen Jugend im Reichsarbeitsdienst.* Herausgeber: Generalarbeitsführer v. Gönner. 1937. Heidelberg: Kurt Vowinckel Verlag.)。——帝国労働奉仕に従事する青年に渡された布装《クロス》A5判全二五六ページのハンドブック。この制度の歴史的背景や目的・課題、現状、作業内容などが写真入りで解説されている。著者(池田)の手元にある一冊の扉ページには、これの本来の持主が一九三八年のクリスマスに記念にサインしてもらったと思われる労働奉仕隊指導者(所属する隊の隊長)のペン書き署名が残されている。

⑪ リーザ・タッシェ『ほら、わたしたちは幸せを強制するのよ——女子の労働奉仕で出会った体験と人物と光景』(Lisa Tasche: *Hurra wir zwingen das Glück. Erlebnisse Gestalten Bilder aus dem weiblichen Arbeitsdienst.* Mit 20 Zeichnungen von Heinz Gerster. 1935. Berlin: Verlag für Kulturpolitik.

⑫ アン・マリー・キーファー/〔訳者名記載なし〕『ナチス女性の生活』(一九四〇年一一月、一七版=四一年三月、生活社)。

⑬ 近藤春雄『ナチスの青年運動——ヒットラー青少年団《ユーゲント》と労働奉仕団《アルバイツディーンスト》』(一九三八年六月、三省堂)。

⑭ 森三郎『麦の穂の乙女——独逸女性の勤労奉仕に就いて』(一九四一年九月、寶雲社)。

(72)〔Ⅳ264〕これらの出来事については、「第三帝国」の詳細な日録年代記である下記によっている。これ以外の箇所でも、随時この二巻の日録を参照した。

① オーヴェレシュ/ザール『第三帝国　一九三三～一九三九年——政治・経済・文化の日録年代記』(Overesch/Saal: *Das III. Reich 1933–1939. Eine Tageschronik der Politik · Wirtschaft · Kultur.* 1991. Augsburg: Weltbild Verlag.)。

② マンフレート・オーヴェレシュ『第三帝国　一九三九～一九四五年——政治・経済・文化の日録年代記』(Manfred Overesch: *Das III. Reich 1939–1945. Eine Tageschronik der Politik · Wirtschaft · Kultur.* 1991. Augsburg:

Weltbild Verlag.)。

(73)〔Ⅳ266〕「ドイツ労働戦線」の組織構成や活動内容については、引用したデータも含めて、主として下記①によっている。これは、ドイツ労働戦線（ＤＡＦ）の組織と活動について当局が公刊したもっとも詳細な資料である（この資料に基づく「帝国職業競技会」の参加者数のうち、一九三九年の数値が整合性を欠いているが、資料のままとした）。なお、当然のことながら、それらの活動についての評価は、本書の著者（池田）の見解である。

①『勝利の基盤――一九三三年から四〇年までのドイツ労働戦線の全事業』、ＤＡＦ中央事務局各部長の協力によりオットー・マレンバッハ編（*Fundament des Sieges: die Gesamtarbeit der Deutschen Arbeitsfront von 1933 bis 1940.* Unter Mitwirkung der Amtsleiter des Zentralbüros der DAF herausgegeben von Otto Marrenbach. 1940. Berlin: Verlag der Deutschen Arbeitsfront. 邦訳＝独逸労働戦線中央事務局編／高橋文雄訳『独逸労働戦線』（一九四二年一一月、日本電報通信社出版部）。――この訳書は、ナチス・ドイツの組織名やキーワードの訳語に不適切・不正確なものが少なくないので、この訳業を本書の記述に生かすことができなかった。

②大原社会問題研究所編『独逸社会政策と労働戦線』（一九三九年一〇月、栗田書店）。

③菊池春雄（企画院調査官）『ナチス労務動員体制研究』（一九四一年一月、東洋書館）。

④森戸辰男『独逸労働戦線と産業報国運動』（一九四一年五月、改造社）

(74)〔Ⅳ268〕「歓喜力行団」と「労働の美」については、前出の『勝利の基盤』（註73－①）の他に下記を参照した。また、イタリアの「ドーポ・ラヴォーロ」については、同時代の日本でその紹介のために刊行された書籍三点を挙げておきたい。

①「労働の美」帝国本部課長アナトール・フォン・ヒュッベネート編『ポケットブック「労働の美」』「労働の美」帝国本部発行（*Das Taschenbuch „Schönheit der Arbeit“.* Zusammengestellt von Anatol von Hübbenet, Abteilungsleiter im Reichsamt „Schönheit der Arbeit“. Herausgegeben vom Amt „Schönheit der Arbeit“. 1938. Berin: Verlag der Deutschen Arbeitsfront.)。

②近藤春雄『ナチスの厚生文化――歓喜力行団（Ｋ・ｄ・Ｆ）の研究』（一九四二年三月、三省堂）

③深山景・伊藤太郎『最近独逸戦時下の国民生活と厚生運動』（一九四〇年六月、英進社）。

④東克己訳『伊太利厚生運動団体　ドポラヴォーロ――組織と活動』（一九四二年六月、北洋産業報国会事務局）。――三七年にイタリアで刊行された英語文献の邦訳だが、原著者等については記されていない。
⑤柏熊達生『イタリアの厚生運動――ドーポラヴォーロ』（一九四三年五月、泰文堂）。

（75）〔Ⅳ272〕註71－⑬参照。

（76）〔Ⅳ279〕ヴォルフガング・ミヒャルカ編『ドイツ史　一九三三～一九四五年』（Wolfgang Michalka (hrsg.): *Deutsche Geschichte 1933–1945. Dokumente zur Innen- und Außenpolitik.* 1993. Frankfurt am Main: Fischer Taschenbuch Verlag.

（77）〔Ⅴ289〕『昭和十三年　毎日年鑑』（一九三七年一〇月、大阪毎日新聞社／東京日日新聞社・共編）の特集「支那事変経過」による。

（78）〔Ⅴ291〕安部大悟「歓喜力行」、本願寺小樽別院『歓喜力行』（一九四一年一月、印刷＝本願寺印刷）。

（79）〔Ⅴ293〕『昭和十八年　朝日年鑑』（一九四二年一〇月、朝日新聞社）ほか参照。なお、このあと本書に頻出する日録的な記述にさいしては、これらの年鑑、および岩波版『近代日本総合年表』（第三版、一九九一年二月、岩波書店）を参照したところが大きいが、煩雑を避けるため、そのつど註記することをしていない。

（80）〔Ⅴ310〕「国民勤労報国協力令」にもとづく勤労奉仕については、すでに註で示した資料（註77、78）のほか、下記を参照した。本文中で出典に言及したものも、あらためて記載する。
①朝日新聞社編『総動員法の全貌　付・関係法令集』（一九三八年一二月、朝日新聞社）。
②報知新聞社政治部編『新体制とはどんなことか――翼賛運動下の国民生活／三国同盟と日本の前途』（一九四〇年一〇月、内外書房）。
③厚生省職業局編輯『時局と労務動員』（労務動員叢書・第一輯、一九四一年七月、財団法人・職業協会）。
④大日本翼賛壮年団本部編輯『勤労奉仕の指導――農村協力体制確立のために』（翼賛壮年叢書2、一九四二年七月、大日本翼賛壮年団本部）
⑤難波田春夫『日本的勤労観』（産報理論叢書・第一輯、一九四二年四月、大日本産業報国会）。
⑥教学局編纂『大東亜戦争とわれら』（一九四二年七月、内閣印刷局印刷発行）。
⑦財団法人修養団『皇民錬成の栞』（一九四三年一二月、財団法人修養団）。

⑧ 茶園義男『学徒勤労報国隊』（増補改訂版、一九八八年八月、不二出版）。

(81)〔Ｖ318〕熊谷次郎編『隣組読本』（一九四〇年一二月一〇日発行、六〇版＝四一年二月一五日、非凡閣）。前出の「東京市町会規約準則」も、同書に収載された資料による。

(82)〔Ｖ324〕奥むめお『戦ふ女性——女も働かねばならぬ』（一九四三年六月、大政翼賛会宣伝部）。

(83)〔Ｖ333〕引用は以下の文部科学省ホームページ（学制百年史・資料編）による。
http://www.mext.go.jp/b_menu/hakusho/html/others/detail/1318117.htm

(84)〔Ｖ336〕木村誠『大陸開拓　土の花嫁』（一九三九年八月二日、再版＝一〇月一八日、中央情報社）。

(85)〔Ｖ339〕「大陸の花嫁」に関する包括的な再検討の成果としては、相庭和彦・大森直樹・陳錦・中島純・宮田幸枝・渡邊洋子『満洲「大陸の花嫁」はどうつくられたか——戦時期教育史の空白にせまる』（一九九六年九月、明石書店）がある。

(86)〔Ｖ340〕城山三郎『一歩の距離』（一九六八年四月、文藝春秋）。

(87)〔Ｖ346〕高戸顕隆『学徒出陣』（一九四三年六月、毎日新聞社）。

(88)〔Ｖ348〕『協和会の概貌』（協和文庫・第三輯、一九三九年七月、新京・満洲帝国協和会）。満洲協和会については、本書のほか、小山貞知『満洲協和会の発達』（満鉄弘報課編、東亜新書・第一期、一九四一年八月、中央公論社）を参照した。

(89)〔Ｖ351〕これについては、池田浩士『石炭の文学史』（〔海外進出文学〕論・第二部、二〇一二年九月、インパクト出版会）が詳しく論じている。

(90)〔Ｖ352〕筒井五郎『鉄道自警村——私説・満州移民史』（一九八三年二月、大津市・月村政経セミナー）。引用文も同書による。新版が九七年九月に近代文芸社から刊行された。

(91)〔Ｖ353〕『北支の愛路村』（一九四四年三月、華北交通株式会社東京支社）。

(92)〔終358〕加賀乙彦『雲の都　第一部　広場』（二〇〇二年一〇月、新潮社）。

(93)〔終362〕福島正夫・川島武宜編『穂積・末弘両先生とセツルメント』（註13-④）より引用。

(94)〔終363〕文部省『列強の少年義勇団』（時局に関する教育資料特別輯・第一、一九一六年一一月、文部省）。

あとがき

愛国者だなどとはとうてい言えない私は、それにもかかわらず、カタカナ日本語が嫌いで、できることなら使わないで生きたいと思っています。選手と言えば二字ですむのに、なにがアスリートだ。店名をシックス＆エッチ・ホールディングスと言い換えれば、コンビニが（あ、これもカタカナ）、財閥規模の大独占企業に見えるのか。ペットなどというものは、この世から消えてしまえばよい。――しかし、この本を手に取ってくださったかたは、カタカナの名詞が頻出することにうんざりされるかもしれません。ファシズムもボランティアも、私の嫌いなカタカナ語ですが、これらを漢語ややまとことばの日本語で表記するのは至難の業です。それどころか、これらを日本語にすればどうなるのかを考えることが、本書のモティーフ、いや動機であり主題であるわけですから、このカタカナから逃げるわけにはいかないでしょう。

ボランティアというテーマに自分がいつからこだわり始めたのか、いまとなっては正確には思い出せませんが、ナチズムについての勉強を続けるなかで、ナチズムの社会運動がボランティア活動と切っても切れない密接な関係を持っていたことに驚かされたのが、その最初でした。ボランティアというカタカナ語を日本語に訳せば偽善となる、くらいに思っていたのですが、それから意識してボランティア活動とナチス運動との関わりを、日本の近現代史と比較対照しながら考えるようになりました。阪神淡路大震災でボランティアたちが登場したとき、書店の政府刊行物白書こーなーに並ぶ『ボランティア白書』をすぐ購入して（これは政府刊行の白書ではありませんが、普通そこに並んでいます）、それ以来毎年それを買ってきたのも、いつかこの主題ときちんと向き合いたい、と考えていたからでしょう。

それ以来、大学での講義や演習で、あるいは学外での講演のさいにファシズムの文化を主題にするときは、必ずボランティアに言及するようになりました。集中的にこのテーマを論じたのは、京都精華大学大学院での二〇〇七年度前期と〇八年度前期の「社会論特講」と、同大学人文学部の二〇〇九年度後期の「現代社会と歴史認識」の講義でした。これらに先立って、二〇〇六年四月に「もの云う人びとの会」という京都の市民グループの講演会でお話ししたことは、その翌年の七月に、主催団体によって『〈不自由〉を〈生き甲斐〉にした私たち――ファシズムとボランティアを考える』という小冊子にまとめられています。

腰を据えて集中的にこのテーマと向き合う気持ちになった二〇一五年、東京立川の市民グループ「シビル」が、春から晩秋にかけての四回の連続講座でこのテーマを取り上げる機会を与えてくださいました。その内容を自分なりにさらに練り直し、新たな視点を加えることができたのは、その翌年の二〇一六年初夏から晩秋にかけて、これも全四回の連続講座を大阪の「ZAZA」というグループが設定してくださったおかげです。「ZAZA」というのは、卒業式や入学式で「君が代」の起立斉唱が命じられるのに従わないで坐ったまま（坐坐）だった罪で処分を受け、あるいは失職した大阪府の小・中・高校の教員たちが、処分撤回を求める運動のために結成したグループです。その連続講座での話の内容は、主催者によって二〇一七年七月に一冊の冊子として印刷配布されました。

本書は、これらさまざまな機会のおかげで徐々に積み上げられた作業の結果として、生まれたものです。それらの機会に断片的かつ要約的にお話ししたことと、全篇を新たに書き下ろした本書とのあいだには大きな隔たりがありますが、それらの機会がなければ本書はなかったでしょう。それらの機会に場と時を共にしてくださり、さまざまな示唆を与えてくださったかたがたに、ここであらためて感謝を述べさせていただきたいと思います。

＊

数年前、上京したおりに、たまたま一日だけ仕事のない日ができたので、急に思い立って、柳島セツルメントのあった場所を訪ねてみることにしました。『回想の東京帝大セツルメント』に記されている現在の地名表記のうち、「横川」という町名だけ記憶にあって、何丁目の何番地かを憶えていなかったのですが、現地には記念碑でも建てられているだろうから、分かるに違いない――こう思って、とにかく行ってみることにしたのでした。

ところが、かつて本所区の柳島だった現在の墨田区の「横川」はかなり広く、ときおり家並みを通して東京スカイツリーを見上げながら、ただ迷い歩くのみだったのです。途方に暮れたまま、本所警察署から少し離れた四ツ目通りと春日通りとの交差点のあたりに立っていたとき、ちょうど付近を自転車でパトロールしていた本所署の三〇代半ばの巡査が通りかかりました。呼び止めて、セツルメントについて説明したうえで場所を訊ねたところ、巡査は、場所はおろかセツルメントというもの自体を知りませんでした。ところが、じつは、かつての東京帝大セツルメントは、現在の本所警察署の正面玄関の真正面、八メートルほどの道路を隔てた向かい側の一郭にあったのです。巡査と同じようにまだそれを知らなかった私は、あたり一帯をさらに当《あ》て所《ど》もなく歩きまわったのち、ついに幸運に遭遇したのでした。

迷い歩いた経路は省略して、あとでわかったところを整理して言えば、こうなります――警察署の前の通りを警察の正面から三〇メートルほど東に進み、突き当たりの「プリメール柳島」という高層マンションの前を走る小さなバス通りを右折（南進）すると、ほんの一〇メートルほど先の左手角《かど》、マンションの建物の南端に近い横川五丁目一〇番に当たる場所に、ごく小さな緑地があります。そこは「横川さくら保育園」の隣地で、保育園と同じ敷地には、「横川五丁目第二アパート」という四棟の大きな集合住宅とコミュニティー・センターが建っています。保育園に隣接するその小さな緑地の片隅に、かつてこの付近に東大セツルメントがあったことを告げる小さな碑（というより金属製の立札）が、木陰に隠れるようにして建っているのです。墨田区教育委員会が二〇一〇年三月に建てたそれには、セツルメントがあったのはここではなく、現在の横川四丁目一一番であることが記されています。市街地図が検索できるような文明の利器を持たない私は、足を使って電柱と家屋の住居表示をたどり、その地番に行き着くと、そこは本所署の真向かいでした。

血眼《ちまなこ》の私にはたまたま緑地の立札が目に入ったのですが、毎日そこをパトロールする警官も、通行人たちと同様、そんなものに目を留めたことなどなかったのでしょう。そしてこれもあとで確認できたところでは、この緑地の北側に位置する高層マンション「プリメール柳島」こそは、関東大震災の復興事業のひとつとして建造された「同潤会柳島アパート」（本書七〇ページ）が、その役割を終えて一九九〇年代半ばに建て替えられた後《のち》の姿にほかならないのです。

設立からすでに一世紀近くを経て、柳島の東京帝大セツルメントも歴史の遠い霞のなかに消えようとしているのでしょう。現在のようなボランティア社会がこの国に来るなどとは、セツラーたちも、彼らを解散に追い込んだ文部省と特高警察も、思ってもいなかったでしょう。それだけではなく、戦時下日本の社会が、じつは一億総ボランティアの社会だったということを、その現場に生きた人びと自身が、意識すべくもなかったのでした。中国の占領地域で、満洲の入植地で、現地住民に自発的行為を強要する自分たちが、じつは強要された自発的行為によってここに来ているのだということも、その現場を生きた人びとには見えなかったのでしょう。近い現在は、時間的にも場所的にも、もっとも見えない彼方なのかもしれません。

＊

本書をお読みくださるかたは、ひょっとすると、文中に外国語の単語や固有名詞が少なからず出てくることに辟易されるでしょう。カタカナ日本語とともに、ローマ字表記もできるだけ抑制したつもりですが、それでも本書のテーマと不可分の関係があるものについては、言及やそれについての考察を避けることができませんでした。「ことば」にこだわり過ぎているように見えるかもしれませんが、社会的な事象や歴史的な出来事について考えようとするとき、それらが起こった現場でキーワードとして重要な役割を果たした語彙や文言は、その現場の実相を再発見し理解するうえで、貴重な鍵のひとつだというのが、私の思いです。引用文の旧カナ遣いを敢えて新カナに改めなかったのも、この思いからです。それらの言葉の意味やその由来、現場での解釈や意味付け、あるいは表記などを追体験することを抜きにして、それらの言葉をその現場でキーワードとして使った人間（たち）の思惑や心情は解明できない、と考えるからです。

外国語の単語が出てきたり、それについての説明や考察が記されているところでは、できれば、そこを飛ばしてしまうのではなく、速度を落としながらでもお読みください。また、註のなかには、ただ単に資料の出典を記しただけでなく、本文の記述と関連する事柄を記しているものもあります。あとからでも結構ですので、巻末の註にも斜めの視線を送っていただければ幸いです。

本書は、日本とドイツとの歴史をたどりなおす構成をとっていますが、もちろん、ボランティアもファシズムも、日本とドイツとに限られた主題ではありません。しかし、私たちが日本の現実を見つめようとするとき、ボランティアというテーマについてもまた、とりわけドイツとの歴史的関連を直視することが不可欠であり、そうすることによって、私たちが直面している問題もいっそう明らかになってくるでしょう。著者としては、ドイツの歴史についての知識を前提とせずに読んでいただけるような書きかたを、極力こころがけました。

本書がこのような形で刊行されることが決まったのち、私の遅々とした仕事のために、はじめの刊行予定時期が大幅に遅れました。辛抱強く待ってくださった人文書院編集部の赤瀬智彦さんには、お詫びとお礼を同時に申し上げなければなりません。赤瀬さんからいただいた指摘や助言によって、原稿にいくつかの補筆や修正をほどこすことができたのは、本書にとって大きな幸せでした。いまは、本書に関して私が受けるべき批判や非難が赤瀬さんと人文書院に及ばないことを、そしてもしもかりに、お読みくださったかたの共感を得ることができるとしたら、それが本書の産みの親である人文書院と赤瀬さんに向けられるように、祈るばかりです。

二〇一九年立春

池田浩士

著者略歴

池田浩士（いけだ　ひろし）

1940年生まれ。慶應義塾大学大学院博士課程修了。1968年～2004年京都大学、2004～13年京都精華大学に在職。京都大学名誉教授。専攻は現代文明論、ファシズム文化研究。著書に『虚構のナチズム――「第三帝国」と表現文化』（人文書院）、『ヴァイマル憲法とヒトラー――戦後民主主義からファシズムへ』（岩波書店）、『ドイツ革命――帝国の崩壊からヒトラーの登場まで』（現代書館）、『池田浩士コレクション』（インパクト出版会、全10巻・刊行中）ほか。

JIMBUN SHOIN　Printed in Japan
ISBN978-4-409-52077-2 C1021

ボランティアとファシズム
――自発性と社会貢献の近現代史

二〇一九年　五月二〇日　初版第一刷印刷
二〇一九年　九月一〇日　初版第一刷発行

著　者　池田浩士
発行者　渡辺博史
発行所　人文書院
〒六一二-八四四七
京都市伏見区竹田西内畑町九
電話　〇七五（六〇三）一三四四
振替　〇一〇〇〇-八-一一〇三

印刷　創栄図書印刷株式会社
装丁　間村俊一